蔬菜土传病害
微生态调控技术

SHUCAI TUCHUAN BINGHAI
WEISHENGTAI TIAOKONG JISHU

丁　伟◎编著

西南大学出版社
SWUP 国家一级出版社 全国百佳图书出版单位

图书在版编目(CIP)数据

蔬菜土传病害微生态调控技术 / 丁伟编著. -- 重庆 : 西南大学出版社, 2025. 3. -- ISBN 978-7-5697-2826-2

Ⅰ. S436.3

中国国家版本馆CIP数据核字第2024A2B874号

蔬菜土传病害微生态调控技术

SHUCAI TUCHUAN BINGHAI WEISHENGTAI TIAOKONG JISHU

丁伟　编著

责任编辑: 杜珍辉

责任校对: 秦　俭

特约校对: 仇苏倩

装帧设计: 汤　立

排　　版: 江礼群

出版发行: 西南大学出版社(原西南师范大学出版社)

重庆·北碚　　邮编:400715

印　　刷: 重庆市国丰印务有限责任公司

成品尺寸: 185 mm×260 mm

印　　张: 13

字　　数: 260千字

版　　次: 2025年3月　第1版

印　　次: 2025年3月　第1次印刷

书　　号: ISBN 978-7-5697-2826-2

定　　价: 48.00元

前　言

蔬菜是人类基本食物的重要组成部分，在我国城乡居民膳食结构中具有十分重要的位置，它既可以提供维持生命活动的营养物质，又可以提供人体健康所必需的维生素、膳食纤维和矿物元素等。菜篮子的盈缺是反映人民生活水平和质量高低的重要标志。蔬菜种植业是特色效益农业的重要组成部分，也是农业结构调整的重要内容和农民增收致富的重要经济来源。稳定和发展蔬菜产业对巩固扶贫成果、推进乡村振兴具有重要意义。据国家统计局数据，2021年，我国蔬菜播种面积3.3亿亩①，占农作物播种面积的13.03%，总产值突破2万亿元，全年蔬菜出口额157.7亿美元。2010年，与蔬菜种植相关的劳动力有1亿多人，与蔬菜加工、储运、保鲜和销售等相关的劳动力有8 000多万人。因此，蔬菜产业的健康稳定发展，对于人民生活、经济发展、居民就业、市场繁荣等都是十分重要的。

近年来，随着种植结构调整，蔬菜种植区相对集中，轮作土地有限，连作障碍逐年加重，加之全球气候的异常变化、品种抗性问题以及健康栽培技术的缺乏等，导致蔬菜种植区土壤及根际生态环境恶化。以十字花科根肿病（病原：芸薹根肿菌 *Plasmodiophora brassicae* Woronin）、茄科蔬菜青枯病（病原：青枯雷尔氏菌 *Ralstonia solanacearum*）、镰刀菌根腐病（病原：镰刀菌属 *Fusarium*）、根结线虫病[主要病原：南方根结线虫 *Meloidogyne incongnita*（Kofold & White）Chitwood]等为主的土传病害的危害逐年加重，常年发病率为5%—20%，严重地块发病率达50%以上，导致局部地区损失严重，直接影响到蔬菜的产量、品质与特色，成为现代蔬菜产业持续健康发展的主要隐患和制约因子。要想破解这些难题，仅靠单一的防控技术、单纯的药剂投入和单一的品种改良是不行的，必须借助现代生物技术、信息技术和植保综合技术。认真分析影响蔬菜根茎病害发生的关键因子和保障蔬菜根系健康的要素，以蔬菜种植过程中的健康维护为核心，从宏观和微观两个方面着手，采用综合、系统的控制措施，才能从根本上实现对根茎病害的有效控制，保障蔬菜的持续稳定和安全高效发展。

近年来，借助微生态理论研究的成果，通过益生菌应用，优化植物栽培环境，调控生物屏障，增进植物健康等来控制植物病害发生已经成为植物病害防控研究的热点。*Science*、

① 1亩≈666.7 m^2。亩为非法定计量单位，但在农业领域使用广泛，为方便读者理解，本书部分保留亩的使用，后同。——编辑注

Nature、*Cell* 等世界著名的科技杂志也都十分关注植物健康与根际微生态的结构和功能的关系，发表了一系列理论和技术创新成果。在生产实践上，我国在主要粮食作物和经济作物方面通过构建多元平衡体系初步形成了维护植物基础健康，实现持续安全生产的技术体系。西南大学根际微生态过程与调控研究团队和重庆市农业技术推广总站蔬菜病害防治团队合作研究，以连作蔬菜土传病害发生与根际微生物的关系研究为突破口，关注与蔬菜品质风味特色密切相关的气候条件和土壤特性。分析根际营养状况和微生物组学特征等关键因子，形成了影响连作土传病害发生的"四个平衡"理论，即土壤酸碱平衡、微生态平衡、营养平衡和病原菌与寄主互作平衡。筛选出对根茎病害持续控制、维护蔬菜与土壤健康的微生态调控技术与多项物化产品，通过技术组配进行推广示范，通过培训讲座进行技术传播。在蔬菜基地现代化、规范化发展的进程中，不断夯实蔬菜科学种植的基础，提高科技赋能产业发展的能力和蔬菜产业一线生产者的专业技术水平，依靠科技创新和机制创新，走"生态、安全、优质、高效"的科学发展道路。解决蔬菜根茎病害、土壤、环境安全等问题，降低化学农药、肥料使用量，保证蔬菜生产的健康、可持续、安全发展，对提高蔬菜经济效益和菜农种植积极性的意义十分重大。本书是这些研究理论和实践的总结和概括，为今后的理论创新、技术创新、产品创新和应用创新提供参考。

本书的出版发行得到了重庆市农业农村委员会、西南大学等单位的大力支持，得到了赵志模教授、刘万才研究员、董鹏研究员等领导和专家的大力支持与帮助。西南大学赵志模教授、浙江大学张敬泽教授审阅全书初稿，并提出了宝贵的修改意见；西南大学植物保护学院刘晓姣、杨亮、李石力、江其朋、刘烈花、王金峰等研究生积极参与全书内容的研究和编写组织；重庆西农植物保护科技开发有限公司的张琳丽、刘志勇、唐元满、杜霞、王丹、赖婷等在技术和产品推广过程中大力配合，在此一并致谢。

鉴于作者理论和实践水平有限，书中难免存在不足和问题，恳请读者批评指正。

著者

2024年2月10日

目录

CHAPTER
1

第一章

蔬菜连作病害及发病原因

第一节　连作病害的概念

一、连作病害与连作障碍

蔬菜连作病害是指在特定地块由于连续多季或多年种植同种或者同科(属)蔬菜而引起的栽培蔬菜生长不良、器官受损、产量和品质下降的一类病害,一般指的是土壤传播的根茎类病害。连作病害虽然在蔬菜不连作的情况下也有发生,但连作使病原菌大量积累,土壤条件发生改变,土壤生态环境恶化,导致此类病害的发生更为普遍,更为严重。连作病害由于病原复杂、难以预警、防治困难、使蔬菜损失惨重,因此,严重影响菜农的经济收入和种植蔬菜的积极性。如何有效控制蔬菜连作病害,保障蔬菜种植区产业的持续稳定健康发展是生产上迫切需要解决的关键问题,也是现代农业科技创新的重要使命。

人类自进入农耕时代,就逐渐发现作物之间会产生相互影响,同一地块连续种植一种作物几年,栽种的作物长势就会出现异常,产量就会逐年降低,病害就会逐渐发生。《齐民要术》记载,大豆不能与麻混作,而绿豆与小豆间作,并靠近桑树,则“二豆良美,润泽益桑”。这就是连作和套作对作物种植的影响(张豆豆等,2014),也反映了连作之后会表现出生长障碍和病害发生的问题。

在蔬菜种植区,连作是一种十分普遍的现象。狭义的连作是指在同一块地里,连续种植同一种作物或容易感染同一种病原菌或线虫的作物,也叫重茬种植;广义的连作是指在一定区域内连续种植同一种(或同一科、属)作物。蔬菜产区由于常年大量种植蔬菜,连作病害发生区大多是指广义上的连作区。连作会带来一系列的问题,其中最为关键的问题就是连作障碍。所谓的连作障碍是指同一作物或近缘作物连作以后,即使在正常管理的条件下也会产生作物生长发育异常、病害发生频繁、品质变劣、产量降低的现象。连作障碍的症状一般为生长发育不良,产量、品质下降;多数受害植物根系发生褐变、须根减少,活力低下,导致吸收水分、养分的能力下降;极端情况下,局部死苗,不发苗或发苗不旺;生长过程中,严重的病害会导致大量植株死亡。

从植物健康管理的角度上讲,连作病害是连作障碍的一个重要组成部分。连作障碍,不仅包括病原侵染造成的病害,也包括连作造成的作物一系列不正常表现而导致的产量质量下降等。从植物保护的角度看,连作病害通常指因病原微生物侵染而引起的连作作物的病害，即一般意义的连作病害。其主要原因是连作使病原菌积累，从而大大增加蔬菜感染的机会，因此危害严重。这些病害会随着连作年限的增加而加重，严重的会导致蔬菜大面积死亡，从而造成重大的经济损失。

二、影响连作障碍发生程度的因素

一是连作持续的时间。一般连作次数越多，年限越长，连作障碍越严重。

二是土壤性质。通常黏土重于砂土，团粒结构差的重于土壤结构好的；酸化土壤要重于一般土壤；化肥特别是氮肥施用量大的重于化肥施用量少的。

三是作物的种类。一般，茄科（如茄子、番茄）、豆科、十字花科、葫芦科（如西瓜）和蔷薇科蔬菜等连作障碍较严重，而伞形科、百合科、禾本科蔬菜则更能忍受重茬，连作障碍相对较轻。

四是栽培方式。保护地或设施栽培中的连作障碍通常比露地常规栽培的更为严重。

五是水肥管理。土壤水分不足、水分流动性差，灌溉不合理，肥力发挥作用不明显，化肥施用过多，有机肥施用少以及有机肥腐熟不当等都会加重连作障碍。

随着社会的发展、人们生活需求的日益增加以及对生产效益的追求，保护地和设施蔬菜产业不断发展壮大，全国各地相继涌现出一大批特定蔬菜的专业化基地，这些基地改善了原有耕作制度，提高了生产效率，解决了农民就业等一系列问题。但与此同时，过于单一的耕作制度和对经济效益的过度追求，使蔬菜连作障碍问题更加突出，连作病害日渐加剧，造成的损失更加严重，已经成了一个重大的科技与社会问题。因此，解决蔬菜连作障碍病害问题尤为迫切。

第二节　主要的蔬菜连作病原及病害

一、连作蔬菜侵染性病害的类型

连作引起的侵染性病害实际上就是土传病害。土传病害是指病原体如真菌、细菌、病毒和线虫等随病残体生活在土壤中，条件适宜时从作物根部或茎基部侵害作物而引起的病害。在连作条件下，土传病害的发生更为严重。土传病害的病原体种类繁多，有细菌、线虫、病毒以及疫霉和原生动物等。不同地区和不同蔬菜发生的病害种类有很大差异，但一般可以分为以下三个大类：

第一类是幼苗病害，病原物主要侵染刚出土的幼芽或者幼苗，导致幼苗萎蔫、猝倒或者立枯。主要病原菌有丝核菌属（*Rhizoctonia*）的一些种，如立枯丝核菌（*Rhizoctonia solani*）；腐霉属（*Pythium*）的瓜果腐霉（*Pythium aphanidermatum*）；镰刀菌属（*Fusarium*）的茄病镰刀菌（*Fusarium solani*）等。

第二类是植株的根腐病或根肿病，主要是导致蔬菜的根部腐烂、脱皮、根黑腐、根肿大等。植株早期生长正常甚至较好，但中后期植株生长发育受阻，条件合适时突然发病，导致植物死亡。侵染幼苗的病原菌都可能会造成植株成株期发病，此外，还有致病疫霉（*Phytophthora infestans*），根串珠霉（*Thielaviopsis basicola* Ferraris）等可造成根腐和茎基部腐烂；芸薹根肿菌（*Plasmodiophora brassicae* Woronin）可造成根部组织肿大。

第三类是植株的维管束病害，病原物主要会导致植株萎蔫或者半边萎蔫，甚至全株死亡等。病原菌从根部入侵后，沿维管束传播，导致根茎输导障碍，造成植株萎蔫、枯黄、死亡。主要病原菌有青枯雷尔氏菌（*Ralstonia solanacearum*），黄萎轮枝菌（*Verticillium alboatrum*）等。

二、主要的连作蔬菜侵染性病害及病原种类

蔬菜连作导致的侵染性病害主要包括茄科蔬菜青枯病、十字花科蔬菜根肿病、各类蔬菜的线虫病和镰刀菌根腐病等。连作蔬菜主要的侵染性病害见表1-1。

表1-1　连作蔬菜主要的侵染性病害一览表

病害类别	病害名称	学名	危害部位	主要寄主
真菌病害	腐烂病及猝倒病	腐霉菌属（*Pythium* spp.）	根茎部	瓜类、豆类、薯类、各类蔬菜、甜菜等
	立枯病	立枯丝核菌（*Rhizoctonia solani* Kuhn）	根茎部	茄科作物
	灰霉病	灰葡萄孢菌（*Botrytis cinerea* Pers.）	茎基部	各类蔬菜
	根黑腐病	根串珠霉菌（*Thielaviopsis basicola* Ferraris）	根部	茄科蔬菜
	镰刀菌枯萎病	尖孢镰刀菌（*Fusarium oxysporum*）	根茎部	瓜类
	镰刀菌根腐病	茄病镰刀菌（*Fusarium solani*）	根部	各类蔬菜
	茎基腐病、茎腐病	核盘菌（*Sclerotinia sclerotiorum*）	茎基部	十字花科
	根肿病	芸薹根肿菌（*Plasmodiophora brassicae* Woronin）	根部	十字花科

续表

病害类别	病害名称	学名	危害部位	主要寄主
卵菌病害	黑胫病	致病疫霉菌(*Phytophthora infestans*)	茎基部	茄科作物
细菌病害	青枯病	青枯雷尔氏菌(*Ralstonia solanacearum* E. F. Smith)	根部、茎部、叶片	茄科作物
	细菌性黑腐病	黄单孢杆菌(*Xanthomonas campestris*)	根部	各类蔬菜
	空茎病	欧文氏菌(*Erwinia carotovora* subsp.)	茎部	十字花科、茄科
线虫病害	根结线虫病	根结线虫(*Meloidogyne* sp.)	根部	瓜类、茄科
	根腐线虫病	短体线虫(*Pratylenchus* sp.)	根部	各类蔬菜
	孢囊线虫病	孢囊线虫(*Heterodera* sp.)	根部	豆科
病毒病害	番茄斑萎病	番茄斑萎病毒(Tomato spotted wilt virus,TSWV)	根茎部	茄科作物

三、主要的连作蔬菜营养病害

营养病害是指植物由于营养元素缺失、过剩或者失衡等,而导致的影响植物健康、品质以及产量下降乃至植株死亡的植物病害。营养元素是蔬菜生长发育所必需的,是蔬菜器官和组织的构成成分,并直接参与新陈代谢;营养元素可改变蔬菜的生长方式、形态和解剖学特性,如使表皮细胞加厚、高度木质化或硅质化,从而形成机械屏障增强其抗病性;营养元素也可通过生物化学特性的改变,如产生大量的抑制性或抗性物质(植物抗毒素),增强植物对病害的抵抗力。但在实际生产中,蔬菜具有需肥的特性,不合理地增施肥料,容易导致连作障碍,引发蔬菜的营养病害。蔬菜连作常常引起某些营养元素的缺乏,一些营养元素的过量,以及营养元素的不平衡,由此导致出现一些生理病害。一些生理性病害还会引起某些侵染性病害的严重发生等。主要的营养病害见表1-2。

表1-2　蔬菜连作导致的营养病害种类

病害类型	主要特征	主要病害	主要救治措施
非侵染性营养病害(缺素症)	植物失绿、畸形、矮小、叶片边缘枯焦、坏死等	各类缺素症,如缺铁症、缺硼症、缺锌症等	对应补充缺失的微量元素
营养型亚健康	品质下降、风味特色受影响、适应性不强等	一般症状不明显,但品质较差	平衡营养,增施有机肥
侵染性营养病害	元素缺失或者失衡而引发真菌、细菌、病毒等病原物侵染	氮素过多引起立枯病;钾素过少引起叶斑病;缺锌引起病毒病;缺钼引起青枯病等	在采用药剂控制病害的同时,补充对应的微量元素

连作引起蔬菜营养病害的起因是某些营养元素的缺失、失衡或者某些营养元素过量。了解营养元素影响植物发病的机理，补充缺失的关键元素，调节营养元素的平衡，是控制营养病害的根本。

氮素施用过多会降低植物的抗病性，如果不施用磷肥、钾肥，单施或过量施用氮肥，茄叶斑病、萝卜叶斑病、甘蓝头腐病、黄瓜枯萎病等的发病率会显著增加。

合理施用钾肥可降低白粉病、黑斑病等的发生。

保证钙元素的充足，可有效降低豇豆立枯病、茄科作物青枯病、辣椒灰霉病、炭疽病等病害的发生。

适量施用镁元素，可控制豇豆立枯病、花椰菜头腐病、枯萎病和软腐病的发生。

硫元素的施用也要适量，硫过量可让大豆疫病的发病率上升。

施硼可有效地控制大白菜根肿病、灰霉病、番茄晚疫病、马铃薯干腐病以及炭疽病等的发生。

增施钼元素对蔬菜细菌性病害，如白菜软腐病、茄青枯病等均有显著的防控效果。

四、作物自毒物质的种类和危害

首先，作物生长过程中不断地通过根系向土壤中排泄根系分泌物；其次，作物自身的残枝落叶中也带有大量的次生代谢物质。这些物质是植物与环境物质循环和能量流通的一部分，但其中很多物质具有对植物自身产生不利影响的作用。这些有毒物质的积累，不仅影响根际病原菌和土著微生物的生长与功能，也会直接影响植物的生长和抗性，该类物质称为“自毒”物质。在生长过程中，植物个体通过根系释放的化学代谢产物（根系分泌物、一些次生代谢物质等），影响自身和同种植物的生长发育，这种现象被称为“自毒作用”。“自毒”物质可损伤植物根细胞结构和功能，减弱植物根系活力，降低植物抗性（游川等，2024）。这类物质主要是脂肪酸、有机酸、酚酸类等。

第一，自毒作用具有选择性，如西瓜根系分泌物对其幼苗具有严重的自毒作用；第二，具有浓度效应，浓度越高则自毒作用越强；第三，具有协同作用，即多种自毒物质综合作用效果强于各自毒物质单独作用之和（苏浩等，2023）。

表1-3列出了一些蔬菜主要的自毒物质及其不利影响。

表1-3　蔬菜主要的自毒物质及其不利影响

物质名称	代表来源植物	物质类型	不利影响
肉桂酸	茄科植物、黄瓜	有机酸类	引起茄科植物自毒,促进青枯病和黄萎病的发生;诱导活性氧的光抑制和过度积累
邻苯二甲酸	百合、茄科植物	酚酸类	抑制种子萌发,减少对植物有益的细菌数量,导致土壤中真菌病原菌(如尖孢镰刀菌)的增加
阿魏酸	黄瓜	有机酸类	抑制幼苗生长,降低细菌多样性,增加真菌多样性
2,4-二氯苯甲酸	黄瓜	酚酸类	抑制植株生长,果实产量显著下降
己二酸	芋头	酚酸类	抑制幼苗生长
棕榈酸甲酯	番茄	脂肪酸	抑制下胚轴和根系生长
油酸甲酯	番茄	脂肪酸	抑制下胚轴和根系生长

五、蔬菜连作病害的发生特点和防治难点

(1)蔬菜连作引起的土传根茎类病害(如青枯病、黑胫病、根黑腐病、镰刀菌根腐病、线虫病等)与土壤微生态和土壤质地密切相关;

(2)病原微生物直接危害蔬菜根茎部,当植株出现发病症状时,一般已经到了发病后期,药剂防控效果不佳,因此预防十分关键;

(3)优化土壤生态环境,补充益生菌,调控蔬菜根际微生物,构建健康的根际微生态环境,是控病的关键;

(4)土壤酸碱度和土壤元素状况对植株发病影响显著,平衡土壤酸碱度、增施有机肥和补充微量元素对控病十分重要;

(5)不同蔬菜品种的根系分泌物与发病密切相关,轮作、施用绿肥、增施有益菌是消化降解根系分泌物、控制根茎病害发生的重要途径。

第三节　影响连作病害发生的关键因子

蔬菜连作病害的成因十分复杂,是栽培品种、生态环境、土壤条件和微生物等多种因素综合作用的结果。蔬菜连作病害的发生原因可归结为四个方面:不合理施肥导致土壤理化性质恶化,微生物比例失衡导致土传病害严重,有害物质积累导致自毒作用以及不合理的栽培模式。

一、不合理施肥导致土壤理化性质恶化

不同蔬菜甚至同一种蔬菜的不同品种对养分的需求特点和规律是不同的。为追求高产,忽视作物品种的需肥特性而盲目施用大量有机肥和化肥,或者重施氮、磷肥而轻施钾肥。氮、磷养分远远超出了蔬菜本身的吸收量,不仅造成大量肥料浪费,而且随着作物种植年限的增加土壤物理性状会有所变化,连作多年后土壤中盐类物质会不断积累而造成土壤板结,使土壤中非活性孔隙比例降低,通气透水性变差,土壤容重增大,需氧型的微生物活性下降,严重影响了植株的正常生长。连作土壤理化性质的恶化还表现在以下几个方面。

一是pH值降低,土壤酸化。这在蔬菜种植区是一个普遍的现象,尤其是化学肥料施用过量,有机肥施用偏少的连作地块,土壤的缓冲能力和离子平衡能力遭到破坏,土壤溶液浓度增加、渗透势加大、铝离子活性高等,从而导致农作物种子的发芽、根系的吸水吸肥等不能正常进行。

土壤酸化影响土壤中元素形态的变化,改变土壤的质量,同时对栽培植物产生铝毒害作用。在矿质土壤中,pH值≤5.5时,土壤中氮、磷、钾、硫、钙和镁的有效性显著降低,影响作物的生长发育;而土壤中的铝、铁、锰以及铜元素等的有效性显著增加,开始进入对植物的毒害范围。研究发现,土壤酸化会显著增加土壤中有效铜的含量,是丰富水平的7—8倍,达到了极丰富的水平,可能会产生铜的毒害作用(曾路生等,2010)。同时,土壤酸化还会造成土壤中的重金属铅、镉含量的增加,导致植物吸收重金属过量,影响农产品的品质。

土壤pH值作为指示土壤状态的一个重要的指标,与植物土传病害的发生存在密切的联系。当土壤pH值为5.2时,草莓真菌性枯萎病发生最严重;当土壤pH值在5.5—6.0范围时,尖孢镰刀菌繁殖环境适宜,加剧大豆根腐病和茄科作物根腐病的发生。大量研究表明,土壤酸化可加剧青枯病的发生。

二是土壤次生盐渍化。研究表明,土壤中的硝酸盐累积是造成土壤盐渍化的主要原因。蔬菜生长需要一定的设施和浇灌条件,这些环境条件长期处于封闭状态,土壤得不到雨水充分淋洗,改变了自然状态下的水分平衡,再加上温度较高、土壤水分蒸发量大,下层土壤中的肥料和其他盐分会随着深层土壤水分的蒸发,沿土壤毛细管上升,最终在土壤表面形成一薄层白色盐分,加重土壤次生盐渍化。蔬菜栽培用肥量大,且因种植品种单一,肥料的使用也不会多样化。长期大量使用相同类型的肥料,会使土壤养分变得不平衡,被蔬菜吸收走的中微量元素得不到补充,而大量元素却在土壤中过度积累,加剧了栽培蔬菜区的土壤次生盐渍化。

三是土壤酶活性降低。酶活性是反映土壤养分转化和表征土壤质量的重要指标之

一。土壤酶作为土壤中最活跃的有机成分之一，直接参与土壤中各种物质的代谢与转化以及养分物质的释放与固定。土壤板结、酸化和盐渍化等问题的出现，严重影响了土壤酶活性。有研究指出连作辣椒土壤中的脲酶和过氧化氢酶的活性显著低于间作和轮作土壤；连作黄瓜土壤中的脲酶活性升高，过氧化氢酶、酸性磷酸酶等活性显著降低。由此可见，连作土壤中的酶活性可能因连作作物种类、土壤环境、连作年限等因素的不同而变化。随着人们对土壤微生态研究的不断深入，愈来愈多的专家将注意力集中到土壤酶的研究上，这对改善土壤特性，避免连作病害有重要的价值。

四是元素平衡破坏。蔬菜因其种类不同对营养元素存在选择性吸收现象，同一种植物长期连作，会使某些营养元素过度消耗。若得不到及时补充便会出现“木桶的短板效应”，使蔬菜的正常生长和抗性提升受制于某种元素的缺失。与此同时，另一些营养元素会随着种植年限的增加而不断积累，造成土壤中养分不均衡现象。不同蔬菜根系分布深浅不同，长期单一连作，同一深层的根系吸收范围固定，从而造成一定土层营养成分的缺乏，容易出现缺素症状，最终使蔬菜生育受阻，产量和品质下降。作物体内各种养分比例失调也受到施肥量与施肥种类的影响，长期过度施肥与不合理的单一施肥会影响作物对养分的吸收与利用，导致植物的抗逆能力和抗病虫害能力下降，蔬菜品种和质量受到严重威胁。

二、微生物比例失衡导致土传病害严重

土壤微生物群落包含各种真菌、细菌、病毒、线虫、原生动物类、藻类等。其中有致病性微生物，也有非致病性微生物，以及与致病菌相克的微生物等。土壤微生物群落及其土壤环境构成的微生态系统的平衡和稳定是维持植物健康生长的必要条件。

国内外大量研究认为，连作障碍主要是由土壤生物学环境失去平衡（土壤中有害微生物增加、作物残茬毒害、寄生线虫数量增加、营养元素的单一消耗等）以及土壤理化性状的恶化（土壤养分的不均衡利用、土壤盐类物质积聚、土壤物理性状变差等）导致的。而其中最重要的原因是微生物的比例失调，导致病原菌积累，引发土传病害，从而带来连作障碍。

栽培蔬菜连作后，由于其土壤理化性质以及光照、温湿度、气体的变化，一些有益微生物（铵化菌、硝化菌等）生长受到抑制，而一些有害微生物迅速繁殖，土壤微生物的自然平衡遭到破坏。这样不仅导致肥料分解过程出现障碍，而且病虫害发生多、蔓延快，并逐年加重。一些常见的病害如灰霉病、霜霉病、根腐病、枯萎病等，以及一些主要害虫如白粉虱、蚜虫、斑潜蝇等基本无越冬现象，从而使生产者只能依靠加大用药量和用药频率来控制，最终造成对环境和农产品的严重污染。

土壤微生物的多样性对于土壤养分循环、土传病害控制和土壤结构稳定等具有非常重要的影响。然而，设施蔬菜生产中由于长期种植单一作物，作物根系分泌物以及微生物的能量来源也较单一，导致根际微生物的多样性降低、比例失衡。设施蔬菜中的土传病害主要有瓜类和番茄的枯萎病、青枯病和根结线虫病等。根据对土壤根际微生物的调查，连作蔬菜的土壤中真菌和细菌数量增加，放线菌数量显著降低，并且随着连作时间的延长，土壤中的病原菌丰度增加，有益微生物数量减少，导致土传病害加重。设施蔬菜生产中化肥的过量施用，会导致土壤中的有益拮抗菌数量减少，使病原微生物的数量增加，从而加重土传病害。另外，也有研究表明，连作年限与土壤有害菌的繁殖和微生物种群结构关系密切，连作时间越长，病原菌数量与种类越多，土传病害也越严重。

细菌、真菌、放线菌①是土壤微生物的重要组成部分，它们能够促进植物残体的降解、腐殖质的形成，在养分转化与循环中都起着十分重要的作用。然而由于长期连作栽培，土壤中的蔬菜根系分泌物及根系残茬腐解物为有害菌提供了丰富的营养和寄生条件。在长期适宜的温湿度环境下，有害菌数量不断增加，一旦新的根系出现便会迅速被侵染，从而造成危害。并且随着连作年限的增加，有害真菌的种类和数量也会随之增加，而放线菌的含量会减少。土壤微生物间的拮抗作用削弱，病原菌活性增加，加重土传病害的发生。发生蔬菜连作障碍的地块70%左右是由土壤传染性病虫害导致的。

高浓度的病原菌是植物病害暴发的主要原因。长期连作会导致土壤质量退化，增加了病原菌侵染的风险。良好的土壤微生物群落不仅推动了植物许多重要的生理生化过程，而且还对生物和非生物的土壤条件做出反应。研究表明，土壤中有益微生物相对丰度与土传病害的发生之间呈显著的负相关性，土壤中的微生物群落结构和功能的优化可以抑制病原微生物的侵染。平衡的土壤微生物群落结构、丰富的土壤微生物多样性不仅能提升缓解土传病害的能力，同时也能维持土壤生态系统稳定，是实现可持续发展的关键。土壤微生物群落分解土壤矿物质，使植物能充分利用并健康生长；微生物通过分泌多糖物质紧密地粘连土壤颗粒防止侵蚀；同时还可调节土壤激素平衡，帮助植物应对生物或非生物胁迫。有研究表明土壤放线菌门和厚壁菌门的微生物群落失衡会导致番茄青枯病发生。土壤的物理和化学性质也会直接或间接地作用于土壤微生物，进而影响到病原物的侵染。

① 放线菌广义上是细菌的一种，但在土壤微生物的研究中常将两类区别开，分别进行研究。

三、有害物质积累导致自毒作用

任何栽培的作物都会和特定的微生物及昆虫之间建立长期的互作关系，一些微生物和昆虫对某些植物会通过寄生和相互利用的方式达到协同生存的目的。连续种植同一类蔬菜会导致土壤中病原菌和害虫大量积累，对蔬菜的正常生长造成威胁。例如根腐病、青枯病、猝倒病、立枯病、疫病等的病原菌会残留在土壤中，从而使病害在同一块地上越发严重。此外，根结线虫、地蛆等虫害也会随之增多，直接阻碍蔬菜根系对养分的吸收，最终导致各种病害频发。

蔬菜在栽培过程中，会通过地上部淋溶、根系自身的分泌物和作物残茬腐解等途径释放和积累一些物质。在这些物质中，糖类、维生素、酶、生长调节物质等是作物和土壤微生物的重要物质，而另一类物质，主要是低分子质量的化感物质(苯甲酸、对羟基苯甲酸、4-羟基苯甲酸、肉桂酸等)，它们对蔬菜生长发育是有害的。一方面表现为影响土壤微生物的结构和土壤理化性质，使土壤微生态环境恶化，从而导致作物生长受阻；另一方面，它们可直接损害作物根系的膜系统和抗氧化系统，不仅降低作物的抗逆能力，而且抑制根系对营养物质和水分的吸收，降低光合效率，影响蛋白质等物质的合成。这些有害物质对同茬或下茬作物生长发育产生的抑制现象被称为作物的自毒作用。

自毒作用常发生在同种或同科属作物内，在连作的情况下，这些有害物质不断积累，作物的自毒作用愈加明显。因此，自毒作用是连作障碍发生的重要因子之一。

作物的根系分泌物被认为是造成设施蔬菜自毒作用的主要因素，肉桂酸等酚酸类物质被认为是造成自毒作用的主要次生代谢产物，酚类物质和某些脂肪酸对植物生长能产生抑制作用。黄瓜等蔬菜作物根系分泌的苯甲酸、肉桂酸等均存在化感作用，对种子萌发和植株生长存在明显的抑制作用，且与其浓度呈正相关。

四、不合理的栽培模式

根系浅的蔬菜更容易遭受连续种植的伤害。由于土壤中的养分有限，同一种类蔬菜连续吸收土壤中特定的养分，致使土壤中的某些养分不足甚至缺乏。以大白菜为例，常年在同一块地种植会导致土壤中氮素和钙素缺乏，引发叶边黄化、干枯、包心不实、易患病等问题。

不同蔬菜合理轮换种植，是合理利用土壤肥力、促进土壤生态平衡、优化土壤养分供给的有效措施，也是减轻病虫害的有效途径。以下是各常见蔬菜的轮作要点。

1. 根菜类，以肉质根或者块根为蔬菜产品的菜类

萝卜：秋冬萝卜茬口以瓜类、茄果类、豆类为宜，早春萝卜的茬口为菠菜、芹菜、甘蓝、秋莴苣及胡萝卜；四季萝卜可与南瓜等隔畦套作。

秋冬胡萝卜：前茬作物多为小麦、春白菜、春甘蓝、豆类等。后茬作物为小麦、洋葱、春甘蓝、大葱、马铃薯等。

春播胡萝卜：前茬多为秋白菜、大葱、冬甘蓝、菠菜，后作蔬菜多为白菜、甘蓝类、芹菜、菠菜、秋四季豆、秋黄瓜等。

洋葱：是秋作瓜果类蔬菜的良好前茬作物，与番茄、冬瓜等瓜果类蔬菜隔畦间作，或在畦埂上套种莴笋、四季萝卜、矮生豇豆、球茎茴香和茄子等。

大蒜：最忌连作，不要与其他葱属类植物重茬。秋播大蒜的前茬以早熟菜豆、瓜类、茄果类和马铃薯最好；春播大蒜以秋菜豆、瓜类、南瓜、茄果类最好；大蒜是其他作物的良好前茬。

莲藕：可藕、稻轮作，早藕收获后可种植水芹、慈姑、荸荠、豆瓣菜。莲藕常常与慈姑、荸荠、茭白隔年轮作，或与茭白间作。

茭白：不宜连作，可与藕、慈姑、荸荠、蒲草、水稻轮作。

2. 茎菜类，以茎或者茎的变态为产品的菜类

马铃薯：前茬为葱蒜类、黄瓜，或为禾谷类作物及大豆。不宜与其他茄科作物和根菜类相互轮作。

与其他作物套种时需要注意：(1)马铃薯应选早熟、植株矮小的品种；(2)尽量缩短作物的共生期，错开产品器官形成盛期，减少作物间对温、光、水、肥的争夺，进行有效的营养管理。

薯蓣：春季可与叶菜类、甘蓝类、小麦、豆类间作，夏季可套种茄果类、瓜类蔬菜，秋季可套种耐寒性蔬菜，2—3年轮作。

大葱：最忌连作。需要3年以上轮作，与粮食作物轮作，利用葱茬栽培大白菜和瓜类蔬菜。大葱生长前期间种早熟萝卜，后期套种菠菜等越冬作物。

3. 叶菜类，以普通叶片或叶球、叶丛、变态叶为产品的菜类

大白菜：与水稻轮作，不宜连作也不宜与其他十字花科作物轮作。

在轮作中：(1)选收获期较早的蔬菜，如茄果类；(2)选前茬施肥较多的蔬菜，如黄瓜、西瓜；(3)以葱蒜为前作，可以减少病虫害。大白菜种在韭菜埂上或大蒜垄间，病害明显减少。

小白菜与乌塌菜:可与瓜类、豆类、根菜类及大田作物轮作。春植的菜可与茄果类、豆类、瓜类、薯蓣等间作套种。夏秋菜可与芹菜、茼蒿、胡萝卜混播。秋季早秋白菜可以和花椰菜、甘蓝、秋土豆等间作套种。冬季与春甘蓝、莴笋等间作。

结球甘蓝:前作以瓜类、豆类为主,忌连作。露地可与玉米等高秆作物间作。可与番茄、黄瓜、架豆等高架蔬菜隔畦间作。

苋菜:可与茄果、瓜类、豆类蔬菜等早熟栽培品种在大棚或温室内间作。

荠菜:秋播荠菜最好前茬为番茄、黄瓜。春荠菜前茬为大蒜,忌连作。

芜菁:前茬为瓜类、豆类、茄果类及马铃薯,2—3年轮作,不与其他十字花科蔬菜连作。

4.花菜类,以花、肥大的花茎或花球为产品的菜类

花椰菜:不宜连作,前茬不能种植十字花科植物。

金针菜(黄花菜):相对耐连作,对其他作物的要求不是很严格。

青花菜:不宜连作,前茬不能种植十字花科植物。

5.果菜类,以嫩果实或者成熟的果实为产品的菜类

黄瓜:春黄瓜前茬多为秋菜或春小菜及越冬小菜,后茬适种多种秋菜。夏秋黄瓜前茬适合种各种春夏菜,后茬适合种越冬菜或春小菜。黄瓜与番茄相互抑制,不宜轮作和套种。

番茄:3—5年轮作,不与茄科作物连作,前茬为各种叶菜和根菜,后茬也可以是叶菜和根菜,与短秆作物或蔬菜间、套种,如毛豆、甘蓝、球茎茴香、葱、蒜等隔畦间作。秋棚番茄,套种小菜可降地温。在番茄中套种甜玉米,可诱蛾产卵,集中消灭。

辣椒:不宜与茄科作物连作,可与叶菜、根菜、花生等短秆作物间作。

茄子:前茬为越冬叶菜,也可与早生甘蓝、早熟白菜、春萝卜、水萝卜、樱桃萝卜等生长期短的蔬菜套种,后茬可栽种大白菜等秋菜。茄子不宜与其他茄科蔬菜如番茄、辣椒、马铃薯进行轮作。在进行露地、日光温室和塑料大棚栽培时,茄子可与叶菜类、瓜类、豆类蔬菜轮作,但茄果类蔬菜栽培面积逐年扩大,轮作倒茬比较困难。露地和塑料大棚茄子栽培实行茄粮轮作,有利于控制土壤传染性病害的发生,特别是对黄萎病是行之有效的措施。

甜瓜:忌连作。3—5年轮作,忌与其他瓜类接茬。以叶菜类为前后茬最好,后茬叶菜可明显增产。

豆类:菜豆、豌豆、荷兰豆、甜脆豆、架豆等不宜连作、轮作3年以上。前茬为秋冬菜或休闲地,露地菜、水稻、玉米、花生等粮食作物均可作前茬。南方春茬为春萝卜、菠菜等春

小菜茬，后作蔬菜主要为越冬菠菜、芹菜、大白菜和秋甘蓝，也可是秋马铃薯、萝卜、白菜、乌塌菜、芥兰、菜心。在北方特别适合与高秆作物间作。

冬瓜：冬瓜可与姜、芋头等间作。可与韭菜、辣椒、茄子、番茄等套作，冬瓜架下套种球茎茴香、莴笋、结球甘蓝和小叶菜比较合适。

西瓜：忌连作，要轮作5—8年以上。轮作作物有：小麦、水稻、玉米、萝卜、甘薯和绿肥。

CHAPTER 2

第二章

根际微生态与连作病害

第一节　根际微生态的概念

一、植物根际的概念

根际是指受植物根系活动影响，在物理、化学和生物学性质上不同于土体的那部分微域环境。此区域一般是指离根系表面1—2 mm范围之内，土壤异质性小，微生物分布较为规律，是土壤-根系-微生物相互作用的区域，也是不同植物种类或品种、土壤和环境条件形成的特定的微生态系统。

"根际"是一个作物与土壤直接接触与作用的特殊区域，作物通过根系从该区域的土壤中吸收所需营养元素，同时也通过根系分泌一些物质作用于该区域的土壤环境。近年来，越来越多的学者对"根际"这一特殊区域做了相关研究，提出从根际微生态角度入手综合研究连作障碍是破解这一问题的关键。连作引起的土壤理化性状改变以及土壤中长期存留作物根系分泌物和残茬均可导致根际微生态变化，影响作物正常的生长，引起病害的发生。因此，要破解这一问题，根际的基本特性和生物与环境之间的相互关系研究就显得十分重要。

考虑到土壤环境复杂的理化性质、生物学特性、异质性程度、土壤质地、取样地域特点、季节变化以及物种多样性与植物覆盖率等因素，根际土壤的取样至少需要重复三次。由于植物根际范围较小，在蔬菜根际生物和土壤取样时，一般是连根拔出（或者挖出），抖掉根系附着的大块土壤，剩下的根系上附着的土壤即为植物根际土壤。

二、根系分泌物

植物的根系是植物最重要的器官，是植物生命活动的基础。可以固着植物，保持植物器官的完整性，而且是重要的吸收器官，根系从生长介质中摄取养分和水分，满足植物生长发育的基础需要。植物的根系还是重要的代谢器官，在植物生长过程中不断地向生长介质中排泄和分泌质子、离子和大量的有机物质，即根系分泌物（root exudates）。植物的根系分泌物种类繁多，目前鉴定出的有200多种，包括大分子的有机物如糖、蛋白质、凝胶等，小分子的有机物如有机酸、酚类物质、黄酮类物质等，以及气体、质子和养分离子等。

根系分泌物种类多，而且数量可观，一般植物一生中可排泄约占植物生物量的70%左右的根系分泌物进入根际环境中，从而形成了根系分泌物主导根际生态环境的局面。根系分泌物对植物的影响具有两面性，既可招募有益微生物促进生长，也会累积有害物质阻碍植物根系发育和养分吸收并加剧病害发生。主要表现在以下几个方面。

1.对植物矿质营养吸收的影响

根系分泌物中某些有机酸（如柠檬酸、酒石酸等）是良好的金属活化剂，它们在根际难溶性养分的活化和吸收等方面具有积极作用。在植物根际土壤中，根系分泌物通过酸化、螯合、离子交换或还原等途径将难溶性物质转化为可被植物吸收利用的有效养分，从而提高根际土壤养分的有效性，进而促进植物的生长发育。

2.对植物重金属毒害的缓解作用

根系分泌物对重金属胁迫的调节主要表现在：一是提高根际土壤pH值；二是改变根际土壤氧化还原状态；三是利用根系分泌物吸附或螯合重金属。

3.对邻近植物的化感作用

植物根系分泌物影响周围其他植物的生长发育。

4.对土壤理化特性的影响

根系分泌物中的多糖等高分子物质对土壤颗粒有很强的黏着力，可促进土壤团聚体的形成，增加土壤团聚体结构的稳定性，从而改善根际养分的缓冲性能。根系分泌物中的质子和无机离子能够调节根际土壤的pH值和氧化还原电位，进而影响营养元素在根际的有效性。

5.对根际微生物种群结构的影响

根系分泌物中丰富的糖类、氨基酸及维生素等为植物根际微生物的生长和繁殖提供了充足的营养，同时也影响着土壤微生物的种类、数量以及在植物根际的分布。根系分泌物是保持根际微生态系统活力的关键因素，也是根际物质循环的重要组成部分。

6.对连作植物土传病害发生的影响

根系分泌物中的一些物质可以吸引病原菌向根部聚集，加重病害的发生。如肉桂酸等可吸引青枯病菌向茄科作物根部聚集；一些根系分泌物可以抑制有益微生物的生长，如4-羟基苯甲酸、香草醛等可降低芽孢杆菌属、链霉菌属等有益细菌的数量；一些根系分泌物可以损伤植物根细胞结构和功能，减弱植物根系活力，降低植物抗性，如一些邻苯二甲酸酯、苯甲酸等。

三、根际微生物

根际微生物是指生活在根系表面及根际土壤中的微生物的统称。根际微生物主要有细菌(bacteria)、真菌(fungi)、卵菌(oomycetes)、病毒(virus)、噬菌体(phage)等,这些微生物可以分为病原菌群(pathogen flora)、植物根际促生细菌(plant growth promoting rhizobacteria,PGPR)、木霉属真菌(*Trichoderma*)、根瘤菌(rhizobia)、丛枝菌根真菌(AMF)、嗜中性微生物(neutrophilic microorganism)等。其中,细菌占比最大,可占到70%—90%,主要有黏细菌、蓝细菌和放线菌等;而真菌则是土壤中生物量较大的群体,多属于丝孢纲和接合菌纲,大约有700个种类。这些微生物与植物营养的吸收、抗盐、抗干旱胁迫、病害的发生等存在密切联系。

植物根际土壤中微生物的数量比非根际土壤中多几倍至几十倍甚至更多,但从非根际土壤到根际土壤,细菌群落的多样性呈下降趋势。植物根际土壤和非根际土壤中微生物群落结构的差异,很大程度上归因于植物对不同微生物的强烈选择或抑制作用。非根际土壤中寡营养型细菌如酸杆菌门(Acidobacteria)在数量上占绝对优势,植物根际土壤中的微生物群落以生长速度更快的富营养型细菌为主,如变形菌门(Proteobacteria)、拟杆菌门(Bacteriodetes)、厚壁菌门(Firmicutes)、放线菌门(Actinobacteria)等,它们可以释放并帮助根系吸收植物可利用的钾、磷和微量营养元素。

植物根际微生物群落的装配是由微生物、植物宿主和环境之间复杂的相互作用控制的,根际微生物群落处于动态波动中,相互发生作用,从而构成了复杂的根际微生物网络。这个微生物网络中的微生物结构会随着种植年限的增加发生显著的变化。吴凤芝等(2007)采用Biolog法和RAPD法研究了设施黄瓜种植年限及栽培方式对微生物群落多样性的影响,结果表明,连作种植的土壤微生物群落多样性随着黄瓜种植年限的增加而发生显著变化,在连作7年时会下降到低谷,但随着连作年限的增加又能够回升(表2-1)。

表2-1 连作土壤微生物群落的变化情况

土壤样本	Shannon指数(Biolog法)	Shannon指数(RAPD法)
露地土壤(基础土壤)	3.27±0.11	1.50±0.09
设施连作土壤(3年)	2.36±0.18	1.22±0.12
设施连作土壤(7年)	1.75±0.23	0.86±0.07
设施连作土壤(15年)	2.71±0.12	1.33±0.08
设施连作土壤(18年)	3.43±0.15	1.42±0.07
设施连作土壤(21年)	2.65±0.22	1.26±0.11

微生物组是指研究动植物体上共生或病理的微生物生态群体，包括细菌、古菌、原生动物、真菌和病毒。植物的根际、叶际和植物体内的微生物是以成组的形式存在的，其组成相对稳定，并在宿主的免疫、代谢和激素等方面起着非常重要的作用。近年来的研究表明，微生物组的结构和功能与植物的抗病性以及一些土传病害的发生关系十分密切。

四、根际效应

由于植物根系的细胞组织脱落物和根系分泌物为根际微生物提供了丰富的营养和能量，因此，植物根际中的微生物数量和活性常高于根外土壤，这种现象称为根际效应（rhizosphere effect）。根际效应产生的主要原因是根系能量的释放。

根际效应可以从根际微生物的数量上反映出来。根际土壤微生物的数量一般高于非根际土壤。因此，根际效应通常用根土比（root/soil ratio，R/S）来评价，R为根际系统中微生物的数量，S为非根际土壤中微生物的数量，R/S值越大，根际效应越明显。R/S值大于1，一般在5—50之间，高的可达100。土壤类型对R/S值有很大影响，有机质含量少的贫瘠土壤，R/S值更大；植物长势旺盛，也会使R/S值增大；在某些特定情况下，不同类群微生物的R/S值差异更大，有些微生物种群的R/S值可达1 000以上。

赵辉等（2010）关于河南不同类型土壤对根际和非根际土壤微生物数量影响的研究表明，不同类型土壤中根际土微生物数量大于非根际土，并且根际和非根际土壤中的细菌数量远大于真菌和放线菌。细菌不仅种类繁多，而且作用也极其重要，大多数是土壤中的腐生者，在土壤有机质的分解过程中起着巨大的作用。土壤真菌是异养微生物，其中多数能利用无机氮，也有部分既能利用有机态氮又能利用无机态氮，是土壤中植物残体的主要分解者，并能形成一定量的腐殖质，改善土壤物理状态。土壤放线菌是进行异养活动的微生物，对有机质具有较强的分解能力，主要是分解木质素、单宁等一般微生物难以分解的物质，并产生多种抗生素类物质。

不同类型土壤对根际和非根际土壤微生物类群的影响的研究表明，不同类型土壤中解钾菌、解磷菌、好气性自生固氮菌、氨化细菌和芽孢杆菌的数量均为根际大于非根际。解磷菌对磷素有固定与释放作用，可以将磷矿石和骨粉分解为可溶性磷酸盐等，可溶性磷酸盐进入解磷菌细胞后被固定，当细菌死亡后，又重新释放并被植物吸收利用，有利于土壤中磷元素的转化和吸收利用。好气性自生固氮菌能够固定大气中的氮、提高土壤氮素供应能力，对土壤的氮素补充和平衡具有重大的作用，其数量的多少也可以作为土壤肥力的指标之一。氨化细菌可直接分解土壤中的含氨有机物质，如氨基酸、蛋白质等，还可分解核酸及含硫化合物。还可通过氧化、水解、还原作用释放出氨，可直接影响到土壤内的氨化强度，氨可进入谷氨酸，之后氨基转移再形成其他的氨基酸（康业斌等，2021）。

五、根际微生态系统

微生态平衡是该生境内生命体健康的基本前提，而营养条件、气候、化学品和特殊的生物等多种因素都可能影响微生态的平衡。植物因为微生态而发生病害可理解为植物周围的微生态系统失去了平衡。例如，细菌性青枯病的发生即为青枯病菌突破了植物的各层屏障，使植物周围微生态系统失衡，并最终对寄主植物进行入侵、定殖与增殖。基于此提出了“根际-生物防御-生物屏障-微生态平衡-植物健康”的关系理论。

植物根系、根际微生物群落、根际土壤及根际微环境（温、湿、水、光、气等）相互依存、相互作用，构成一个复杂系统，被称为根际微生态系统。研究根际微生态系统的结构、功能和演替规律的科学被称为根际微生态学。有别于研究植物与环境、光热气象条件、栽培措施等相互关系的宏观生态学，植物根际微生态学聚焦植物主导下的根际环境，它的研究内容广泛而复杂，主要包括：根际微生物组成种类、优势种群及其作用；系统内外的能量流动、物质循环和信息传递；植物根系的遗传特性及吸收水肥的能力，根系分泌物的种类及作用；根际土壤的物理化学性质；根际微生物的变化动态及对系统生物成分的影响；微生态系统的调控和优化；等等。

根际微生物群落和植物根系是根际微生态系统中有生命的组成部分，与其他生命系统一样，根际微生态系统的研究层次涵盖了能源层、转化层、交换层和沉积层。以植物为核心，从基因、细胞、器官、个体、种群、群落到土壤和环境之间建立起复杂的生态系统（图2-1），其中的每一个层级都是相关联系、互为依存的。任何一个层级的问题，都关乎整个系统的稳定，可能导致植物自身疾病，并影响植物群体的健康。根际微生态理论的特点是以根际为中心，以根际微生态系统为研究对象，以植物-土壤-微生物及其环境的相互关系为研究主线，以根际微生态系统的调控为手段，以维护植物健康、提高作物生产力、发展可持续农业为最终目标。近十年来，根际微生态学的理论被应用于指导生产实践，已经有了许多成功的案例，成为推动我国农业可持续发展的重要理论支撑。

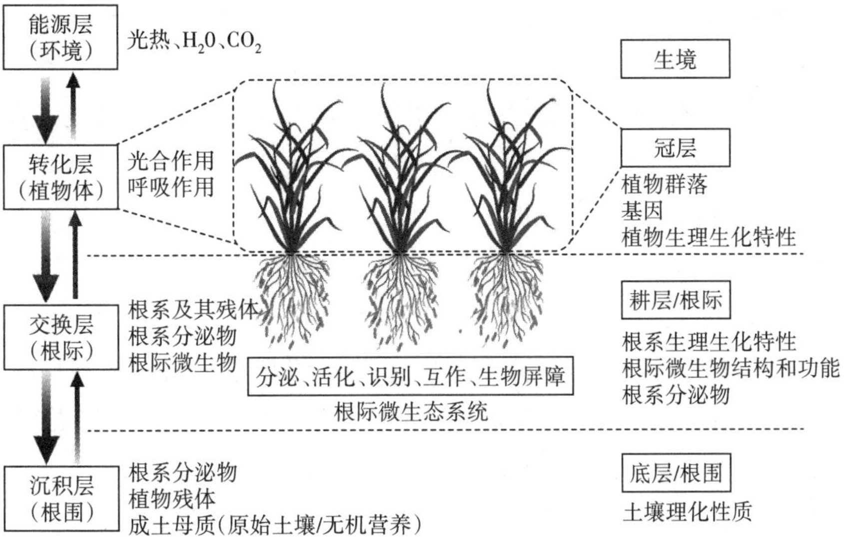

图2-1　根际微生态系统的层次

第二节　根际微生态与蔬菜健康

一、根际微生态影响蔬菜健康

蔬菜种植业是我国农业的重要组成部分，蔬菜栽培是在各种要素的协同作用下进行的，保障蔬菜种子的基因潜力得到充分发挥，以实现优质高产和安全高效的目标。但受蔬菜栽培技术、栽培习惯、种植面积的限制，重茬连作情况十分普遍，这导致了土壤质量下降、病原菌积累等严重问题。特别是一些侵染性病害，如苗床或育苗期的立枯病、猝倒病、根腐病等，以及土壤传播的一些生长期病害，如青枯病、根结线虫病等，在一些地方尤其严重。连作或重茬作物残留物上的病原菌，如病毒病、赤星病、空茎病等，也会对来年的栽培造成严重影响。此外，土壤也是一些害虫生存的重要空间。地老虎、金针虫、蝼蛄是三大地下害虫，大部分时间生活在土壤环境中，对作物的根系健康和正常生长造成很大威胁。土壤还是丰富的杂草种子库，其生态条件对杂草的萌发和不同种类杂草的生长起着至关重要的作用。

土壤传播的病虫害所导致的作物损失十分严重，据估计，一般可减产20%以上，严重田块甚至绝收。由于对土传病害认识不足，菜民一般在田间植株表现出严重的枯萎、死苗症状时才想到防治,而此时,病原菌、病原线虫等已经侵染到植株组织并致其病变快要死亡,这时采取的防治措施,大多已经无法产生良好的效果。

“肥土养好苗”,肥沃健康的土壤才能长出好的庄稼,蔬菜种植更需要良好的土壤和水肥条件。因此,维护植物健康,种出高品质的蔬菜必须先从土壤入手。再好的种子没有好的土壤来种植,品种优势很难表现出来。土壤本来就是一个复杂的环境,再加上中国土壤问题的复杂性是全世界罕有的,土壤调理绝非简单的工程,不仅要改良土壤酸碱性,更重要的是提高土壤中有机质的含量。从根源上来说,目前土壤板结,次生盐渍化、酸化等问题多是由“一炮轰”式施肥、随意撒施、过量施肥,以及依赖化肥和忽视有机肥的施用等不当的施肥习惯造成的。因此,调理土壤刻不容缓,只有土壤调理好了,有机质含量提高,化肥利用率提升,才能保障土壤的基本健康。

土壤微生物对维持健康土壤系统的稳定和恢复受损土壤系统有重要作用。现代农业种植体系中由于施肥、管理措施不合理,降低了土壤微生物多样性,破坏了土壤微生物群落结构和功能,导致土传病害的暴发。改进农业土壤管理措施能提高土壤微生物群落多样性和功能多样性,是控制土传病害发生的有效途径。荷兰的一项研究指出,土壤中的微生物扮演着类似益生菌或免疫系统的角色,对于防治病虫害有很重要的功效。当土壤中已经具备自然微生物所带来的平衡能力和抗御活性时,合成杀虫剂和除草剂的使用只能起到辅助作用。在对具有某些病原体抗性的甜菜、辣椒、茄子等地块土壤进行取样分析时,研究人员观察到,土壤中有各种天然的功能微生物,而这些微生物可以联合抵御病原真菌和细菌对寄主植物的侵染。除了已知的能抑制或消除作物疾病的抗病原真菌和细菌,土壤中还有许多未被发现的、具有抵抗和保护功能的微生物。由此可以推论,土壤抑制或者抵抗病原体的能力,并非源于某种单一的有益微生物的作用,而是土壤微生物群落协同作用的结果。

根际微生物群落结构及代谢产物在改善植物营养、控制病虫草害、消除污染、刺激和调控蔬菜生长、提高蔬菜品质等方面都有着十分重要的作用。有害菌数量增多不仅导致土壤性质恶化,还使土壤微生物群落从细菌型转变为真菌型,进而引起地力衰竭。前人研究表明,土壤微生物群落失衡是导致药用植物连作障碍的重要原因,而根系分泌物的化感作用直接或间接地影响土壤微生物群落结构。

蔬菜连作障碍的根本原因是栽培蔬菜根际微生态的平衡失调。根际土壤微生物的结构与功能的多样性对于土壤养分循环、土传病害控制和土壤结构稳定等具有非常重要的影响。然而,蔬菜生产中由于长期种植单一作物,导致根际微生物的多样性降低、比例失衡,从而影响蔬菜的生长发育,导致连作障碍和病害发生。

二、微生态影响蔬菜健康的机制

根际微生态机制的核心是微生物与微生物、微生物与植物之间的相关关系，而这些生物之间复杂的关系维护是靠信号转导实现的。目前根际环境中信号转导研究主要分为两个部分，一是植物与微生物的信号转导，二是微生物与微生物之间的信号转导。

植物在生长发育过程中会招募一些有益微生物群来协助应对病原菌的侵害、盐分的吸收、营养元素的获取等，植物根系表面会分泌一些物质（主要有糖类、氨基酸类、蛋白质、生长因子等），为微生物提供碳源与氮源，从而在根系周围达到招募有益微生物群的目的，而这些小分子物质就扮演着信号分子的角色。如拟南芥在受到植物霜霉病病原菌的侵染时，会在根际周围特异性地富集一些抗病害和促生的微生物；豆科植物会在根系富集根瘤菌来协助根系对土壤氮元素的吸收。

连作体系中土传病原菌的致病过程主要包括引入（土体至根际）、定殖（根际至根表）、侵染（根表至根内）三个阶段，连作体系中的根系分泌物可能在土传病原菌入侵植物的各阶段均发挥作用。游川等（2024）认为每个阶段加剧土传病原菌入侵的根系分泌物按功能可分为以下三类：

（1）利病，有利于土传病原菌在土壤中的存活及由土体向根际的迁移和增殖；

（2）压益，破坏根际有益微生物群落；

（3）自毒，毒害根系防御系统。

微生物对植物的信号转导主要有识别启动植物的系统获得性抗性（SAR）、系统诱导性抗性（ISR），免疫抑制，影响植物基因表达、激素平衡、生长发育以及胁迫应答等。有研究发现一种根瘤菌可以显著促进油菜对N、P、Zn的吸收，并且植物根瘤组织中生长素的含量提高5—10倍，脱落酸（ABA）减少到原来的十分之一左右；丛枝菌根真菌（AMF）可以通过改善寄主植物甜瓜的抗氧化酶的系统活性，加速CO_2同化物质的双向传输和提高光合能力，从而使甜瓜的抗旱性得以提高。

因此，解决蔬菜健康栽培问题，实现化肥农药少投入，产品质量安全的关键是关注土壤，关注土壤微生物，关注土壤微生态。在调控微生态，优化根际环境，保障蔬菜健康的基础上进行技术创新和生产改进，才能从根本上实现蔬菜的经济效益和生态效益的协调发展，实现蔬菜产区的持续稳定高效生产。

第三节　根际微生态调控

一、微生态调控的概念

微生态调控(microecological control)是在植物微生态基本原理指导下,采用一系列手段和方法优化微生态环境,实现保护植物健康,抑制疾病发生的一种技术。调节、控制微生态环境,使正常微生物菌群与病原物之间的比例趋向平衡,从而控制植物病害的发生和发展,我们称之为"微生态调控"。广义的微生态调控还包括在根际土壤中增施有机肥、实施熏蒸或者局部熏蒸,以及叶面喷施微量元素和营养液等措施。这些调控措施的主要目的是提升寄主植物的适应性,减少植物病害的发生。

微生态调控是植物病害防控的新策略和新方法,是微生态学在植物病害防控实践中的具体应用。在实施过程中,可通过调节寄主本身的内环境,寄主与微生物的相互关系,微生物种群之间的相互关系等,实现寄主体内和周围环境两个方面的微生态平衡关系,以达到控制病害,实现栽培植物最佳的经济、社会和生态效益的目的。

植物疾病的产生与微生态密切相关,植物患病虽然是病原物侵染导致的,但是否发生侵染,是否发病,是否造成损失,最终取决于微生态是否失衡。对植物疾病的防控要考虑微生态失衡的原因,然后进行微生态调控,达到从根本上控制病害的目的。因此,微生态调控将成为控制连作蔬菜病害最为重要的手段之一。

二、微生态调控的基本方针

植物微生态系统是植物健康的基础支撑系统,调控微生态的根本目的是安全、经济、高效地控制植物的病害。对于蔬菜连作病害来说,采用微生态调控是重要的技术创新,也是行之有效的方案。采用微生态调控技术的基本方针是贯彻落实"预防为主,综合调控"的植保方针。这里预防的重点是对植物整体健康的预防,对土壤中各种不平衡因子的优化和重构。这就要求我们在蔬菜栽培管理的全过程中都要贯彻保健栽培措施,通过激发有益微生物的增殖来增强植物自身对有害微生物的抗性。在充分发挥自然调控作用的基础上综合协调应用生物、栽培、物理和化学等措施,调控植物的微生态系统,使有益微生物成为微生物群落内的优势种群,而有害微生物被控制在一个低的允许水平。确保寄主植物处于健壮生长、抗逆性最佳的状态，以获得高的产量、优良的品质，从而取得最佳的经济和社会效益以及良好的生态效益（康业斌，2019）。

以根际微生态调控为核心，构建土壤酸碱平衡、营养平衡、微生态平衡、病原菌与寄主互作平衡的“四个平衡”。通过早期监测预警、种植抗病品种、无病健康壮苗及加强栽培管理的预防措施，形成病原鉴定清晰、传播途径阻断有力、微生态平衡稳定、生物屏障强大有效的防控体系，重点推进土壤调酸和有机肥增施，育苗基质拌菌和有机肥拌菌，微量元素补充和必要的抗性诱导等技术措施的有效实施，将病害控制在引起明显经济损失的水平以下（丁伟，2020）。

三、微生态调控的原理

1.微生态失调过程

植物病害发生的基本要素有寄主、病原物、微生物群和微环境。在正常的植物体上，病原物的种类和数量被压低在一定水平，不会发病。一旦其他因素改变，病原物的种类和量增加到一定程度便会发病，亦即微生态失调（dysbiosis）。有研究认为：微生态失调是正常微生物群之间及正常微生物群与其宿主之间的微生态平衡，在外界环境影响下，由生理性组合转变为病理性组合的状态。这一概念包括了菌与菌之间、菌与宿主之间及外环境之间相互作用的动态变化过程，其中，研究最多的是菌群失调（dysbacteriosis）。菌群失调指在一定微环境中正常微生物菌群发生的定性或定量的改变，这种变化主要是量的变化，亦即正常微生物群与病原物的比例变化。按其失调程度，可以将微生态失调分为三种类型。

（1）一度失调

在外环境因子作用下，微生态平衡受到影响，病原菌的数量有一定程度上升，但一消除外环境影响，这种平衡又会得以恢复，呈现一种可逆变化。

（2）二度失调

外环境因子持续作用，菌群比例改变甚大，一旦去除外因，尚不能恢复到平衡状态，呈现不可逆变化。

（3）三度失调

在外因子作用下，病原菌的数量占绝对优势，正常菌群大部分被抑制，正常的生理变化被病理变化所替代，更难恢复其平衡状态，植物病害的发生亦是这样一种变化过程。

这三种失调情况可以随着环境变化而逐渐加重。如在使用苯并咪唑类杀菌剂防治苗床病害灰霉病时，不仅防效不明显而且随着施药次数的增加，病害却日益严重。主要原因是化学药剂抑制了一部分正常微生物，使得灰霉病菌的数量大幅增加。这一类病害被称为“医源性病害(iatrogenic disease)”。草莓根霉病、柑橘黑腐病、梨果毛霉病、烟草灰霉病都是一些医源性病害。

2. 四个平衡原理

微生态平衡是多种平衡的综合体，要想实现系统平衡，就要考虑根系土壤pH值状况、根系营养状况、根系微生物状况等。为此，我们提出了微生态调控必须考虑四个方面的平衡。土壤酸碱平衡：调节土壤pH值，避免土壤酸化。微生态平衡：早期增施益生菌剂，促进微生物之间的平衡。营养平衡：补充中微量元素，平衡所需营养。病原菌与寄主互作平衡：应用诱抗物质，增强栽培植物的抵抗力等。四个平衡原理是微生态调控的基本原理。

3. 生物屏障原理

植物的三层防御屏障包括物理屏障、化学屏障和生物屏障，它们相互协作，保护植物免受病害。而三层防御屏障中生物屏障受很多因素影响，最易发生变化，也是最有可能实现调控的一个屏障。

微生物群有秩序地定殖于细胞之间或植物体表面等形成生物屏障。构成生物屏障的关键微生物需要达到一定的丰度才能行使功能，当病原微生物与屏障微生物比例失调时，病原微生物就会对屏障产生冲击作用。例如在青枯病菌突破的植物防御的三层屏障中，生物屏障是变化最大的一个屏障。因为就植物的物理屏障和化学屏障的构建来说，我们可以做的工作是有限的，但通过环境优化、有益菌添加以及有机物质的增施就能够帮助植物构筑起强大的生物屏障。

土壤被认为是明显受微生物影响的生态系统，土壤微生物的群落组成以及与栽培植物的关系，形成了重要的生物屏障，显著影响着植物根茎病害的发生。构建强大的生物屏障，形成健康的根际微生态是根茎病害绿色防控的重要手段。构建生物屏障防治植物病害的基本原理为：保护有益菌、增加有益菌、协调有益菌、抑制有害菌。

要想构建植物的生物屏障，对于根部环境来说，丁伟等2023年提出了根围、根际和根内三层生物屏障的理论。根围是指栽培植物的根部生存环境，是根系辐射的范围。根围生物屏障构建的关键是土壤微生物的丰度和有益菌的相对比例要达到一定的水平。根际生物屏障是指根表面2—3 mm范围内的有益微生物的构建。根内生物屏障的构建是指植株内生菌要有一定的保障。根围、根际、根内微生物群体构成了第一、第二与第三层生物屏障，分层阻遏病原菌的定殖侵染，实现根茎病害有效控制是生物屏障理论在根茎病害防控中应用的一个案例。

从图2–2和图2–3可以看出，病原菌要想实现对寄主植物的侵染，需要突破三层防御屏障。首先是植物的物理屏障，要突破土壤环境、植物根表皮等，其次要突破根围、根际的大量有益微生物所构筑的生物屏障，到达植物体内。不仅要突破植物体内活性氧、酚类物质等大量的化学物质所形成的化学屏障，还要突破内生微生物所形成的根内生物屏障。一旦这些屏障都被突破，病原菌快速增殖，植物就只有死路一条。

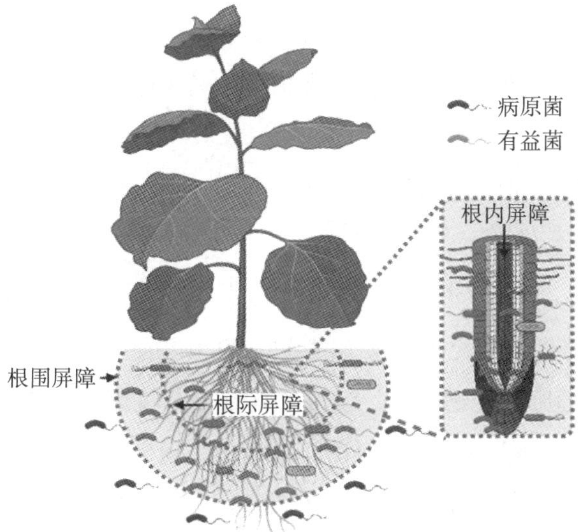

图2–2　根围、根际和根内三层生物屏障示意图

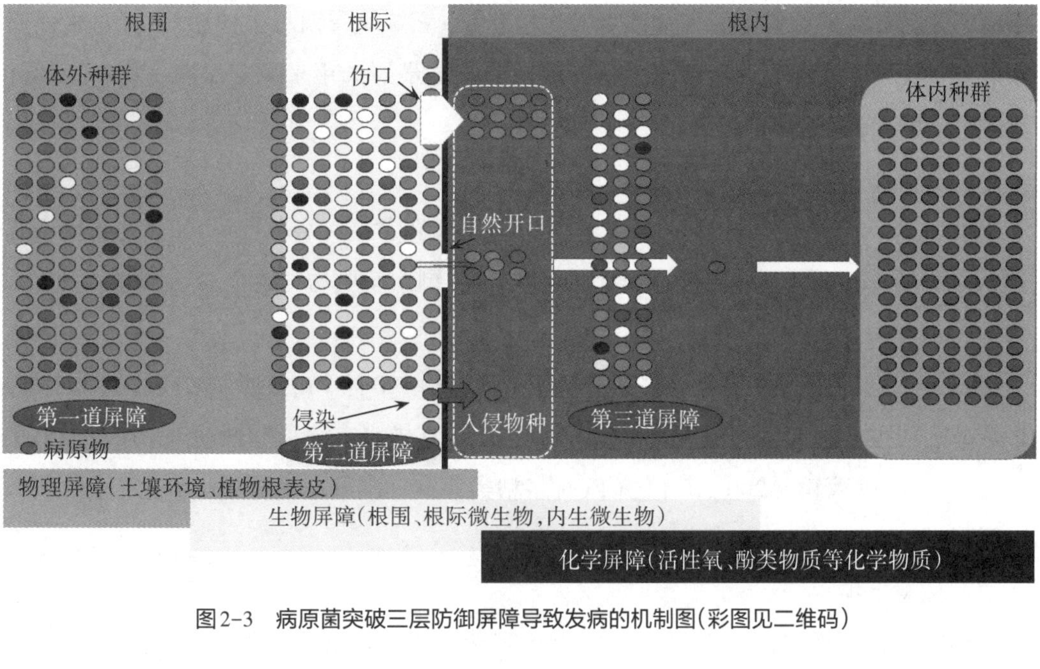

图2–3　病原菌突破三层防御屏障导致发病的机制图（彩图见二维码）

4.微生物群与营养关系理论

正常微生物不仅可以帮助植物营养的吸收利用,还可合成蛋白质、维生素以及其他有益物质供植物吸收利用。适量的微生态制剂可显著提高植物对肥料的利用率,并有利于植物机体微量元素的平衡。植物根际和叶际大量存在的微生物也需要能量物质的供给,而植物大量的根系分泌物可以为微生物提供丰富的能源物质,而微生物降解这些根系分泌物则可以清除根际的排泄物,净化根际环境,对植物的生长发育也是十分有利的。因此,从营养角度来说,植物根际微生物群对保护植物健康起着关键作用。

四、微生态调控的主要措施

1.育苗基质拌菌,抢占生态位,平衡根际微生态

选用拮抗菌剂,特别是复合微生物菌剂,进行育苗基质拌菌,抢占根际生态位,平衡根际微生态,构建植株健康的生物屏障。该方法具有促苗、壮苗、齐苗、促根等多方面作用,省工、省时、省钱,适合各类育苗方式,对田间根茎病害发生有显著的抑制作用。

(1)菌剂选择

针对根茎病害的组合菌剂可用100亿个/g苗强壮可湿性粉剂;针对青枯病可选用3 000亿个/g荧光假单胞菌粉剂或者0.1亿CFU/g多粘类芽孢杆菌细粒剂;针对黑胫病可选用10亿芽孢/g枯草芽孢杆菌粉剂或者100万孢子/g寡雄腐霉菌可湿性粉剂;针对根黑腐病可选用孢子含量50亿个/g哈茨木霉可湿性粉剂。最好选用来源于保护作物本身的健康菌株所组成的有益菌剂组合。

(2)推荐用法

育苗基质与苗强壮等菌剂混合均匀,装入育苗盘正常播种育苗即可,如因为量少不好混匀,可先用1 kg育苗基质与推荐剂量混匀后,再与剩余基质均匀混合。

(3)推荐用量

每1 000株幼苗所需的育苗基质中添加菌剂量为100亿个/g苗强壮可湿性粉剂100 g或者10亿芽孢/g枯草芽孢杆菌100 g;100万孢子/g寡雄腐霉菌可湿性粉剂10 g;3 000亿个/g荧光假单胞菌粉剂200 g;0.1亿CFU/g多粘类芽孢杆菌细粒剂500 g;50亿个/g哈茨木霉可湿性粉剂100 g。

(4)注意事项

小孔小苗育苗用菌量减半,要保障菌剂组合和育苗基质混合均匀,基质的疏松度和通

透性良好，保持育苗池的水温和棚温，基质内不能添加对细菌有杀伤作用的药剂等。在低温环境下，应用效果会降低。

2.有机肥拌菌，活化有机肥，优化土壤环境

增施有机肥，避免化肥的大量施用是优化根际环境的基础。选择高质量的有机肥，进行堆沤、活化、去除杂菌。在有机肥施用时，每亩不少于100 kg的精制有机肥，与有益菌剂现混现用，活化有机肥，促进有益微生物增殖，提升有机肥养分转化和利用率。

（1）菌剂选择

针对根茎病害用的组合菌剂可选用30亿个/g根茎康可湿性粉剂；针对青枯病可选用3 000亿个/g荧光假单胞菌粉剂或者0.1亿CFU/g多粘类芽孢杆菌细粒剂；针对黑胫病可选用10亿芽孢/g枯草芽孢杆菌粉剂或者100万孢子/g寡雄腐霉菌可湿性粉剂；针对根黑腐病可选用50亿个/g哈茨木霉可湿性粉剂。

（2）推荐用法

最后一次翻堆装袋时（务必确保有机肥充分腐熟），或者是即将在田间施用有机肥时，将根茎康等菌剂混匀加到有机肥中并搅拌均匀，条施后起垄，混合后尽快使用。

（3）推荐用量

按照每亩用量折算，30亿个/g根茎康可湿性粉剂用量1 kg，10亿芽孢/g枯草芽孢杆菌500 g，100万孢子/g寡雄腐霉菌可湿性粉剂100 g，3 000亿个/g荧光假单胞菌粉剂2 kg，0.1亿CFU/g多粘类芽孢杆菌细粒剂2 kg；50亿个/g哈茨木霉可湿性粉剂300 g等。

（4）注意事项

菌剂与有机肥的混合一定要混匀，最好2次稀释混合，随混随用，不要在有机肥中加生石灰等杀菌材料。

3.抗性诱导，提升植株的抵抗力，平衡抗病性

在团棵和旺长期，采用水杨酸或2，6-二氯异烟酸（INA）进行叶面喷雾处理，或采用氨基寡糖素、芸苔素内酯等，提升植株抗病性。

（1）推荐用法

按照推荐稀释倍数配制抗性诱导物质水溶液，采用喷雾装置均匀喷施到叶子表面。

（2）推荐用量

水杨酸2 500倍液（水杨酸质量∶药液质量=1∶2 500），2，6-二氯异烟酸（INA）按50 mg/L的质量浓度，即按有效成分稀释20 000倍液，每亩用药液50 kg均匀喷雾，施药1—2次。

4. 叶面微量元素补充，平衡烟草的营养供给

注意补充钙(Ca)和钼(Mo)素，以叶面喷雾方式增施Ca、Mo等矿质元素对连作病害均有一定的缓解效果。对于一些酸化区域，Mo处理最好，其次为Ca处理，两者对植物青枯病、黑胫病等的发生均具有一定的推迟、延缓发病的作用。蔬菜旺长期采用多种微量元素的组合产品希植美进行叶面喷雾，增施微量元素，提升植株生长量的同时对叶部病害也有很好的防控作用。

(1)推荐用法

按照推荐稀释倍数配制成水溶液，采用喷雾装置均匀喷施到植物的叶子表面。

(2)推荐用量

采用硝酸钙进行叶面补钙，钼酸铵进行叶面补钼，希植美等补充多种微量元素。用量为纯品硝酸钙[$Ca(NO_3)_2·4H_2O$]，每亩用量100 g，稀释500倍进行叶面均匀喷施；纯品钼酸铵[$(NH_4)_6Mo_7O_{24}·4H_2O$]，每亩用量100 g，稀释500倍进行叶面均匀喷施；希植美2号每亩用量120—150 g，稀释500—1 000倍液，叶面均匀喷雾。在实际应用过程中，植物诱抗剂、叶面营养元素和叶部病害防控的杀菌剂三者可以混用，以减少用工，同时对预防叶斑病害、增加植株整体抵抗力具有重要的意义。

CHAPTER

3

第三章

蔬菜根际微生物组及影响因子

第一节　植物根际土壤的宏基因组学

一、植物根际土壤宏基因组学概念

植物根际土壤宏基因组学是以植物根际土壤中的全部微生物DNA作为研究对象，揭示根际土壤中微生物之间的相互作用以及微生物对植物的影响作用。根际土壤宏基因组学的研究不需要在实验室中分离单一的菌株，而是应用现代基因组学技术直接研究自然状态下的植物根际土壤微生物群体。这就极大地扩宽了人类对植物根际土壤微生物的认知视野。

二、植物根际土壤宏基因组学的研究发展

目前认为土壤中可分离的微生物占土壤总微生物的比例不到1%，由于人类现阶段对土壤微生物的认识不足，作为自然界宝库的土壤微生物仍需人类去探索发现。宏基因组学是近二十年发展起来的一种研究土壤微生物的技术手段，相比传统的分离培养方法，它在很大程度上帮助人类丰富了有关土壤微生物的认知，并推动土壤微生物的研究进入飞速发展阶段。目前借助宏基因组学技术对植物根际土壤的研究主要集中在根际微生物的群落结构，微生物与植物根系互作等方面。

植物根际土壤宏基因组学研究离不开测序技术的快速发展，21世纪以来，以Roche公司的454技术、Illumina公司的Solexa技术和ABI公司的SOLiD技术为标志的第二代高通量测序技术的诞生且测序成本的逐渐降低使宏基因组学研究快速发展。如常安然等(2017)利用第二代测序平台对烟草根际土壤细菌16S rDNA进行高通量测序分析，对土壤细菌进行分类，得到25个菌门以及576类菌属，并获得了一些与土壤营养物质含量、pH值、含水量、含氮量等呈现正相关以及负相关的菌门、菌属等；赵柏霞等人(2018)基于Illumina Hiseq测序平台对砂蜜豆/马哈利樱桃5个生长发育期的根际土壤细菌群落结构进行研究发现，砂蜜豆/马哈利樱桃根际土壤细菌群落结构在萌芽期种群类别最少，之后逐渐增加，至快速生长期群落结构最复杂、多样性最丰富，然后又逐渐减少。近几年来以单分子荧光测序技术为代表的美国螺旋生物公司和美国太平洋生物科学公司与以纳米孔测序

技术为代表的英国牛津纳米孔公司进一步发展了第三代测序技术，相比第二代测序技术具有读长更长、通量更大、结果更为准确的优点。利用第三代测序技术研究喜马拉雅山西北部冻土发现，此区域的细菌群落结构与北极永久冻土，以及其他相同生态位点的冻土存在差异；对接种生防菌哈茨木霉（*Trichoderma harzianum*）ITEM 3636与未接种的花生根际土壤进行宏基因组第三代测序，测序结果对比分析表明，接种生防菌哈茨木霉与未接种的花生根际细菌、真菌群落结构不存在显著差异。

三、根际土壤宏基因组与连作病害的关系

1.作物健康生长与根际土壤微生物组的关系

根际是指受植物根部分泌物影响的紧靠根部的狭小的土壤区域。作物根际庞大而复杂的微生物群落被称为作物的第二基因组，主要包括细菌、真菌、线虫、原生动物、藻类、病毒、古生菌、节肢动物等。在争夺作物释放的营养物质的食物网中，根际微生物组占有绝对的数量优势。有科学家推测，作物是通过其根际的营养沉积物（如根系分泌物、根冠边缘细胞等）有选择性地去构建一个能促进作物生长和健康的根际微生物组。但也有研究学者提出异议，认为这些营养物质的释放是作物自然地溢出，或者说是作物的废弃物，并非故意而为。虽然针对根际微生物的形成与作物之间的关系是“crying for help”（作物主动筛选根际微生物组成）还是“just crying”（作物无意识地形成根际微生物），科学家们的意见仍未达成一致，但是随着根际微生物组学的深入研究，根际微生物的互作能直接或间接地影响作物生长和病害防控的概念被科学家广泛认可（图3-1）。

对植物生长具有促进作用的植物根际促生细菌（plant growth promoting rhizobacteria，PGPR）能显著影响作物的营养状态，其中最有名的例子是根际固氮菌和调节磷吸收的菌根真菌。近年来，除了根瘤菌以外，在根际有大量的固氮细菌被鉴定出来。Guimarães通过温室试验和16S测序技术鉴定出，在豇豆根际有慢生根瘤菌（*Bradyrhizobium*）、伯克氏菌（*Burkholderia*）、无色杆菌（*Achromobacter*）能使豇豆结瘤，从而能有效地形成生物固氮，促进豇豆的生长。菌根真菌与植物作为共生体也能通过转化土壤中的营养和矿物质供作物生长，改善土壤物理结构使土壤产生稳定的土壤团聚体，进而抑制土壤中的病原微生物保障作物健康。

作物根际微生物的数量、活性与作物病害的发生密切相关。根际微生物组的部分微生物具有拮抗土壤病原菌的功能，而这种功能主要发生在病原入侵前或感染初期，以及在根部组织间的二次传播时期。在有敏感寄主存在的条件下，土壤带菌量和青枯病的发生

为简单的正相关，即含菌量大的土壤一般青枯病发生严重。Toyota Koki等发现当青枯雷尔氏菌和其他细菌同时加入无菌土时，土壤能更好地抑制青枯雷尔氏菌的生长。有研究表明，根际微生物的活动影响番茄青枯雷尔氏菌的侵染，氨化细菌的数量与番茄青枯病抗性呈正相关。随着不同季节温度和其他气候条件的变化，根际土壤微生物种群数量和结构也会发生变化。根际细菌中氨化细菌、硝化细菌、好气性分解纤维素细菌、固氮细菌和反硫化细菌等的数量均表现为夏季高于冬季，而厌气纤维素分解细菌和硫化细菌的数量则表现为冬季高于夏季。

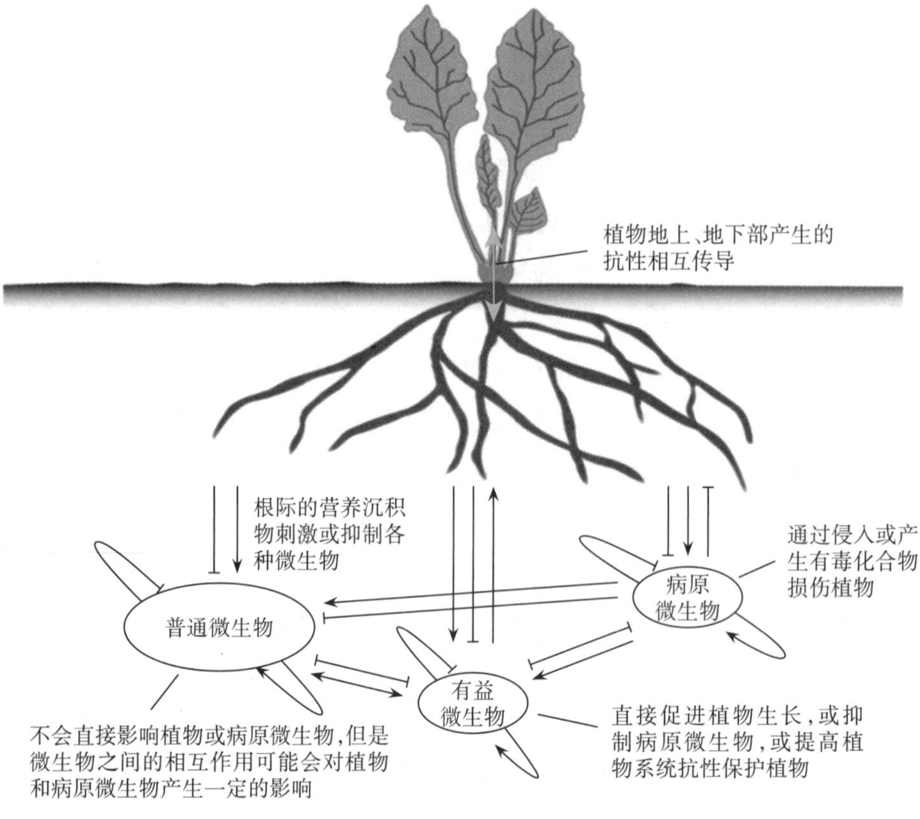

图3-1　作物根际土壤微生物组的相互作用

2.作物健康生长与根部微生物组的关系

根部微生物组包含了生活在根内（Endosphere）和根表（Rhizoplane）的微生物（图3-2）。根部微生物组的形成主要受两个因素的影响：一是根际土壤微生物组，是土壤中受根部沉积物影响而聚集在植物根部的微生物群落，因此可以被看作是土壤微生物组的子集。而根部微生物组则可以被看作是根际微生物组的子集。二是寄主植物，不同的寄主植物会根据基因型进一步筛选能够通过根表细胞的微生物。这种筛选通常既可发生在利用不同根际分泌物召集土壤微生物的过程中，也可发生在通过根表的细胞进入根内的过程中。

此外，通过种子发芽生根的过程，一小部分的根内微生物可能获得其母代植株的微生物，但Geisen通过大规模的种子与成苗试验发现，在作物生长后期，其根内菌与种子时期种子内部的微生物种群基本没有相同的。

在根部生境活动的微生物对作物的生长和健康状态也有着强烈的影响作用。根内菌既能作为有益菌促进作物生长，也能作为致病菌导致作物死亡，或者两者兼具。细菌性内生菌因具有与病原菌繁殖相似的生态位点而被开发为抑制病害发生的生防菌剂。但是，有研究发现拟轮枝镰孢菌（*Fusarium verticillioides*）在玉米根部即可表现为病原菌又可表现为有益菌。

根内菌可以诱导作物产生系统抗性从而对病原菌产生更高的耐受性，这种抗性被称为诱导系统抗性（induced systemic resistance，ISR）。有研究表明，在作物与有益菌互作的初始阶段，有益菌会触发作物产生免疫反应，而这样的免疫反应与作物在对抗病原菌时所需要产生的免疫反应是相似的，随后有益菌通过作物识别后能够躲避寄主的免疫效应，进而在作物根部成功定殖，而随之增强的作物免疫系统在作物对抗病原菌入侵时，便能起到提前预防的作用。而假单胞菌属（*Pseudomonas*）和芽孢杆菌属（*Bacillus*）通常被认为是诱导作物产生系统抗性的指示性微生物，但值得指出的是，并不是这两个属的所有微生物都能诱导作物产生系统抗性。

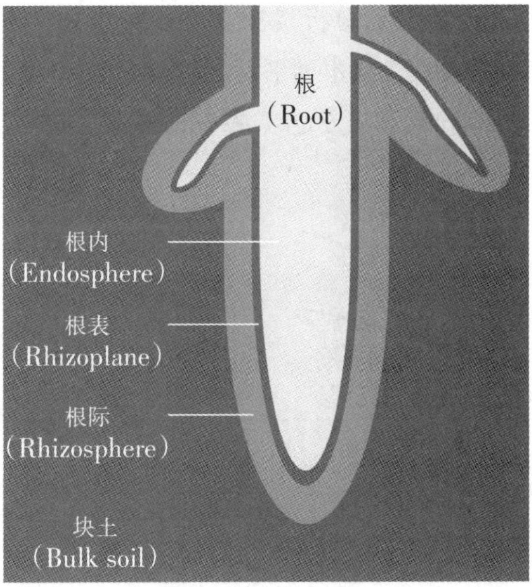

图3-2　作物根部与土壤不同区域示例

第二节　蔬菜连作病害的根际微生物组学特征

西南大学根际微生态过程与调控研究团队和重庆市农业技术推广总站蔬菜病害防治团队合作，以连作蔬菜土传病害发生与根际微生物的关系研究为突破口，关注蔬菜的品质特色及其相关的气候条件和土壤特性，通过宏基因组学分析了榨菜、辣椒、生姜连作区的根际微生物组学特征。

一、榨菜根肿病发生的微生物组学特征

（一）榨菜根肿病发病土壤与健康土壤微生物群落结构多样性分析

1. 榨菜根际土壤微生物测序深度评估

通过16S rDNA高通量测序分析，60份样品（包括30个健康植株和30个发病植株根际土壤）共获得细菌3 347 272个有效序列读取数和13 253个OTUs，平均读取长度为256 bp。样本抽平后，保留29 076个读数进行分析，获得真菌4 226 818个有效序列读取数和3 767个OTUs，平均读取长度为224 bp。样本抽平后，保留41 228个读数进行分析。稀疏曲线（图3-3）表明测序数量基本合理，其深度足以进行下游分析。

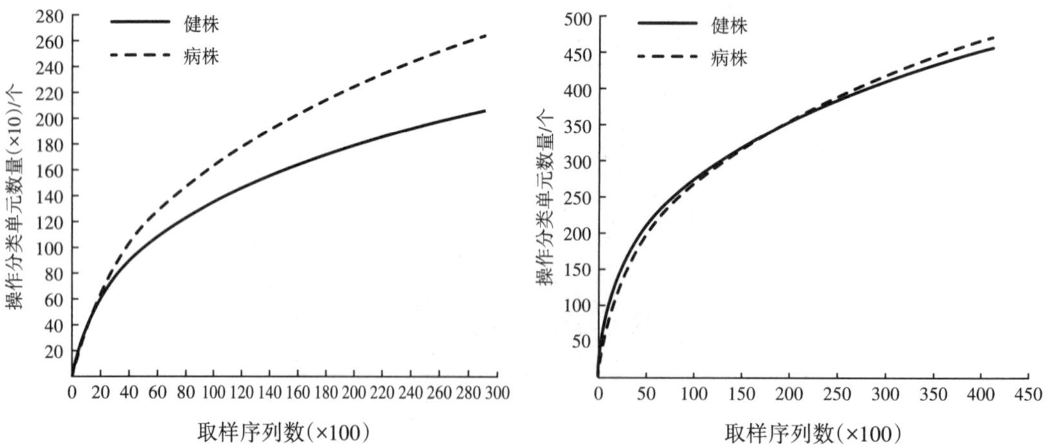

(a)细菌　(b)真菌

图3-3　根际土壤样本稀疏曲线

2. 土壤微生物群落的Alpha多样性分析

榨菜根肿病发病植株和健康植株根际土壤细菌覆盖率分别为96.38%和97.46%，真菌覆盖率分别为99.58%和99.65%，表明该数据足以反映出土壤环境中微生物的群落结构。对榨菜根肿病病株和健株的根际土壤微生物群落进行Alpha多样性分析（见表3-1）发现，无论是细菌或是真菌，其发病株的ACE指数、Chao1指数均高于健株，而Shannon指数就细菌而言，病株与健株之间并未达到显著性差异水平，但真菌的Shannon指数，健株反而显著高于病株。以上结果表明，病株根际土壤微生物群落丰富度较高，而健株根际土壤微生物群落的均匀度较高，即物种数量的分布更为均匀，尤其是微生物中的真菌更为突出。

表3-1 榨菜根肿病发病植株和健康植株根际土壤微生物群落Alpha多样性指数

指数	细菌		真菌	
	发病植株	健康植株	发病植株	健康植株
Shannon指数	5.89±0.16	5.95±0.10	2.52±0.15	3.04±0.12*
ACE指数	4 467.70±191.14*	3 079.60±162.26	781.86±34.52*	681.66±24.22
Chao1指数	3 982.70±181.40*	2 941.00±150.55	695.62±34.63	631.43±22.87
覆盖率/%	96.38	97.46	99.58	99.65

注：*表示$P<0.05$，差异有统计学意义。

3. 土壤微生物群落的组成分析

由图3-4a可知，从榨菜植株根际土壤中检测出的细菌隶属于57个门，155个纲，326个目，615个科，1 346个属。主要细菌门（相对丰度≥5%）包括变形菌门（Proteobacteria）占42.65%、放线菌门（Actinobacteria）占19.54%、拟杆菌门（Bacteroidetes）占8.78%、绿弯菌门（Chloroflexi）占8.18%和酸杆菌门（Acidobacteria）占5.28%。对榨菜根肿病发病植株和健康植株根际土壤细菌进行门水平的比较（图3-4b）发现，健康植株根际土壤中放线菌门的相对丰度比发病植株的高出了6.36倍，而发病植株根际土壤中拟杆菌门的相对丰度比健康植株的高出了4.19倍。

由图3-4c可知，从榨菜植株的根际土壤中检测出的真菌分别隶属于8个门，30个纲，99个目，228个科，484个属。主要真菌门（相对丰度≥10%）包括子囊菌门（Ascomycota）占46.35%、接合菌门（Zygomycota）占17.75%、壶菌门（Chytridiomycota）占17.50%、担子菌门（Basidiomycota）占12.52%。对榨菜根肿病发病植株和健康植株根际土壤真菌进行门水平的比较（图3-4d）发现，发病植株根际土壤中壶菌门的相对丰度比健康植株的高9.99倍，健康植株根际土壤中担子菌门的相对丰度比发病植株的高9.11倍。

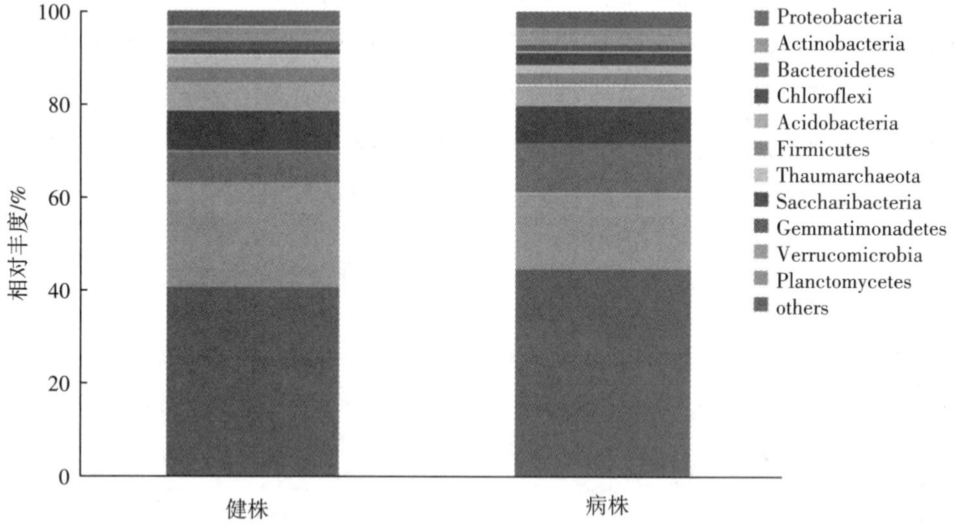

(a)细菌微生物群落在门水平上的分布(彩图见二维码)

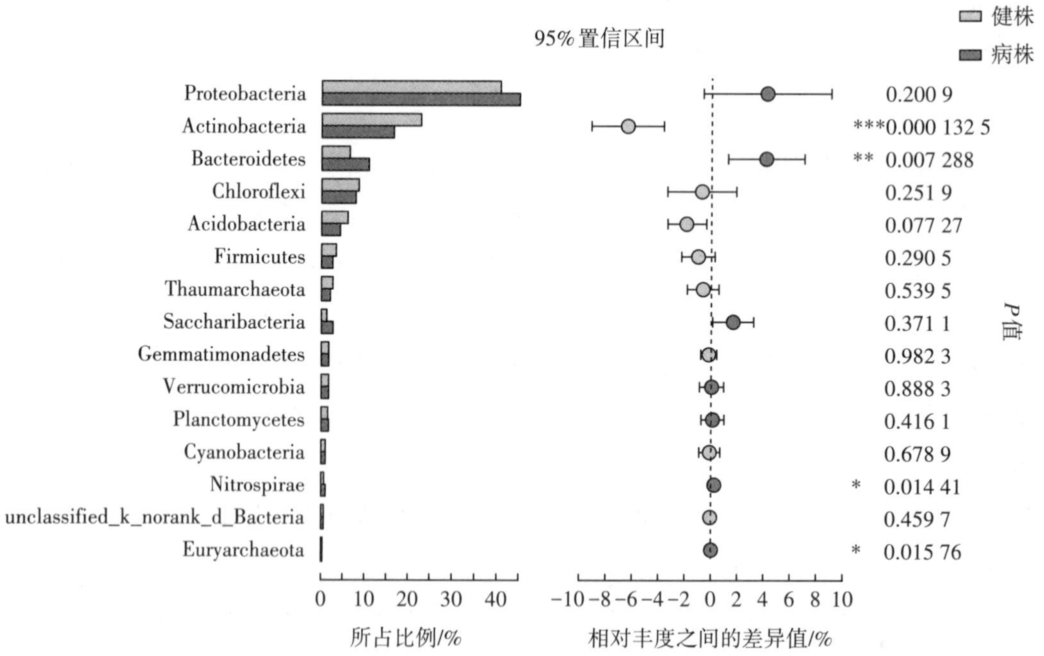

(b)细菌门水平上基于Wilcoxon秩和检验的比较

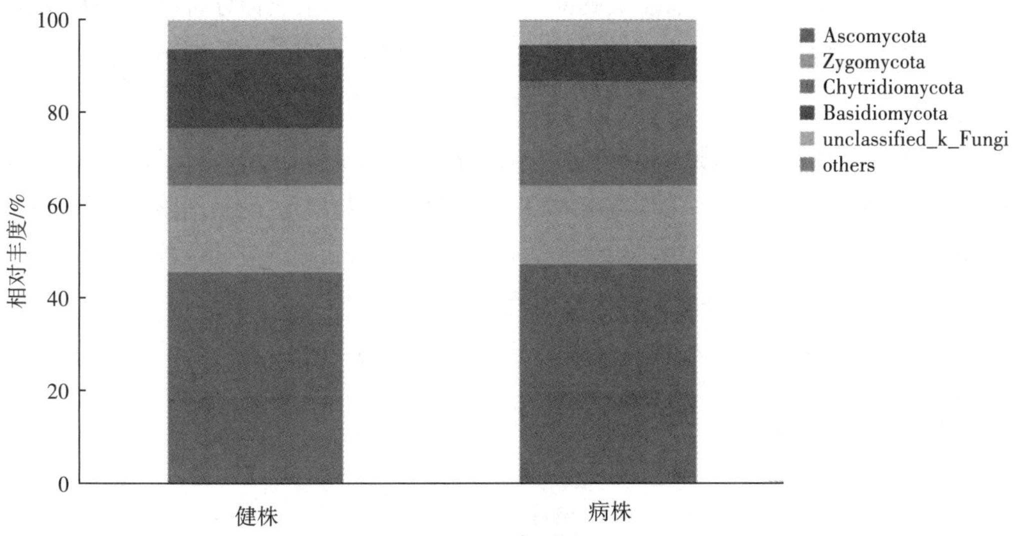

(c)真菌微生物群落在门水平上的分布(彩图见二维码)

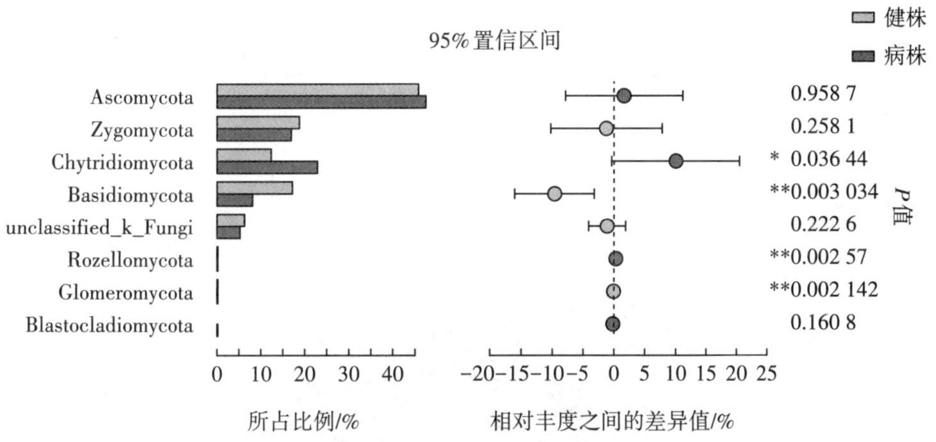

(d)真菌门水平上基于Wilcoxon秩和检验的比较

图3-4　发病植株(D)与健康植株(H)根际土壤微生物群落在门水平上的组成

注:1.图(b)、(d)中*表示0.05水平上的差异,**表示0.01水平上的差异,***表示0.001水平上的差异。2.Thaumarchaeota,奇古菌门;Saccharibacteria,单糖菌门;Gemmatimonadetes,芽单胞菌门;Verrucomicrobia,疣微菌门;Planctomycetes,浮霉菌门;Cyanobacteria,蓝细菌门;Nitrospirae,硝化螺旋菌门;unclassified_k_norank_d_Bacteria,未分类细菌;Euryarchaeota,广古菌门;unclassified_k_Fungi,未分类真菌;Rozellomycota,罗兹菌门;Glomeromycota,球囊菌门;Blastocladiomycota,芽枝霉门。

4. 土壤微生物群落的Beta多样性分析

榨菜根肿病病株和健株根际土壤中细菌和真菌群落的主坐标分析(PCoA)如图3-5所示。其中细菌群落第一、二主坐标的贡献率分别为24.92%和8.54%;真菌群落的分别为18.85%和11.26%。由图3-5看出,无论是细菌群落还是真菌群落,其健株根际土壤的各采样点主要分布在二、三象限,且较为集中,而病株根际土壤的各采样点主要分布在一、四象限,且较为分散。这说明各采样点健株根际土壤的微生物群落(包括细菌和真菌),其结构大体相似,而病株根际土壤微生物群落结构差异较大,这也说明发病植株与健康植株的根际土壤微生物群落结构显著不同。

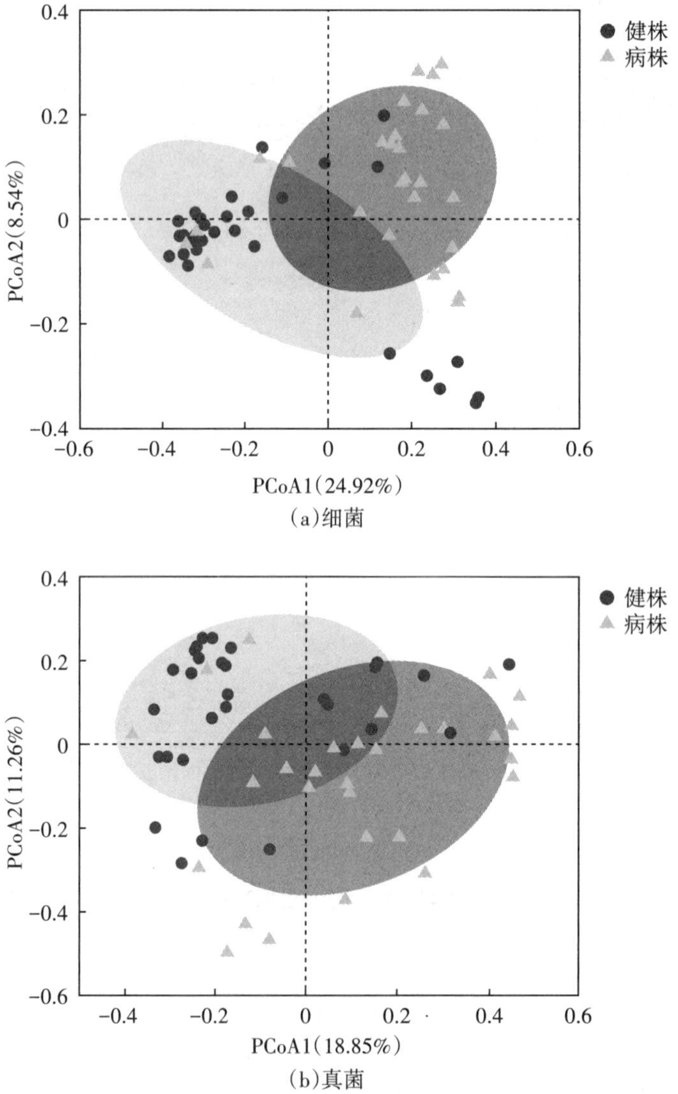

图3-5 发病植株(D)与健康植株(H)根际土壤中细菌和真菌群落的主坐标分析(PCoA)

5.土壤微生物群落的网络拓扑分析

构建基于随机矩阵理论（RMT）的网络拓扑分析图，能阐明微生物群落中不同物种间的相互作用。该图通过具有显著相关性的真菌和细菌的高通量测序数据构建而成（图3-6）。从直观上看，健株根际土壤微生物群落网络中各物种表现更为活跃，构成的关联也较发病土壤多。其网络拓扑参数（见表3-2）显示，健株根际土壤细菌网络含有40个节点、38个边缘，而病株根际土壤中仅含有27个节点、22个边缘；健株根际土壤真菌网络含有78个节点、171个边缘，而病株根际土壤中仅含有45个节点、71个边缘。从连接度来看，无论是细菌或真菌，健康植株均高于发病植株。

此外，根据网络拓扑分析还筛选出，最大中心性排名前10的微生物物种（OTU），其中已被明确鉴定的细菌有*Mucilaginibacter*（OTU12403）和*Variovorax*（OTU11035），真菌有*Penicillium*（OTU378、OTU1296）和*Cryptococcus*（OTU2623），这些物种具有高度的中心性和相关性，可能是维持微生物生态网络稳定和抑制根肿病发生的关键性微生物。

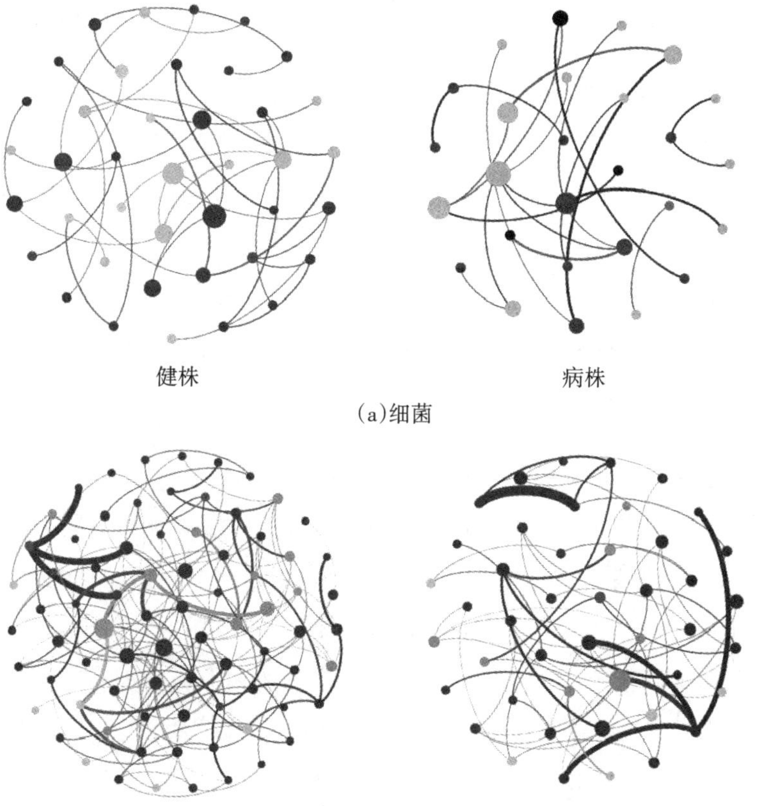

健株　　病株

（a）细菌

健株　　病株

（b）真菌

图3-6　发病植株（D）与健康植株（H）土壤微生物群落网络拓扑分析

表3-2 发病植株(D)和健康植株(H)根际土壤微生物群落的系统发育分析生态学网络结构指标

微生物	处理	节点数	边缘数	幂次定律	连接度	测量距离	模块性
细菌	D	27	22	0.936	1.630	2.306	0.710
	H	40	38	0.705	1.900	5.261	0.697
真菌	D	45	71	0.492	3.156	3.546	0.494
	H	78	171	0.435	4.385	3.107	0.446

该研究基于16S rDNA/ITS基因高通量测序技术，对榨菜根肿病发病和健康植株根际土壤微生物群落结构和组成进行分析，利用随机矩阵理论建立病株和健株两组样本土壤微生物群落的网络拓扑分析图。得出以下结论。

(1)Beta多样性分析显示，榨菜根肿病常发地的发病和健康植株根际土壤微生物群落之间存在显著差异。

(2)Alpha多样性分析显示，病株根际土壤微生物群落(包括细菌和真菌)丰富度显著高于健株根际土壤(病株真菌Chao1指数除外)，但健株根际土壤真菌群落均匀度显著高于病株根际土壤。

(3)网络拓扑分析表明，健株根际土壤微生物群落内具有更多的节点和边缘，连接度更高，显示出物种间共生互作关系更为复杂。此外，通过网络拓扑分析图的中介中心性筛选出健康根际土壤中具有生防作用的核心物种，细菌*Mucilaginibacter*(OTU12403)和*Variovorax*(OTU11035)，真菌*Penicillium*(OTU378、OTU1296)和*Cryptococcus*(OTU2623)，它们可能在抑制榨菜根肿病和维护根际土壤健康中发挥着重要作用。

(二)榨菜根肿病发病土壤与健康土壤微生物群落的功能特征

1.土壤微生物群落的代谢活性

采用Biolog ECO平板培养技术研究了榨菜根肿病健康土壤与发病土壤微生物群落的代谢活性。平均颜色变化率(AWCD)表征微生物群落的碳源利用情况，反映了土壤微生物代谢活性，AWCD值越大，土壤中微生物群落代谢活性也就越高，榨菜根肿病发病植株和健康植株土壤平均颜色变化率见图3-7。随着培养时间的延长，土壤中微生物群落利用碳源量逐渐增加。在0—24 h培养时期，各处理的AWCD值增加缓慢，说明此段时间内其碳源基本未被微生物群落利用；24—96 h内AWCD快速增加，反映出微生物群落活性明显增强，碳源被大幅度利用；96 h以后，各处理的AWCD增长速率有所降低且趋于稳定。这表明AWCD在96 h时处于“拐点”处，采用96 h的吸光值进行分析能更真实地反映实际情况。同时，发病植株的AWCD值明显高于健康植株，说明发病土壤的微生物群落代谢活力强于健康土壤。

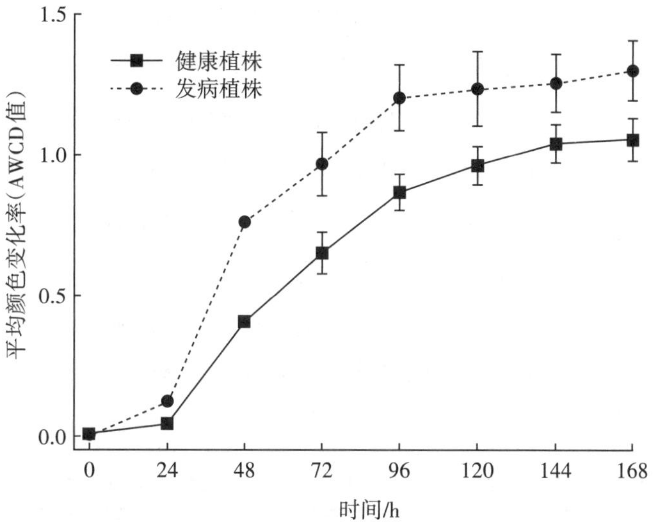

图3-7　发病植株(D)与健康植株(H)的AWCD值随培养时间变化情况

2.发病土壤与健康土壤微生物群落的功能多样性

通过代谢活性指标AWCD值计算得到微生物功能多样性指数。表3-3表明，发病植株根际土壤微生物群落的功能多样性(Simpson指数)显著高于健康植株，而丰富度(Shannon指数)、优势度(McIntosh指数)、均匀度指数等亦高于健康植株，但不具有显著性差异。

表3-3　各处理的群落多样性指数表

处理	AWCD值	Simpson指数	Shannon指数	McIntosh指数	均匀度指数
发病植株(D)	1.20±0.12	0.96±0.000 5	3.24±0.09	7.44±0.57	0.94±0.03
健康植株(H)	0.93±0.02	0.95±0.000 2*	3.18±0.08	5.75±0.31	0.93±0.02

注:*表示在0.05水平上差异显著。

二、辣椒青枯病发生的微生物组学特征

(一)辣椒青枯病发病土壤与健康土壤微生物群落结构差异分析

分别采集重庆黔江、彭水、武隆的辣椒青枯病发生严重区域与未发生区域的根际土壤，分3个时期采集：移栽前期(3月)、旺长期(6月)和采收后期(9月)。共采集样品54个，发病土壤与健康土壤各27个，采用16S rDNA基因高通量测序技术测定土壤微生物群落结构特征，分析发病土壤与健康土壤根际微生物群落结构的差异。

通过16S rDNA序列测序分析，3月份土壤样品中总共检测到7 989个细菌操作分类单位，9月份7 738个。对测序数据进行α多样性分析发现，9月份土壤微生物的丰富度和多样性指数大多高于3月份。在3月份的样品中，黔江健康土壤的Chao1和Shannon指数均最高，9月份各个样品的Chao1指数和OTUs均不存在显著差异（表3-4）。在所有的土壤样品中，变形菌门（Proteobacteria）的相对丰度最高，其次为酸杆菌门（Acidobacteria）和拟杆菌门（Bacteroidetes），经过辣椒的整个生育期，酸杆菌门减少了约8%，而拟杆菌门增加了约5%，并且土壤中雷尔氏菌属（*Ralstonia*）的相对丰度显著增加（图3-8，图3-9）。利用聚类分析发现，3月份土壤微生物结构与地区有关，而9月份与地区和发病因素均相关（图3-10）。

表3-4 不同样品土壤微生物16S rDNA测序数据丰富度与多样性指数

月份	样品编号	OTUs（97%）	Chao1指数	Shannon指数
3月	WS	1 497.00±104.48a	1 998.94±402.18a	9.49±0.06ab
	WC	1 898.33±42.33bc	3 427.74±129.94b	9.85±0.06b
	PS	1 690.67±45.24abc	2 962.93±94.19ab	9.09±0.20a
	PC	1 615.67±94.38ab	2 364.18±301.54ab	9.54±0.07ab
	QS	1 953.00±5.57c	3 314.53±30.85b	9.91±0.01b
	QC	1 896.67±44.28bc	3 076.01±259.68ab	9.80±0.04b
9月	WS	3 213.67±64.83a	4 296.00±231.22a	9.81±0.02bc
	WC	3 264.33±87.86a	4 011.15±217.11a	10.04±0.01d
	PS	3 269.33±85.99a	4 211.28±294.09a	10.01±0.05cd
	PC	2 886.67±150.65a	3 641.28±363.15a	9.66±0.08b
	QS	3 016.67±54.87a	4 250.37±209.21a	9.39±0.04a
	QC	3 282.33±38.96a	4 552.77±144.64a	9.86±0.05bcd

注：1.表中样品编号第一列中W表示武隆，P表示彭水，Q表示黔江；第二列S表示健康土壤，C表示发病土壤。2.表中不同小写字母表示不同样本间存在显著差异（单因素方差分析，$P<0.05$）。3.表中数据为平均值±标准差，$n=3$。

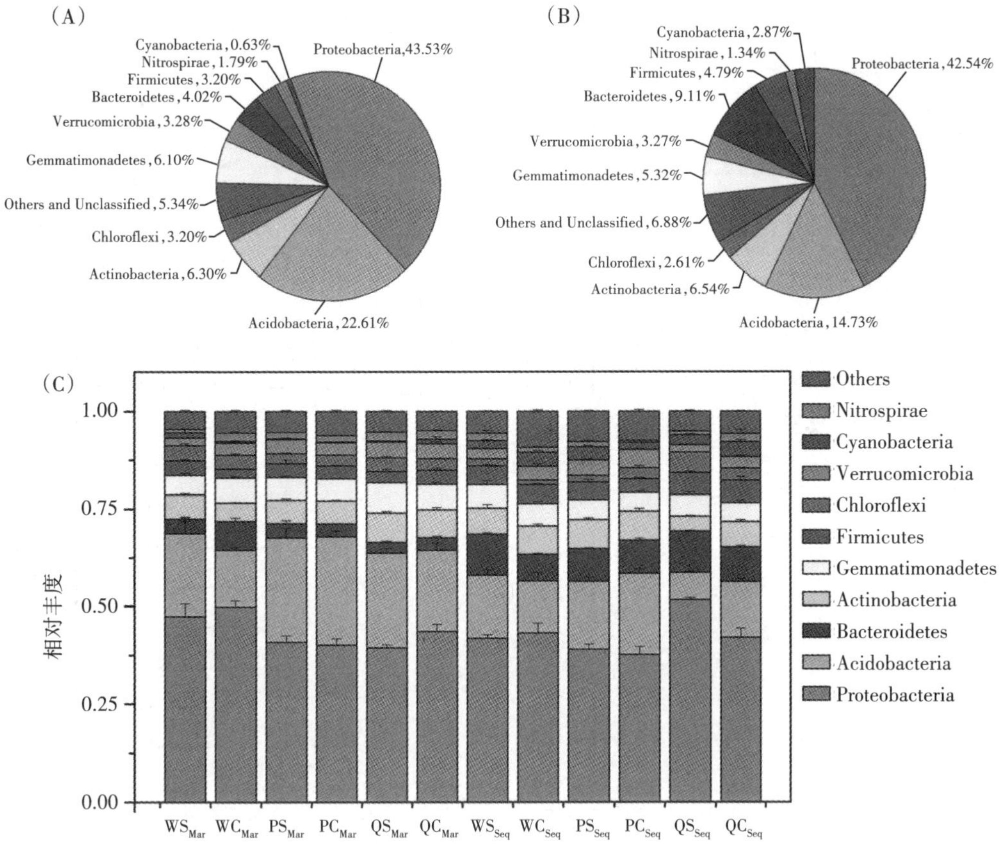

图3-8　3月(A)和9月(B)的微生物总体分布以及不同条件下的相对丰度(C)(彩图见二维码)

注:1.下标Mar表示3月,下标Sep表示9月。2.图中横坐标第一列W表示武隆,P表示彭水,Q表示黔江;第二列S表示健康土壤,C表示发病土壤。

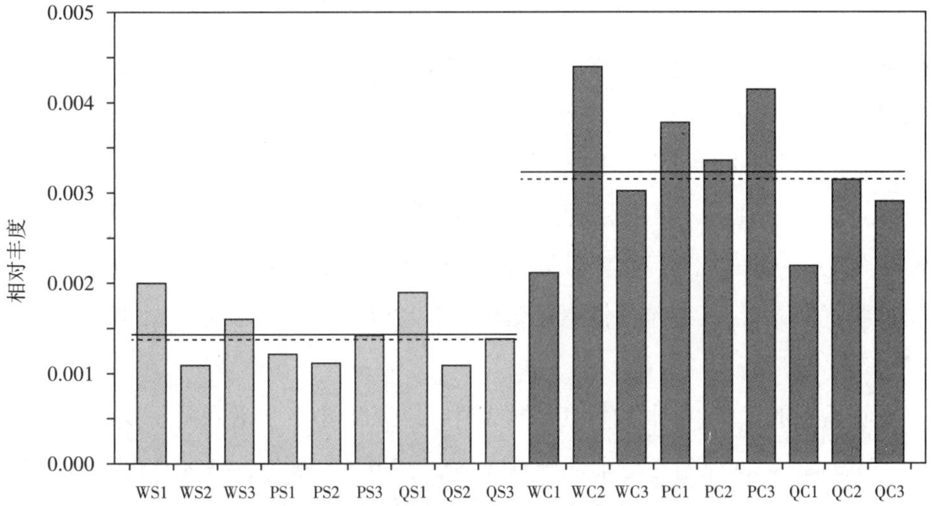

图3-9　不同样品土壤雷尔氏菌属相对丰度(深色:9月份;浅色:3月份)

注:图中横坐标第一列W表示武隆,P表示彭水,Q表示黔江;第二列S表示健康土壤,C表示发病土壤。

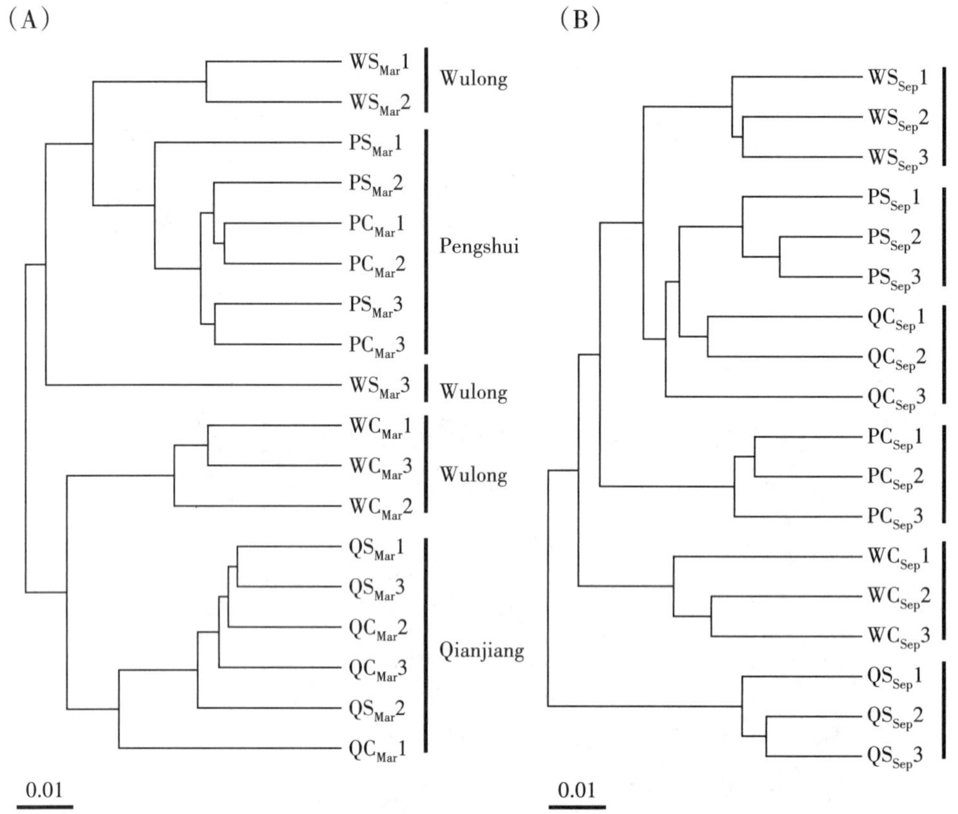

图3-10 武隆、彭水、黔江发病土壤与健康土壤测序数据聚类分析

注:图中W表示武隆,P表示彭水,Q表示黔江;S表示健康土壤,C表示发病土壤。

(二)辣椒青枯病发病土壤与健康土壤微生物的关系图谱

将重庆黔江、彭水、武隆青枯病发生严重区域与未发生区域的植株根际土壤分为土壤抑病(连作不发病)与感病(连作发病)两组。首先,使用non-parametric factorial Kruskal-Wallis (KW) sum-rank test(非参数因子克鲁斯卡尔—沃利斯秩和检验)检测出具有显著丰度差异的特征,找到与丰度有显著性差异的类群;其次,采用LEfSe线性判别分析(LDA)来估算每个组分(物种)丰度对差异影响的大小;最后,利用维恩图求交集分析,共确定了64个类群为优势菌群,其中包括健康土壤中的22个类群和发病土壤中的42个类群(图3-11,图3-12)。

在采收后期的武隆、彭水和黔江的样品中,共筛选出15个潜在的抑病性生物指示类群,其中*Kaistobacter*的原始相对丰度分别在WS为2.94%、PS为2.93%、QS为3.68%时达到最高,关系图谱分析的LDA得分为4.17,被认为是主要的抑病性指示类群(表3-5)。明确了变形菌门与酸杆菌门可能是抑制青枯病发生的关键微生物类群。

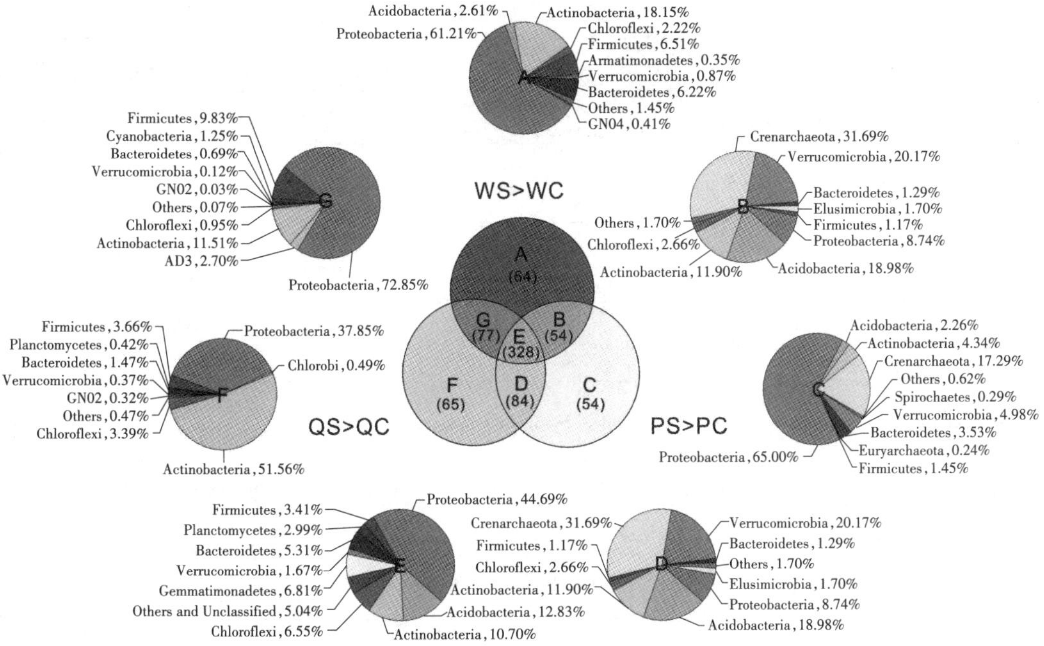

图3-11　武隆、彭水、黔江发病土壤与健康土壤数据维恩分析

注：Crenarchaeota，泉古菌门；Elusimicrobia，迷踪菌门；Spirochaetes，螺旋体门。

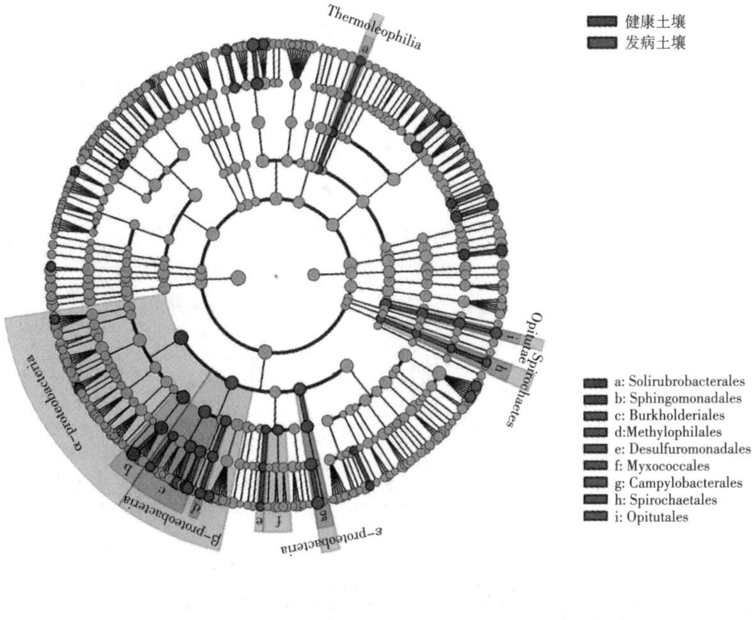

图3-12　武隆、彭水、黔江发病土壤与健康土壤数据关系图谱分析（彩图见二维码）

表3-5 辣椒青枯病抑病土壤中的指示微生物

指标分类					相对丰度/%			LDA得分(log10)
门 Phylum	纲 Class	目 Order	科 Family	属 Genus	WS	PS	QS	
Proteobacteria	Alphaproteobacteria	Sphingomonadales	Sphingomonadaceae	*Kaistobacter*	2.94 ± 0.04	2.93 ± 0.12	3.68 ± 0.21	4.17
Proteobacteria	Alphaproteobacteria				0.49 ± 0.09	0.52 ± 0.19	1.17 ± 0.06	4.50
Actinobacteria	Thermoleophilia	Solirubrobacterales			0.67 ± 0.04	0.42 ± 0.01	0.49 ± 0.03	2.75
Proteobacteria	Alphaproteobacteria	Sphingomonadales	Sphingomonadaceae		0.41 ± 0.01	0.48 ± 0.05	0.62 ± 0.02	4.06
Acidobacteria	Acidobacteria	Acidobacteriales	Acidobacteriaceae		0.46 ± 0.05	0.31 ± 0.05	0.33 ± 0.03	3.20
Acidobacteria	Acidobacteria	Acidobacteriales	Acidobacteriaceae	*Granulicella*	0.16 ± 0.02	0.18 ± 0.00	0.27 ± 0.02	3.20
Actinobacteria	Actinobacteria	Actinomycetales	Catenulisporaceae	*Catenulispora*	0.26 ± 0.07	0.13 ± 0.02	0.15 ± 0.02	3.19
Proteobacteria	Alphaproteobacteria	Sphingomonadales			0.10 ± 0.03	0.12 ± 0.00	0.11 ± 0.03	4.06
Actinobacteria	Actinobacteria	Actinomycetales	Dermacoccaceae	*Dermacoccus*	0.02 ± 0.00	0.01 ± 0.00	0.10 ± 0.01	2.86
Actinobacteria	Actinobacteria	Actinomycetales	Nocardiaceae	*Nocardia*	0.04 ± 0.01	0.03 ± 0.01	0.05 ± 0.01	2.80
Actinobacteria	Thermoleophilia	Solirubrobacterales	Conexibacteraceae		0.05 ± 0.00	0.02 ± 0.00	0.00 ± 0.09	2.75
Actinobacteria	Thermoleophilia	Solirubrobacterales	Conexibacteraceae	*Conexibacter*	0.04 ± 0.01	0.02 ± 0.00	0.01 ± 0.00	2.75
Firmicutes	Clostridia	Clostridiales	Clostridiaceae	*Clostridium*	0.02 ± 0.00	0.01 ± 0.00	0.01 ± 0.00	2.81
Proteobacteria	Gammaproteobacteria	Alteromonadales	Shewanellaceae	*Shewanella*	0.00 ± 0.00	0.00 ± 0.00	0.01 ± 0.00	3.21
Actinobacteria	Actinobacteria	Actinomycetales	Micromonosporaceae	*Actinocatenispora*	0.00 ± 0.00	0.00 ± 0.00	0.00 ± 0.01	3.08

三、生姜青枯病主要发病区的土壤微生态特征

为了研究生姜连作影响青枯病发生的微生态机制，采集了连作35年、15年的生姜青枯病发病土壤与抑病土壤，用种植1年的土壤为对照，利用16S rDNA测序技术检测土壤

微生物结构多样性。分析发现不同连作年限的发病土壤与抑病土壤微生物在门水平上的组成差异较小,但在相对数量上部分物种表现有一定差异(图3-13)。连作可显著降低变形菌门(Proteobacteria)的相对丰度,拟杆菌门(Bacteroidetes)的相对丰度随着连作年限的增加而降低,连作35年抑病土壤中厚壁菌门(Firmicutes)的相对丰度最高。连作15年和35年抑病土壤的浮霉菌门(Planctomycetes)相对丰度均高于发病土壤。

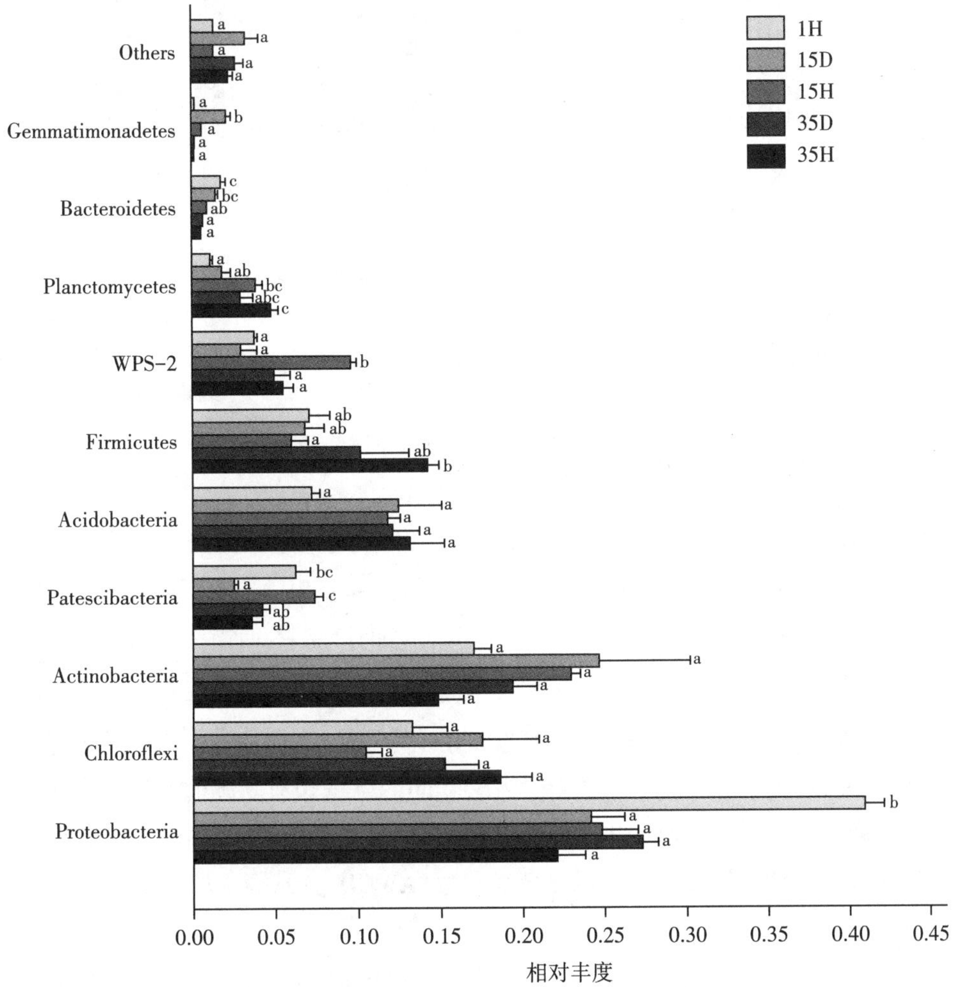

图3-13 不同连作年限与发病情况土壤微生物在门水平上的比较

注:1.1H,当年种植区的土壤样本;15D,连作15年种植区的发病土壤;15H,连作15年种植区的抑病土壤;35D,连作35年种植区的发病土壤;35H,连作35年种植区的抑病土壤。2.图中不同小写字母表示不同样本间存在显著差异(单因素方差分析,$P<0.05$)。

在属水平上(图3-14),生姜连作显著增加土壤有益微生物假单胞菌属(*Pseudomonas*)、芽孢杆菌属(*Bacillus*)和节杆菌属(*Arthrobacter*)的相对丰度,通过富集有益微生物可以缓解连作障碍。

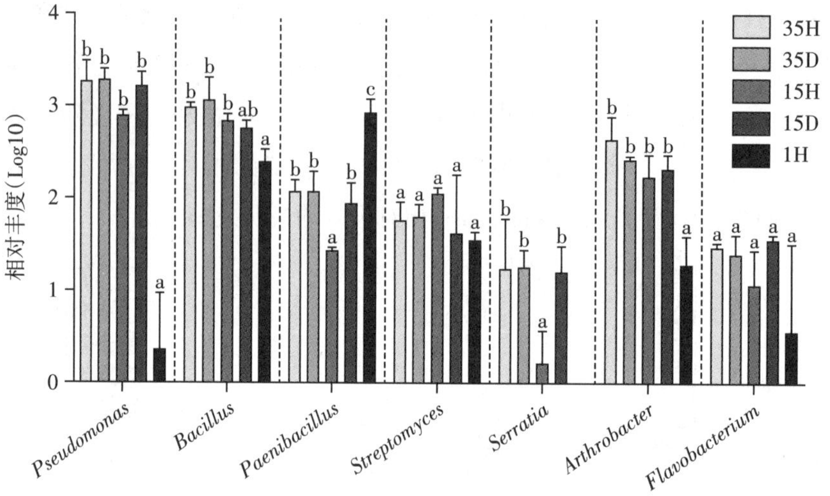

图3-14　属水平上不同连作年限土壤有益微生物相对丰度

注:1.1H,当年种植区的土壤样本;15D,连作15年种植区的发病土壤;15H,连作15年种植区的抑病土壤;35D,连作35年种植区的发病土壤;35H,连作35年种植区的抑病土壤。2.图中不同小写字母表示不同样本间存在显著差异(单因素方差分析,$P<0.05$)。

四、碳源代谢与青枯病发生的关系

生姜连作35年的抑病土壤具有重要研究价值,分析其微生态特征,找到影响土壤健康的关键指标,揭示抑病土壤的抑病机制,对于克服连作障碍、减少化学品的投入、构建姜科作物健康栽培技术体系具有十分重要的意义。在此背景下,西南大学根际微生态过程与调控研究团队采用96孔碳源板分析方法,系统评估了青枯病发病与抑病(不发生)土壤微生物的碳源代谢特征。结果表明,连作年限和发病情况均显著影响土壤细菌群落的结构和代谢多样性,发病(LC、MC)与抑病土壤(LS、MS)微生物对碳源的整体利用能力存在显著差异,抑病土壤微生物对31种碳源的整体利用能力显著高于发病土壤,在24—168 h的培养时间内,抑病土壤处理组平均颜色变化率(AWCD)较发病土壤高出33.3%—62.5%(图3-15)。

通过31种单一碳源能力分析发病和抑病土壤微生物,结果表明,抑病土壤对4-羟基苯甲酸和L-精氨酸的降解能力要显著高于发病土壤(图3-16,图3-17),而4-羟基苯甲酸是土壤青枯病发生风险的重要指标,L-精氨酸可以丰富有益微生物,表明了抑病土壤中含有数量更高的4-羟基苯甲酸降解菌以及受L-精氨酸富集的有益微生物,这一结果也揭示了抑病土壤通过富集4-羟基苯甲酸降解菌和其他有益微生物发挥其抑病性的微生态机制。综上所述,该研究发现4-羟基苯甲酸可以作为土壤健康的监测指标,4-羟基苯甲酸降解菌可以作为青枯病的生防菌剂。而L-精氨酸可以作为提高土壤有益菌群丰度的土壤微生态调理材料。研究结果为青枯病的绿色防控提供了理论支撑。

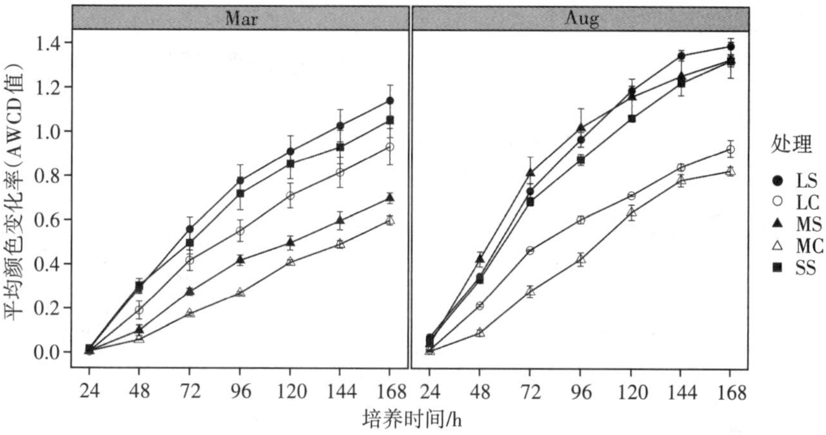

图3-15　不同类型土壤对碳源的AWCD值分析

注:LC,连作35年种植区的发病土壤;MC,连作15年种植区的发病土壤;LS,连作35年种植区的抑病土壤;MS,连作15年种植区的抑病土壤;SS,当年种植区的土壤样本。

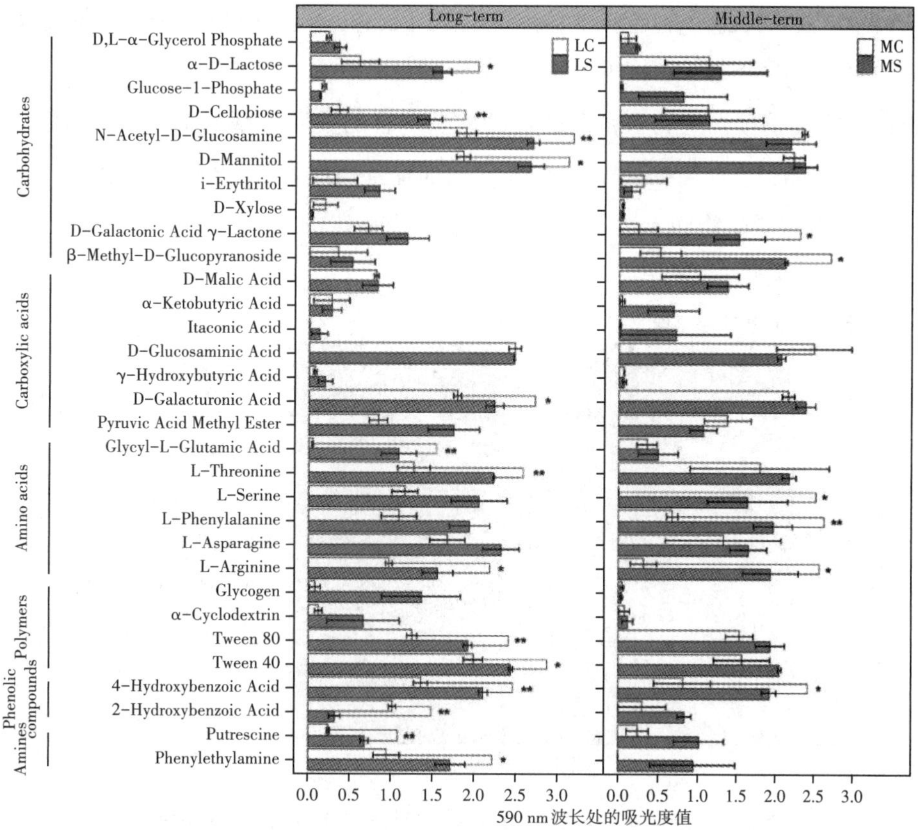

图3-16　发病土壤与抑病土壤对31种碳源的利用差异分析[①]

注:1.LC,连作35年种植区的发病土壤;MC,连作15年种植区的发病土壤;LS,连作35年种植区的抑病土壤;MS,连作15年种植区的抑病土壤。2.图中*表示$P<0.05$存在显著差异,**表示$P<0.01$存在极显著差异。

① 图为软件制作,为保证真实性,图中D,L,α,β,γ不作斜体处理。后同。——编辑注

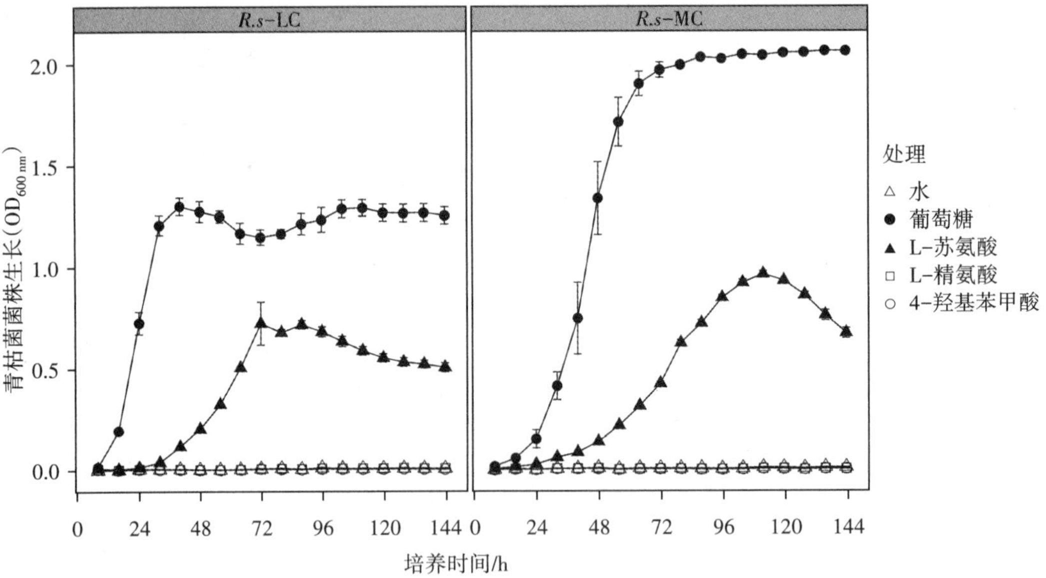

图3-17　在144 h的孵育过程中，不同碳源对在MC和LC领域中收集的青枯菌菌株生长的影响

注：LC，连作35年种植区的发病土壤；MC，连作15年种植区的发病土壤。

连作模式下土壤微生物群落与代谢功能及病害的关系模型如图3-18所示。在最初的3—5年内，随着连作年限的增加，病害逐渐加重且快速发展。但随着连作年限的继续增加，受制于有益微生物和土壤条件，病害会稳定在一定的范围内。

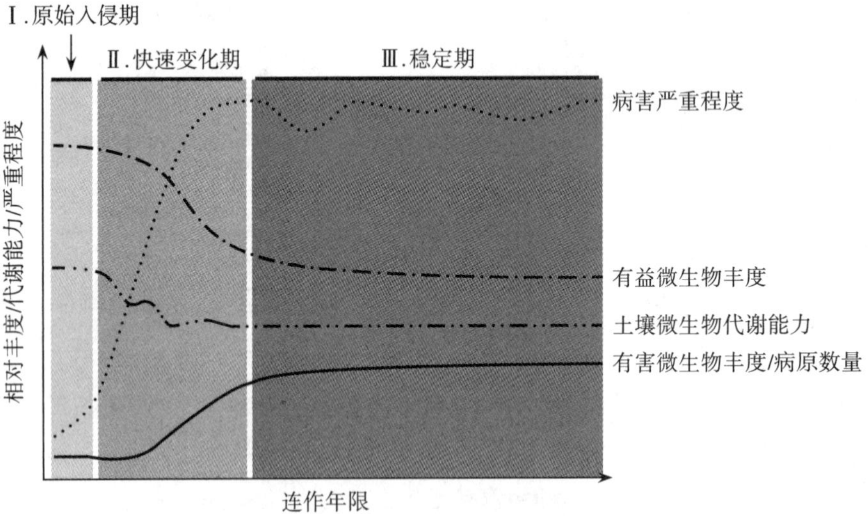

图3-18　连作模式下土壤微生物群落与代谢功能及病害的关系模型

另外一种情况是，虽然连作地块在最初的3—5年期间，病害会快速发展，但随着年限的增加，病害会逐渐减少，甚至病害被抑制而表现为不发病。如小麦全蚀病的发生受土壤微生物的影响，具有抑病性特征的土壤微生物组通过在植物根部形成平衡的微生态系统，

达到阻止病原菌入侵的目的，由此形成了抑病型土壤（disease suppressive soil）。其微生物变化和病害的关系模型见图3-19。我们的研究也发现，生姜连作显著改变土壤的微生物群落组成，通过富集有益微生物假单胞菌属（*Pseudomonas*）、芽孢杆菌属（*Bacillus*）和节杆菌属（*Arthrobacter*）来缓解连作障碍，从而增加土壤微生物功能多样性和代谢能力，最终形成抑病型土壤，抑制青枯病的发生。

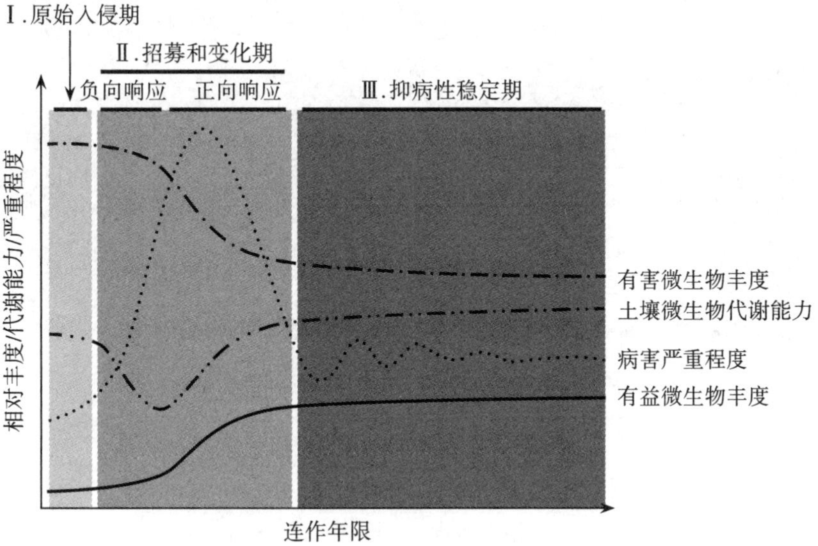

图3-19　连作模式下抑病型土壤微生物群落与代谢功能及病害的关系模型

第三节　影响蔬菜连作病害发生的微生态因子

一、根系分泌物与青枯病发生的关系

针对根系分泌物与茄科作物青枯病发生的关系这一问题，西南大学根际微生态过程与调控研究团队系统研究了根系分泌物有机酸类物质对青枯病发生的影响。

1.根系分泌物对青枯菌运动性的影响

通过平板运动性分析，发现作物根系分泌物中的部分有机酸如肉桂酸、反丁烯二酸、肉豆蔻酸、苯甲酸、邻苯二甲酸、月桂酸等能够诱导青枯菌平板运动，显示这些有机酸对青枯菌具有趋化活性，其中肉桂酸对青枯菌的趋化活性最强（图3-20，图3-21）。

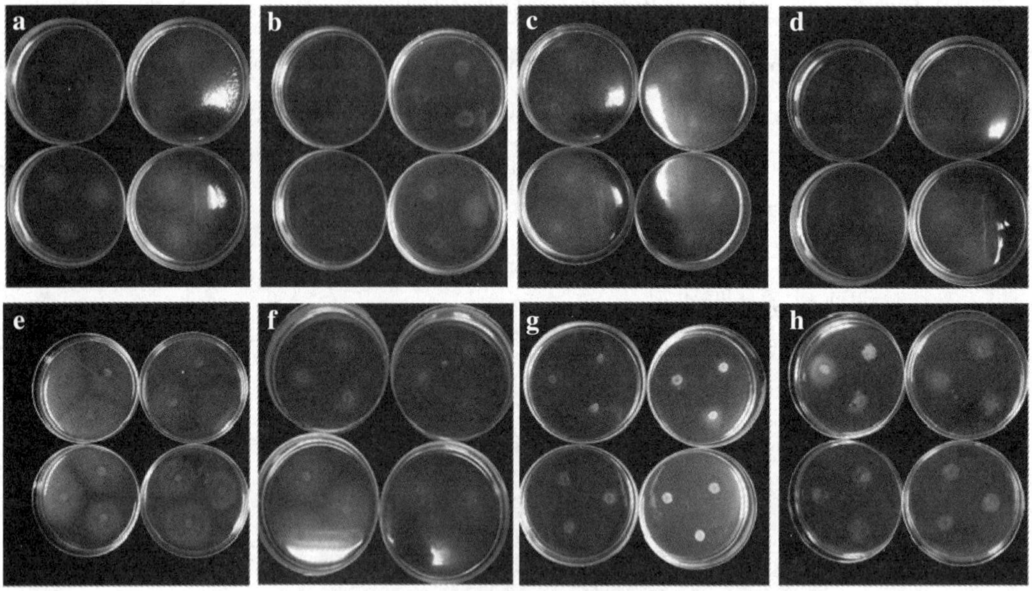

图3-20 有机酸诱导下的青枯菌平板运动性

注：a.月桂酸；b.邻苯二甲酸；c.肉豆蔻酸；d.反丁烯二酸；e.肉桂酸；f.苯甲酸；g.0.2%甲醇溶剂对照；h.清水对照。除对照外，从上到下，从左到右浓度依次为50 μmol/L、100 μmol/L、150 μmol/L、200 μmol/L。

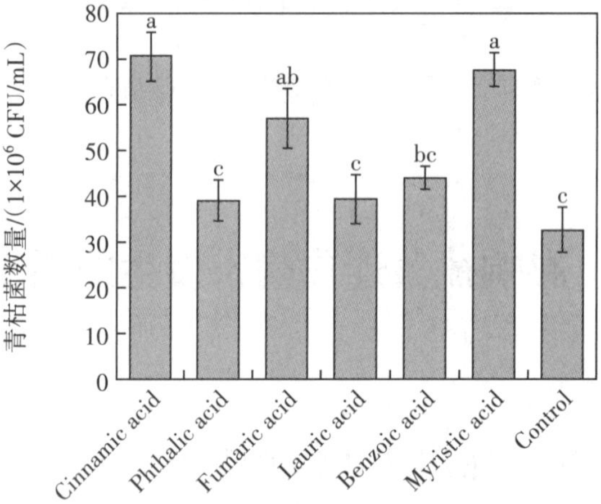

图3-21 150 μmol/L浓度的肉桂酸对青枯菌趋化活性的影响

注：1.Cinnamic acid，肉桂酸；Phthalic acid，邻苯二甲酸；Fumaric acid，反丁烯二酸；Lauric acid，月桂酸；Myristic acid，肉豆蔻酸；Benzoic acid，苯甲酸；Control，对照。2.图中不同小写字母表示差异性显著（$P<0.05$）。

2.不同有机酸类根系分泌物对青枯菌根部定殖的诱集活性

研究结果表明，外源肉桂酸处理后能够诱集青枯菌在寄主植物根部定殖（图3-22，图3-23）。多种有机酸均能够有效地提高青枯菌的根部定殖活性，其中肉桂酸与肉豆蔻酸活性最好，青枯菌的根部定殖数量是对照的15.08倍与18.67倍。

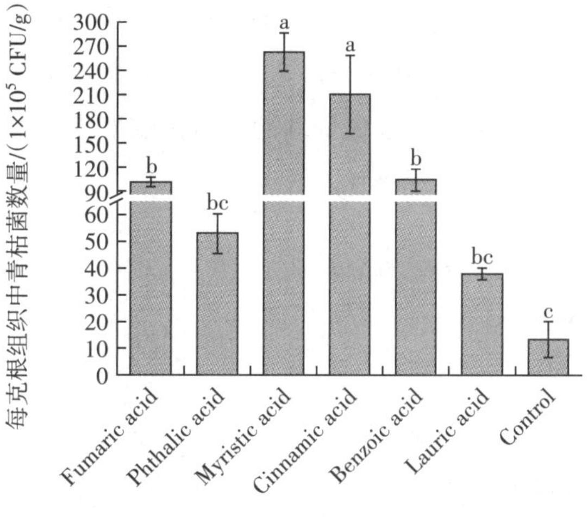

图3-22 不同有机酸种类对青枯菌在寄主植物根部定殖的影响

注：1.Cinnamic acid，肉桂酸；Phthalic acid，邻苯二甲酸；Fumaric acid，反丁烯二酸；Lauric acid，月桂酸；Myristic acid，肉豆蔻酸；Benzoic acid，苯甲酸；Control，对照。2.图中不同小写字母表示差异性显著（$P<0.05$）。

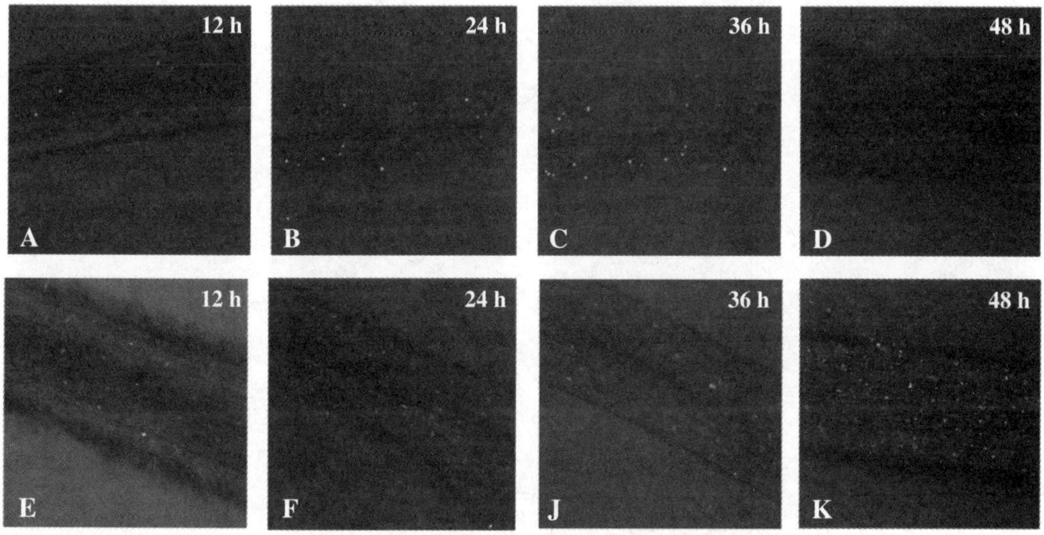

图3-23 肉桂酸不同处理时间对青枯菌在寄主植物根部定殖的影响

注：对照，A—D；肉桂酸，E，F，J，K。

3. 肉桂酸对田间青枯病发生的影响

通过外源添加不同质量分数的肉桂酸处理土壤，观察番茄青枯病发生情况，结果如图3-24a。从发病率看，处理后的番茄植株在接菌后4 d开始发病，提前于对照2 d，且在整个调查期内，肉桂酸处理后的青枯病发病率均高于对照组，尤其在接菌后第10—16天，75 μg/g肉桂酸处理的发病率要显著高于对照组（$P<0.05$）。在接菌后24 d，肉桂酸处理的发病率平均达到85%，而对照为70%，且整个调查阶段内，两个对照之间没有显著性差异。

从病情指数看(图3-24b),肉桂酸处理后的番茄青枯病的病情指数在整个调查阶段内都要高于对照组,同样在接菌后第10—16天,75 μg/g肉桂酸处理的病情指数要显著高于对照($P<0.05$)。在接菌后24 d,肉桂酸处理的病情指数平均达到82,而对照为65,且整个调查阶段内,两个对照之间没有显著性差异。

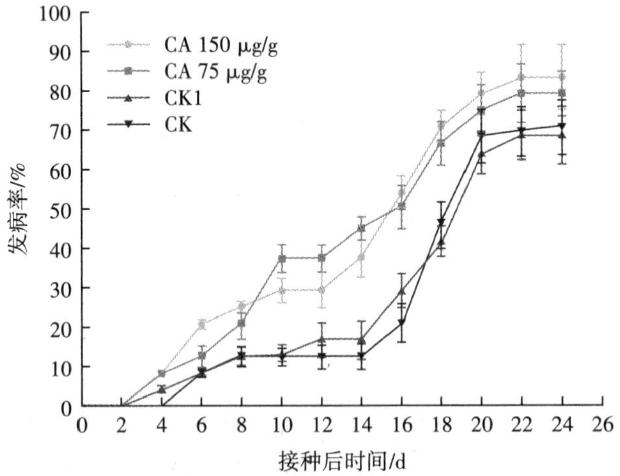

(a)发病率

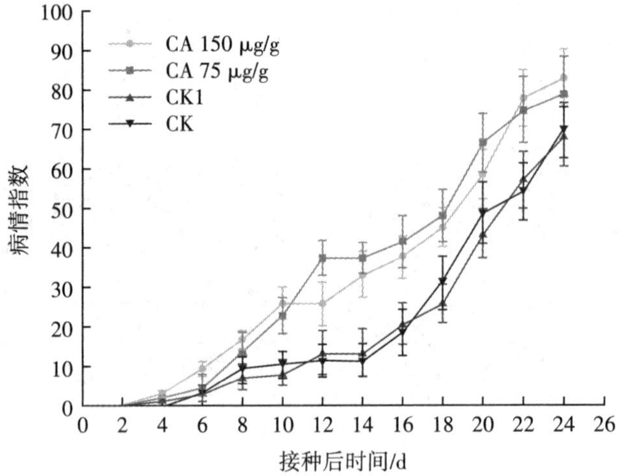

(b)病情指数

图3-24　肉桂酸处理土壤对番茄青枯病发生的影响

以上结果表明,根系分泌物肉桂酸可以促进青枯雷尔氏菌运动以及提升其趋化活性,提高青枯菌在寄主根部的定殖能力,加速青枯病的发生,是茄科作物青枯病发生的重要化学生态因子。

二、土壤pH值影响连作病害的发生

酸化是土壤质量退化的重要标志之一，它严重影响微生物群落平衡、土壤养分活化、根系发育以及植物健康，直接造成根茎病害的发生和蔬菜严重减产。在蔬菜种植过程中，随着化肥长期过量投入和单一连作，土壤酸化的趋势与程度逐年增强，尤其是南方区域，土壤酸化现象日趋普遍，且部分地区还在加剧。为弄清楚土壤酸化与青枯病的关系，李石力等于2011—2014年连续4年系统评价了重庆茄科作物种植土壤的青枯病发生与土壤pH值之间的关系（图3-25），发现青枯病危害严重的田块其土壤pH值较低，主要分布在5.0—5.5之间；无青枯病发生的土壤pH值较高，一般在5.5以上。

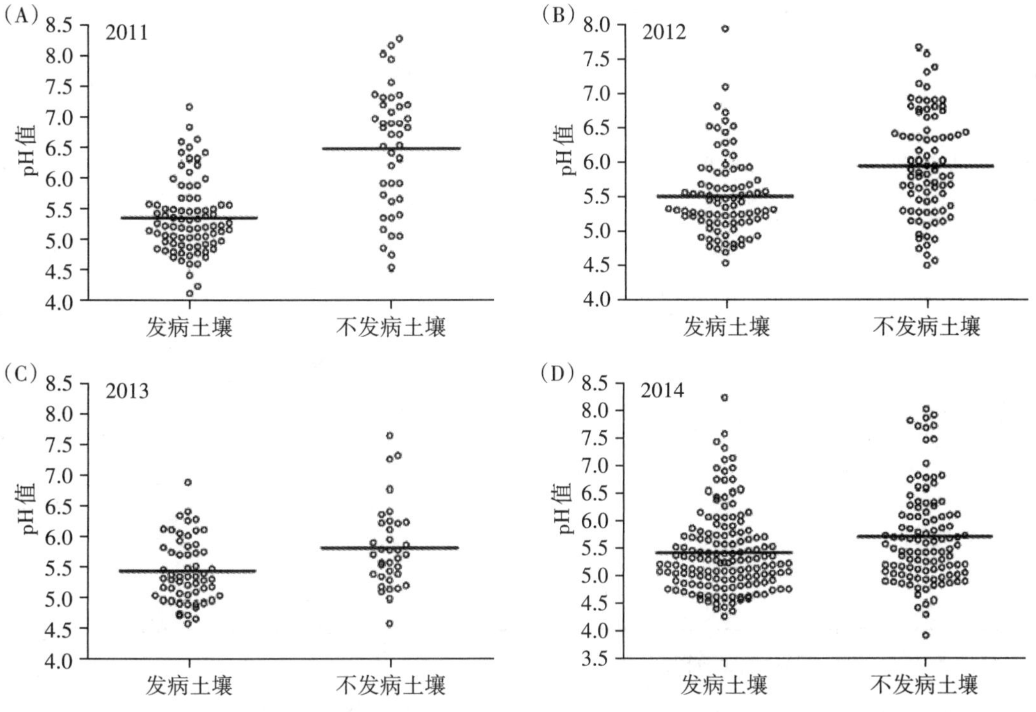

图3-25 青枯病不同程度发病土壤pH值的散点分布图

对不同土样pH值的频数分析结果如表3-6。青枯病严重发病田的土样pH值小于5.0的百分率为28.57%，有42.86%的土样pH值在5.0—5.5区间内，pH值小于5.5的土样的累积百分率为71.43%；不发病田的土样pH值小于5.5的仅占21.43%，而pH值5.5以上的占78.57%。因此，严重发病田的土样中pH值低于5.5的所占的比例较大，相反不发病田pH值低于5.5的土样所占比例较小。

对土样pH值与青枯病发病与否做了相关性分析（表3-7），结果发现土壤pH值与青枯病是否发病呈负相关，相关系数为-0.430，达到1%的显著水平。由此可以推断，青枯病在严重酸化土壤(pH<5.5)中发病严重,弱酸性或偏中性土壤中青枯病发生危害较轻。

表3-6 青枯病不同发病程度的土样pH值的频数分析

青枯病发生情况	土样pH值区间	样本数/份	占样本总数的百分率/%	累积百分率/%
严重发病田	0—<5.0	24	28.57	28.57
	5.0—<5.5	36	42.86	71.43
	5.5—<6.0	12	14.29	85.71
	6.0—6.5	9	10.71	96.43
	>6.5	3	3.57	100
不发病田	0—<5.0	3	7.14	7.14
	5.0—<5.5	6	14.29	21.43
	5.5—<6.0	6	14.29	35.72
	6.0—6.5	3	7.14	42.86
	>6.5	24	57.14	100

表3-7 土样pH值与青枯病发病与否的相关性分析

检测项目	发病与否	
pH值	Pearson相关系数	-0.430^{**}
	显著性(双侧)	0.000
	样本数	298

注:**表示在0.01水平(双侧)上显著相关。

土壤酸化对根际微生物群落结构及青枯病发生也会产生显著的影响(图3-26)。土壤pH值在4.4到5.5时,有利于青枯菌增殖,增加雷尔氏菌属(*Ralstonia*)的相对丰度,抑制蜡样芽孢杆菌等有益菌的生长,降低芽孢杆菌属(*Bacillus*)、类芽孢杆菌属(*Paenibacillus*)等有益菌群的相对丰度,加剧青枯病的发生。土壤pH值在5.5以上时,芽孢杆菌属(*Bacillus*)、类芽孢杆菌属(*Paenibacillus*)等有益菌群成为主导菌群,蜡样芽孢杆菌等有益菌能够稳定增殖,抑制青枯病发生。

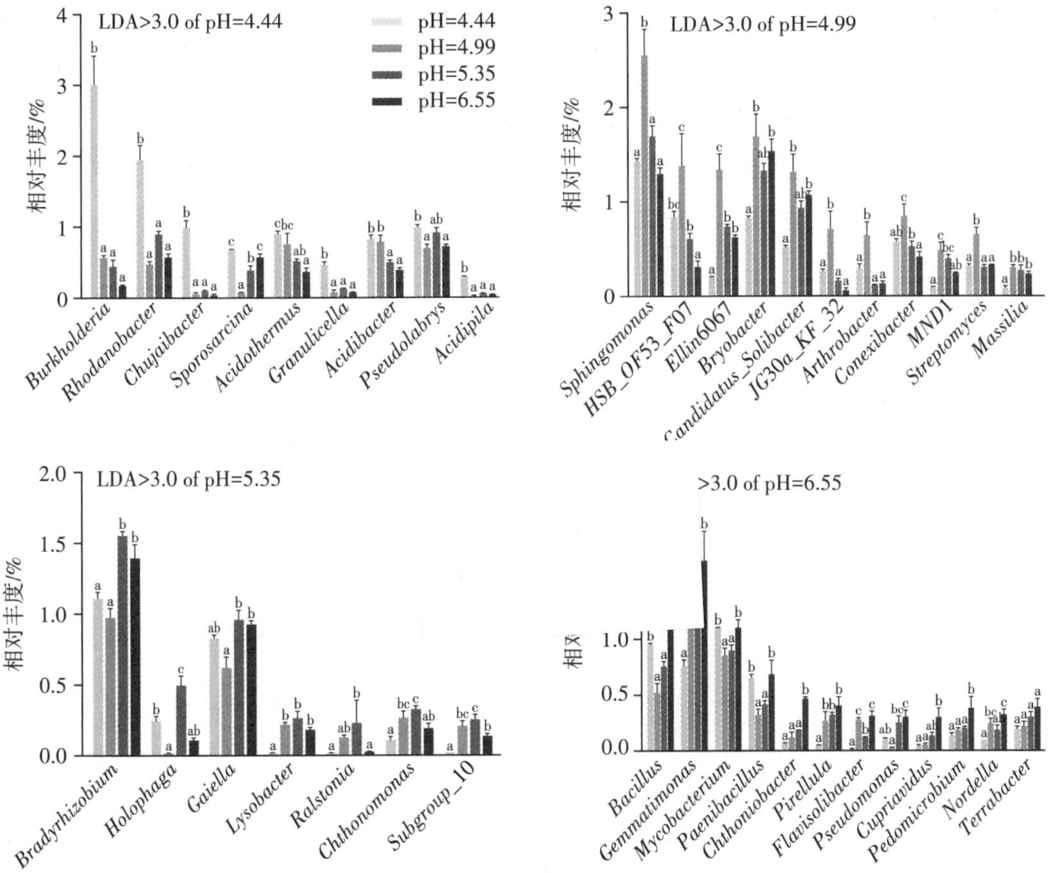

图3-26　不同pH条件对土壤微生物主导菌群相对丰度的影响

注：图中不同小写字母表示差异性显著（$P<0.05$）。

三、铝离子对根际微生态及青枯病发生的影响

铝是地球上含量最丰富的金属，也是地壳中含量第三丰富的元素（仅次于氧和硅），约占地壳质量的8%。尽管铝在植物的生命周期中普遍存在，但它并没有特定的生物学功能。由于铝主要以矿物（铝硅酸盐和氧化铝）的形式存在，因此土壤中的有机体通常不会受铝的影响，然而，在土壤pH<5.5时，活性的铝离子会溶解释放，对植物的生长造成影响。也就是说，土壤的酸化越严重，土壤中的铝离子释放越多，对栽培植物的伤害就越大。

张淑婷等（2022）为深入明确铝离子对青枯菌生长的影响，在室内液体培养条件下探究了铝离子对青枯菌生物特性及根际微生物菌群的影响。主要结果如下。

1. 铝离子对青枯菌生物特性的影响

不同浓度铝离子对青枯菌生长的影响如图3-27所示，在48 h的培养时间内，随着培

养中铝离子浓度的增加，青枯菌在培养基中适应期的时间增加，青枯菌进入对数期的时间延迟（图3–27A），4.5 mmol/L的硫酸钠处理（CK2）对青枯菌生长的影响与清水对照（CK1）无显著差异，且1.2 mmol/L Al^{3+}对青枯菌的生长无显著影响。1.6—2.4 mmol/L Al^{3+}处理在48 h时$OD_{600\ nm}$的吸光度值显著高于对照，说明1.6—2.4 mmol/L Al^{3+}处理显著增加了青枯菌的生物量，促进了青枯菌的生长。当铝离子浓度大于2.8 mmol/L时，可显著抑制青枯菌的生长（图3–27B）。

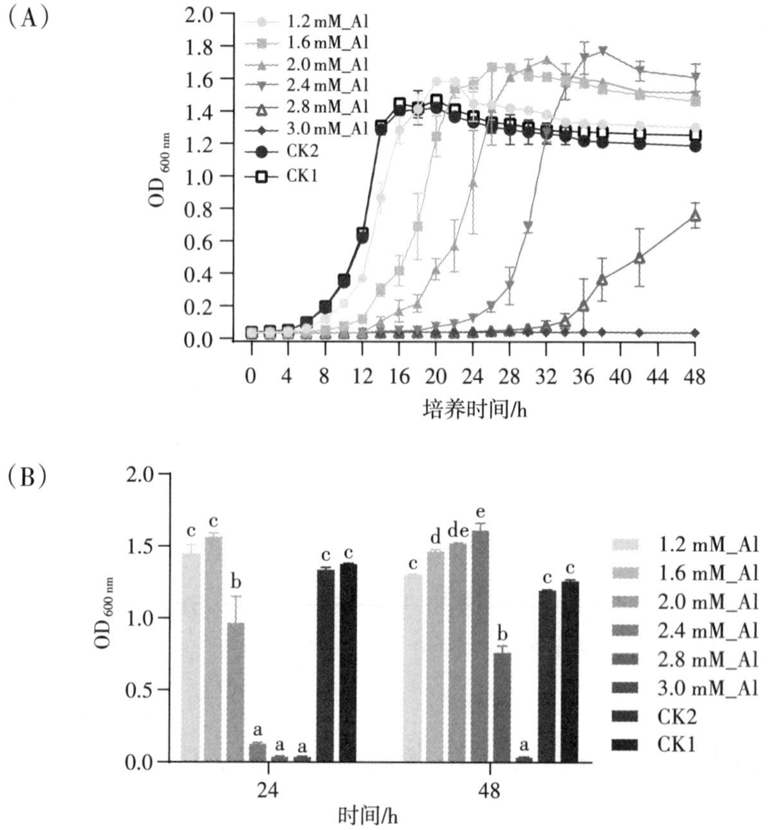

图3–27　不同浓度铝离子对青枯菌生长的影响①

注：1. 1.2 mM_Al表示0.6 mmol/L $Al_2(SO_4)_3$，1.6 mM_Al表示0.8 mmol/L $Al_2(SO_4)_3$，2.0 mM_Al表示1.0 mmol/L $Al_2(SO_4)_3$，2.4 mM_Al表示1.2 mmol/L $Al_2(SO_4)_3$，2.8 mM_Al表示1.4 mmol/L $Al_2(SO_4)_3$，3.0 mM_Al表示1.5 mmol/L $Al_2(SO_4)_3$，CK2表示4.5 mmol/L Na_2SO_4，CK1表示H_2O。后同。2. 图中不同小写字母表示差异性显著（$P<0.05$）。

2. 铝离子对青枯菌运动性的影响

铝离子对青枯菌运动性的影响如图3–28所示，与对照相比，0.6—1.4 mmol/L Al^{3+}处理可促进青枯菌的运动性（图3–28A），其中1.2—1.4 mmol/L Al^{3+}处理显著促进了青枯菌的运

① 1 mM=1 mmol/L。图为软件制作，为保证真实性，图中单位不作处理。后同。——编辑注

动性。相较于对照1,1.2和1.4 mmol/L Al^{3+}处理青枯菌的运动直径分别显著增加了0.94 cm和0.59 cm;相较于对照2,1.2和1.4 mmol/L Al^{3+}处理青枯菌的运动直径分别显著增加了0.86 cm和0.51 cm。当铝离子浓度大于1.8 mmol/L时,青枯菌的运动性显著下降,说明低铝浓度可提升青枯菌的运动性,而高铝浓度则会抑制青枯菌的运动性(图3-28B)。

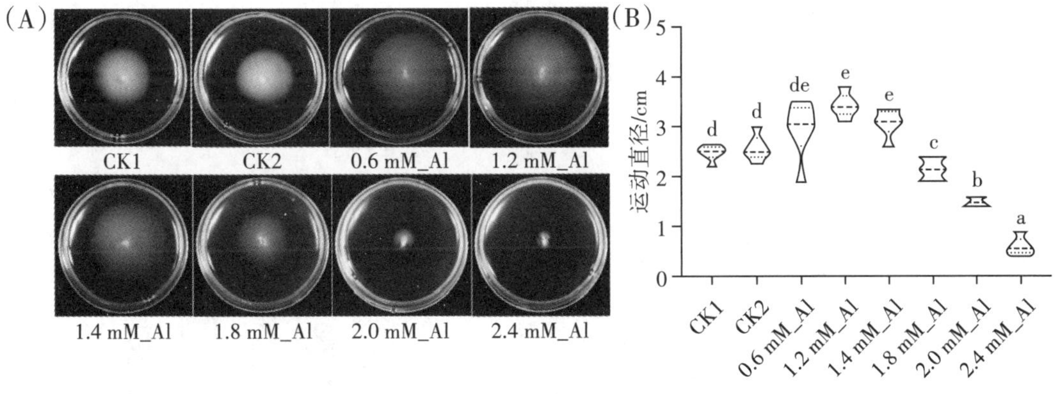

图3-28 不同浓度铝离子对青枯菌运动性的影响

注:图中不同小写字母表示差异性显著($P<0.05$)。

3.铝离子对青枯菌生物特性相关基因表达的影响

铝离子对青枯菌生物膜形成相关基因*lecM*的影响如图3-29A所示,1.2 mmol/L Al^{3+}对青枯菌生物膜形成基因的影响相较于对照无显著差异,2.4 mmol/L Al^{3+}处理后*lecM*基因的相对表达量是对照1的1.46倍,是对照2的1.73倍。1.2 mmol/L Al^{3+}可显著提升青枯菌运动性相关基因*fliA*(图3-29B)和*flhC*(图3-29C)的相对表达量,1.8 mmol/L Al^{3+}可显著降低青枯菌运动性相关基因的相对表达量。1.2 mmol/L Al^{3+}处理后*fliA*基因的相对表达量是对照1的1.66倍,是对照2的1.55倍,是1.8 mmol/L Al^{3+}处理的2.84倍。

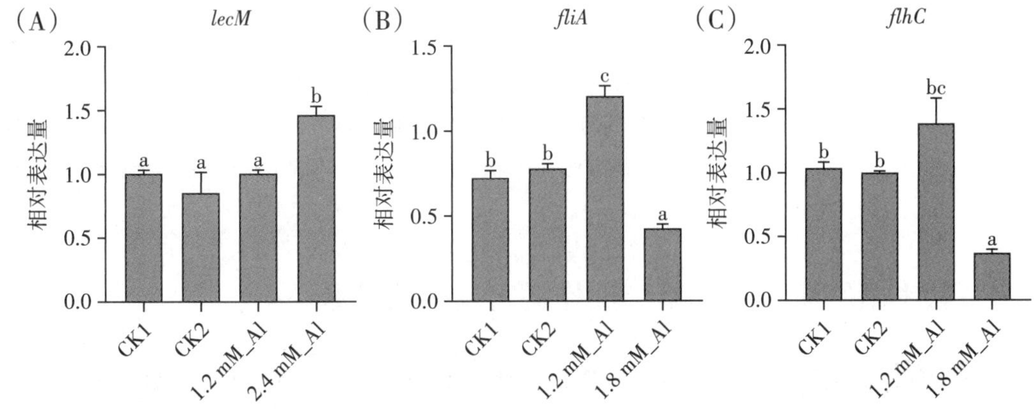

图3-29 不同浓度铝离子对青枯菌生物膜形成(A)和运动性(B、C)相关基因相对表达量的影响

注:图中不同小写字母表示差异性显著($P<0.05$)。

4. 长期铝胁迫对根际微生物的影响

在不同浓度的铝离子的长期胁迫下，根际土壤微生物群落的组成呈现明显差异(图3-30)。与中铝浓度(MAl)相比，在高铝浓度(HAl)的长期胁迫下，生姜根际土壤中的有益促生菌，如芽孢杆菌属(*Bacillus*)和类芽孢杆菌属(*Paenibacillus*)等会显著增加，从而在一定程度上缓解青枯病的发生；与对照相比，在中铝浓度(MAl)的长期胁迫下，芽孢杆菌属、类芽孢杆菌属等有益促生性微生物的相对丰度显著降低，生姜青枯病的发生程度加重。

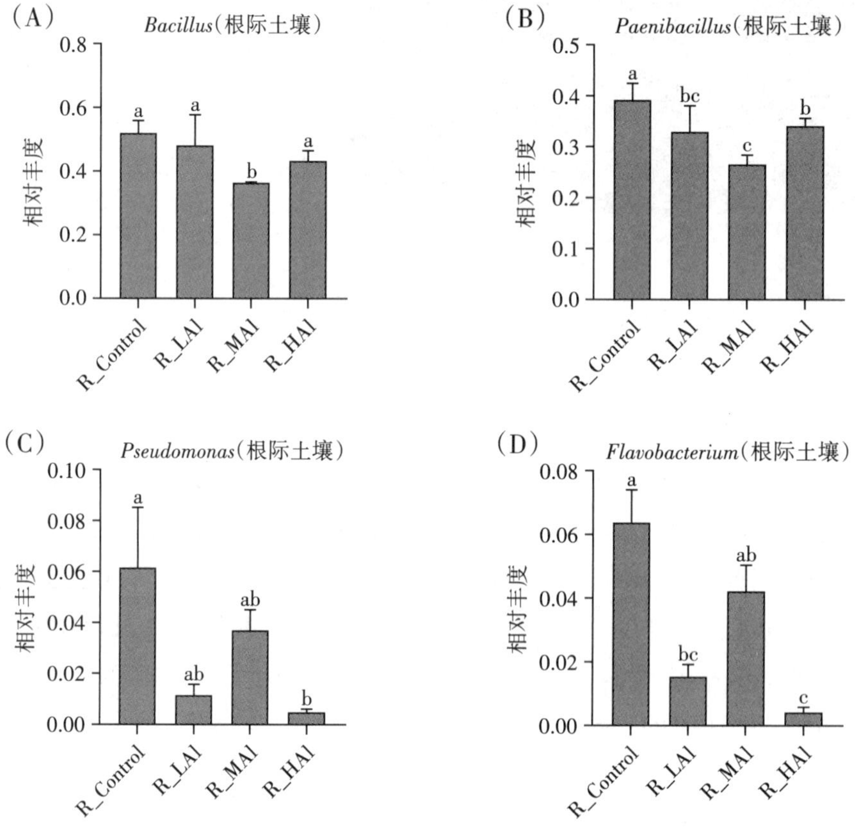

图3-30 不同浓度铝离子处理生姜根际土壤中芽孢杆菌属(A)、类芽孢杆菌属(B)、假单胞菌属(C)和黄杆菌属(D)的相对丰度

注：1.LAl，低铝浓度胁迫；MAl，中铝浓度胁迫；HAl，高铝浓度胁迫。2.图中不同小写字母表示差异性显著($P<0.05$)。

四、土壤矿质营养元素与连作病害发生的关系

通过分析蔬菜青枯病、黑胫病、根腐病健康土壤和发病土壤矿质营养元素(中微量元素)含量的差异，明确了影响生物屏障功能的关键矿质营养元素。表3-8显示，就青枯病而言，健康土壤的有效硼、有效钼、交换性钙都显著低于发病土壤($P<0.01$)，而交换性镁显

著高于发病土壤;就黑胫病而言,健康土壤的有效铜显著低于发病土壤($P<0.05$),全钾、有效锌和有效铁在两种土壤中无显著差异;就根腐病而言,健康土壤的有效铜、有效锌、有效镁显著高于发病土壤($P<0.05$),而全钾的含量在两种土壤间无显著差异。综上结果可明确在防治这三种病害时,应考虑对土壤或作物补充什么矿质元素,以及抑制或减少哪些矿质元素。

表3-8 青枯病/黑胫病/根腐病发病与健康土壤矿质元素分析

土壤样品	青枯病				
	pH	有效硼/(mg/kg)	交换性钙/(g/kg)	交换性镁/(mg/kg)	有效铝/(g/kg)
发病土(D)	5.32+0.06	0.48+0.18	2.40+0.89	243.12+57.52	0.19+0.05
健康土(H)	6.34+0.12*	0.20+0.08**	1.35+0.40**	335.61+90.35**	0.10+0.04**
土壤样品	黑胫病				
	pH	全钾/(g/kg)	有效铜/(mg/kg)	有效锌/(mg/kg)	有效铁/(mg/kg)
发病土(D)	7.70+0.03	16.52+2.23	1.71+0.13*	2.18+0.16	1.19+0.32
健康土(H)	7.80+0.07	18.29+2.51	0.65+0.09	2.79+0.18	1.45+0.29
土壤样品	根腐病				
	pH	全钾/(g/kg)	有效铜/(mg/kg)	有效锌/(mg/kg)	有效铁/(mg/kg)
发病土(D)	6.40+0.10	16.65+0.05	0.32+0.03	0.26+0.02	0.17+0.01
健康土(H)	6.50+0.10	20.25+0.15	2.35+0.03*	2.58+0.03*	8.09+0.04*

注:表中*表示$P<0.05$存在显著差异,**表示$P<0.01$存在极显著差异。

CHAPTER

4

第四章

生物屏障与根际健康

第一节 栽培蔬菜的防御系统

栽培蔬菜的健康维护是靠自身强大的防御系统实现的。植物作为一个系统的生物体,在其生命活动过程中,要面临各种生物的和非生物的胁迫,如空气污染、土壤酸化、营养失衡、干旱、洪涝、机械损伤等。这些胁迫时刻威胁着植物的健康乃至生命安全。栽培蔬菜的一生都在与这些胁迫进行着斗争,并在长期的适应和进化过程中,栽培蔬菜演替出了强大的防御系统,利用这些复杂、多层次的防御机制,栽培蔬菜顽强地生长着。栽培蔬菜虽然没有野生植物强大,但自身的抗御机制和防御能力还是十分强大的。一般来说,植物对某种环境胁迫因子的抵御可能有多条途径,对不同环境胁迫因子的调节也可能通过相同的途径。这些机制可以确保植物遇到任何逆境都会启动防御系统作出防御反应,并与这些胁迫协同进化,达成某种平衡,实现植物的健康和持续繁殖。根据目前的研究,植物的防御系统主要由3个方面组成。

物理防御系统:包括植物形成的角质层和细胞壁。遭遇不良环境或感病会出现植物细胞壁的木质化,为阻止环境胁迫或病原菌的进一步侵染提供了有效的物理保护。胼胝质(callose)广泛分布在高等植物体内,一般能在韧皮部中形成筛板,病原物入侵后在细胞壁中也有胼胝质的积累,造成细胞壁加厚或者形成乳头状小突起,围绕在感病部位,具有阻碍病原物扩散的作用。此外,植物生存环境周围的物理阻隔也是一种物理防御。

化学防御系统:植物产生的大量次生代谢物质(如香豆素类、多酚类、柠檬素类化合物等)和植物体内存在的活性氧、PR蛋白、抗菌性蛋白、葡聚糖酶、几丁质酶、蛋白酶、蛋白酶抑制剂等均发挥着抗御生物和非生物胁迫的作用。很多植物受到侵害时会发出信号(乙烯、茉莉酮酸甲酯)向自身其他器官或其他植物“报警”,这种求救反应也是一种化学防御的表现。

生物防御系统:在生物体及其影响下的生长环境中有大量微生物发挥着抗御各种植物灾害的作用,这一防御机制叫生物防御,由此而形成的植物健康保障体系叫生物屏障。

从植物生理学观点来看,植物抗病性是植株的形态结构和生理生化等综合效应在时间和空间上综合表现的结果,是有关抗性基因通过表达、代谢和产生一系列抗病物质来实现调控的,这可以理解为植物的物理屏障和化学屏障的综合作用。实际上,植物周围的微生物和由微生物与营养因子等形成的植物微生态环境对植物的抗病性发挥着十分重要的作用,而这方面的研究目前还十分有限。

第二节　生物屏障及其作用

1. 生物屏障的含义

由益生菌与寄主植物形成强大的微生态平衡系统，对病原物侵入寄主发挥着屏障作用，被称为生物屏障(organism barrier)。这种屏障在动植物中都普遍存在。生物屏障是在生物长期进化中发展起来的一整套维持机体正常活动、阻止或抵御外来异物损伤机体的机制。它在保护生物的生存和发展中起着非常重要的作用。随着生物由低级向高级不断地进化，生物屏障也由简单到复杂不断地完善。

广泛意义上，生物屏障是生物自我保护的一种机制。在单细胞生物中，细胞的空间界面就是一道最原始的生物屏障。细胞质膜能选择性地控制细胞内外物质的运输。细菌的细胞壁，除维持细菌的形状外，还能有效地阻止异物的进入和抵抗环境的剧烈变化(如高温和渗透压变化)。在植物中，生物屏障表现为植物保护组织。暴露在空气中的器官(如茎、叶、花、果等)的表皮便是一种保护组织，它一般由一层紧密排列的细胞组成，几乎没有细胞间隙，而且在与空气接触的纤维素细胞壁上覆盖着一层角质层，防止水分散失和微生物的侵入。

在高等动物中，生物屏障发展得更为完善，除有完整的皮肤保护身体外，对于侵入血液和体内的病菌，可通过机体的免疫系统将它们杀灭。对于一些重要的器官(如心脏和大脑)更是有一整套完整的保护机制。心脏位于胸腔内，分别由皮肤、肌肉、肋骨、胸膜、心包膜等层层护卫着，使之免受机械或病菌的伤害而不停息地工作。大脑位于颅腔中，仅有一个小孔与外界相通。大脑工作时，一刻也离不开氧气和养分，然而任何一点细菌、病毒和毒素进入大脑都是致命的。为保护大脑，机体设置了层层防线，即使是血液中的微小异物也会被“血脑屏障”阻挡，而无法进入大脑。

2. 生物屏障的作用

在植物复杂的防御系统中，生物屏障一般指仅由微生物发挥作用而形成的一道屏障。由生活在植物周围及植物体内的微生物构筑起的强大的生物屏障，时刻保护着植物的安全。由微生物形成的生物屏障发挥作用有以下五种情况：一是生态位竞争，通过早期定殖占领位点，竞争抑制病原菌生长而将病原微生物拒之门外；二是拮抗作用，通过微生物的代谢物，产生抑菌物质拮抗，消灭一些病原微生物；三是诱导植物产生系统抗性或者相关的酶类；四是产生次生代谢产物，促进植物生长或养分吸收；五是活化土壤、分解自毒物质，创造有利于植物和有益微生物生长的环境。

在植物的根际、叶际和茎际环境中还存在着与植物生长没有直接关系的嗜中性微生物，这些微生物在病原菌与寄主互作的过程中也扮演着重要角色。从土壤到植物根际再到植物体内，微生物组成的多样性逐级递减，但生物屏障的作用越来越大，且其与植物化学屏障的协同作用也在逐步增强。在长期进化过程中形成的正常微生物群落与宿主不同发育阶段的动态生理性组合是形成根际微生态的基础，微生态平衡是生命体健康的基本前提。营养、气候、化学品和有害生物都会影响到微生态的平衡，微生态平衡也是物理屏障、化学屏障与生物屏障的综合体。植物病害的发生，可以理解为植物的微生态失去平衡，给病原菌的入侵提供了良好的契机。细菌性青枯病的发生，即为青枯病菌突破了各种屏障，打破了根际微生态平衡，成功实现对植物的入侵、定殖与增殖（丁伟，刘晓姣，2019）。

3.微生物主导下的土壤抑病性

土壤中的微生物可以优化土壤，实现一些地块种植作物的过程中不发病或者发病较轻，这种现象被理解为微生物主导下的土壤抑病性，由此形成的不发病地块，其土壤也被称为抑病土。抑病型土壤（disease suppressive soil）的定义最早由Baker和Cook在1974年提出，共包含了三种土壤：第一种是指没有病原菌存在或者病原菌不能定殖的一类土壤；第二种是指病原菌能够定殖在土壤中，但对作物造成的伤害微乎其微的一类土壤；第三种是指病原菌能够定殖在土壤中，并对作物造成一段时间的伤害，但不会对作物生长构成严重影响的一类土壤。土壤抑病性是一个相对的概念，当土壤中某种特定的土传病害发生后对作物造成的损失达到不可忽视的程度时，这样的土壤便称为感病土（disease conducive soil）。

抑病型土壤根据其抑病活性可分为普通抑病型（general disease suppressiveness）和特异抑病型（specific disease suppressiveness）。一份天然的土壤若具备抑制土传病害以及抑病型土壤定义中后两种程度的能力时，这种类型的土壤被称为普通抑病型土壤。普通抑病型土壤形成主要依赖于病原菌竞争的土壤微生物整体生物量的活性，而且这种活性是不可在土壤间传播的。一般可通过添加高含量有机质物质形成普通抑病型土壤，例如添加腐殖土、有机肥等；或者通过特定的农业耕作措施，例如轮作、免耕等。而特异抑病型土壤则是在普通抑病型土壤的基础上，非常高效地抑制土壤中的某一类或多类病原菌，其形成通常依赖于土壤中的某一种或几种微生物群落的活性，且这种活性在不同土壤之间是可以传播的。这种活性的产生往往伴随着作物长时间地单一轮作，因而特异抑病型土壤微生物组在某种程度上也是受作物根系分泌物长期挑选而形成的。

几十年来，抑病型土壤的研究一直是国内外研究学者持续关注的重点，其间他们为证实土壤微生物组参与到抑病型土壤抑病过程所进行的大量工作，可总结为：(1)对土壤进行加热或灭菌，或添加针对某种特定微生物类群的杀菌剂后，土壤抑病性会丧失；(2)添加少量的(0.1%—10.0%)特异抑病型土到感病土中，感病土的抑病活性有所提升；(3)分离出特定的微生物群落，该群落的出现与病害抑制性有明显的相关性；(4)挑选代表微生物菌群与病原菌进行拮抗试验，特定的微生物菌群能有效抑制病原菌生长。

土壤微生物组在很长一段时间被认为是土壤这个“黑匣子”里最难以解读的部分，尤其是对超过90%的不可培养微生物的功能知之甚少。通过整理文献发现，抑病型土壤抑病机理多数还是未知或未被证实的，但这些研究中也有对某些特定病害的抑病型土壤的主要抑病机理进行揭示的，在此可归纳为微生物之间的竞争、寄生、捕食、拮抗以及微生物诱导作物产生系统抗性的作用。

4. 三层生物屏障理论的提出

植物与其生境中的微生物构成的微生态系统是生物屏障的关键。植物与微生物的关系十分密切，以植物为核心，分为附生微生物和内生微生物。附生微生物包括根际微生物、叶际微生物和茎际微生物，内生微生物包括寄生微生物和共生微生物等，一起构建了植物根部、叶部、茎部的生物屏障。附生微生物中有一部分与植物互作，从自由生活到突破物理屏障转变成寄生生活，从而进入寄主体内成为内生微生物，如果再突破化学屏障则会转变成病原菌，导致植物生病。而植物周围的绝大部分附生微生物以及体内的内生微生物则扮演着呵护植物健康、防御有害生物侵染，甚至与植物共存亡的角色(丁伟，刘晓姣，2019)。

根围、根际、根内微生物群体构成植物根部三层生物屏障，分层阻遏病原菌在根部侵染定殖，实现对根茎病害的有效控制。三层生物屏障理论对调控根茎病害具有重要的指导作用。

植物基因型在很大程度上影响着生活在植物周围以及土壤中的微生物群落结构特征。植物合成的大量有机物通过根系分泌到土壤中，影响生物屏障。根系分泌物的作用，包括识别病原菌、召集功能菌群、抑制病菌等，根系分泌的有机物刺激土壤病原菌增殖，从而抑制有益菌。一些分泌物虽无自毒作用，但可协同病虫害的发生，增加病原菌数量，使土壤毒素含量上升，从而对生物屏障产生毒害作用。有研究表明，有9种根系分泌物对根际微生态都会产生一定的影响，其中最为典型的是肉桂酸。肉桂酸处理后真菌群落多样性与丰富度下降，优势菌属由对照的13、14种降低为5种，分别为镰刀菌属(*Fusarium*)、曲霉属(*Aspergillus*)、木霉属(*Trichoderma*)、毛壳菌属(*Chaetomium*)、青霉菌属(*Penicillium*)。进一步的研究表明：根系分泌物有机酸(肉桂酸)处理后，能够显著地提高青枯病发生程度，采用哈茨木霉能够有效地降解土壤中的有机酸，降低青枯病的发生程度，这为采用菌剂调控微生态提升生物屏障功能提供了依据(李石力，2017)。

有研究表明，土壤硝态氮含量增加，而有机质、速效磷、有效锌、铁出现耗竭缺失，会造成土壤养分比例失调，土壤质量退化，影响生物屏障结构的完整性。此外，影响植物生物屏障形成的因素还包括品种、化学投入品(化肥、化学农药、地膜)、耕作措施(起垄、培土、揭膜、打顶)、有机肥施用以及干旱与浇水。因此，构建强有力的生物屏障体系需要考虑多因子的联合作用(Berendsen R L等，2012)。

第三节　蔬菜作物生物屏障的特征

一、生物屏障的组成特征

2018—2019年，微生态调控防治蔬菜连作病害关键技术创建与应用推广项目组以辣椒为模式作物，系统对重庆辣椒种植区域发病与健康的土壤样品进行采集，借助现代微生物组学、分子生物学和土壤分析测试技术，重点从门、目和属等分类水平上对辣椒土壤微生物的结构组成进行了描述，采用微生物组学测序技术分析了土壤与根内微生物组特征，解析了辣椒根内、根际、根围微生物组在门(图4-1A)和属(图4-1B)水平上的组成特征及空间距离分布情况(图4-1C)。

结果表明，对多点综合分析后，每克辣椒根围土壤样本中含有3 200—5 700个微生物类群，其中α-变形菌纲(Alphaproteobacteria)和放线菌纲(Actinobacteria)占42%—75%；每克根际土壤样本中含有4 400—7 300个微生物类群，其中α-变形菌纲和γ-变形菌纲(Gammaproteobacteria)占34%—62%；辣椒根内样品中每克根组织含有700—1 800个微生物类群，其中α-变形菌纲和β-变形菌纲(Betaproteobacteria)占51%—84%。

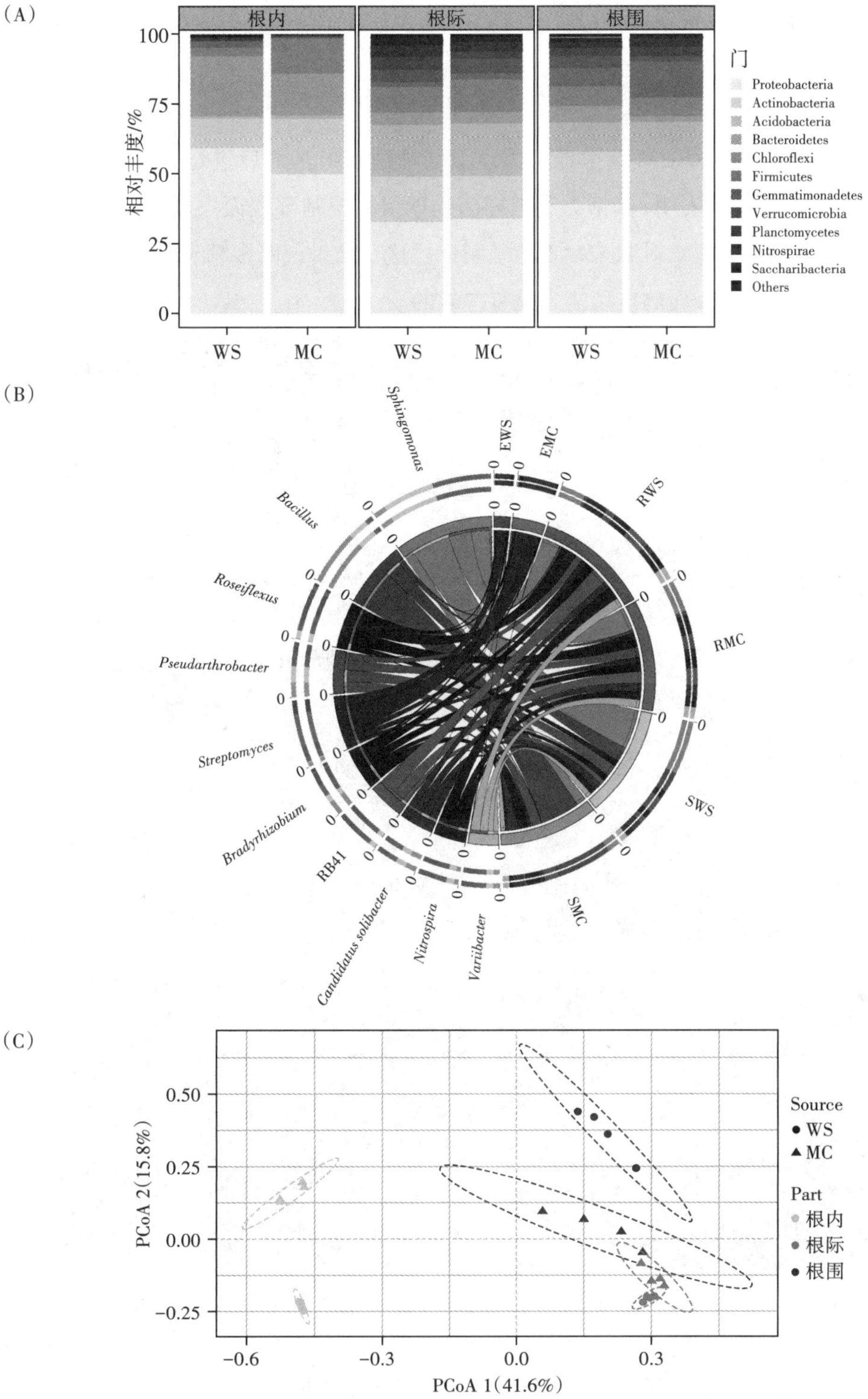

图4-1　辣椒根内、根际、根围微生物组在门(A)和属水平(B)上的组成特征及空间距离分布情况(C)

注:WS,巫山抑病土;MC,从武隆、彭水、黔江三地采集的发病土按1∶1∶1质量比混合后的发病土壤。

二、益生菌在植株根部的定殖特征

1. 益生菌在根基部表面定殖情况的扫描电镜观察

用多粘类芽孢杆菌和枯草芽孢杆菌菌悬液处理辣椒根基部后进行表面扫描电镜观察，如图4-2所示。结果表明，多粘类芽孢杆菌处理组在根基部表面发现有菌体定殖，而枯草芽孢杆菌处理组和清水对照未发现定殖菌体。这一结果说明多粘类芽孢杆菌与枯草芽孢杆菌在辣椒根基部表面的定殖能力是有差异的。

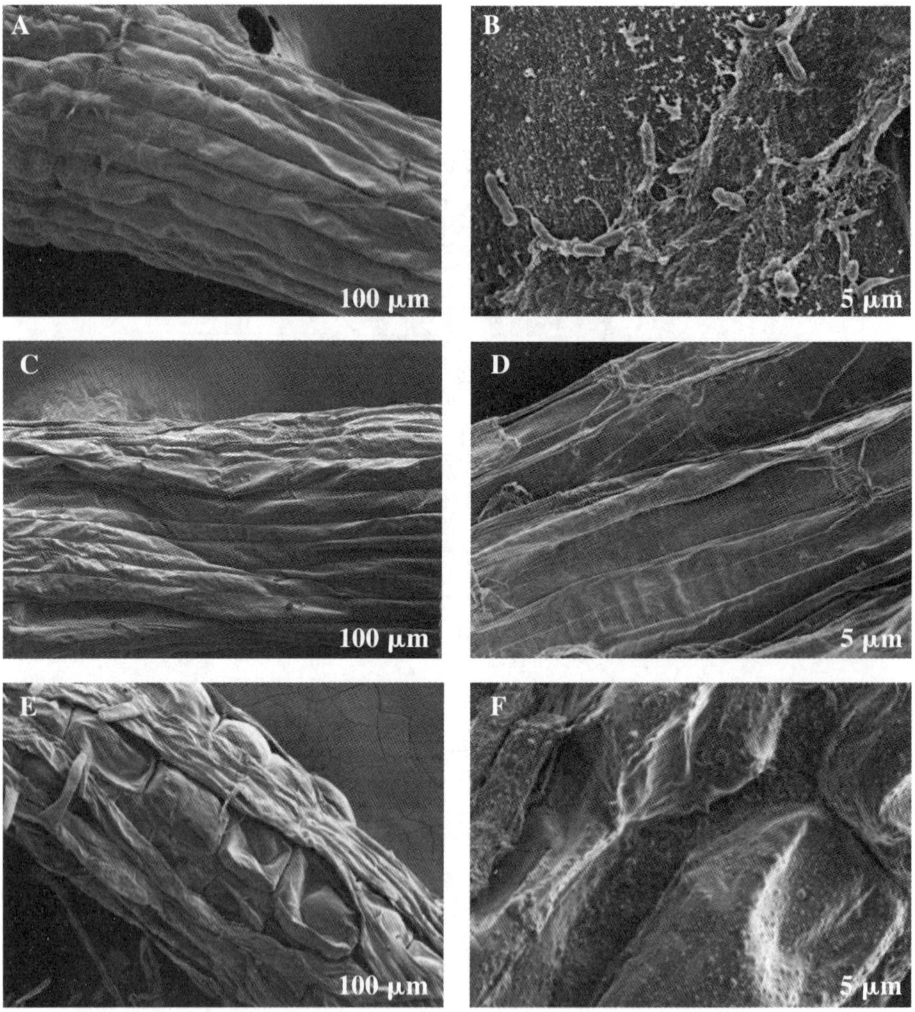

图4-2　多粘类芽孢杆菌和枯草芽孢杆菌处理辣椒根基部表面扫描电镜观察结果

注：A、C、E分别表示100 μm焦距下多粘类芽孢杆菌、枯草芽孢杆菌和清水对照处理的辣椒根基部表面，B、D、F分别表示5 μm焦距下多粘类芽孢杆菌、枯草芽孢杆菌和清水对照处理的辣椒根基部表面。

2. 益生菌在根中部表面定殖情况的扫描电镜观察

用多粘类芽孢杆菌(*Paenibacillus polymyxa*)和枯草芽孢杆菌菌悬液处理辣椒根中部后进行表面扫描电镜观察，如图4-3所示。结果表明，多粘类芽孢杆菌处理组在根中部发现有少量菌体在表面定殖，而枯草芽孢杆菌处理组和清水对照未发现定殖菌体。这一结果说明，多粘类芽孢杆菌与枯草芽孢杆菌在根中部表面进行定殖的能力是有差异的。

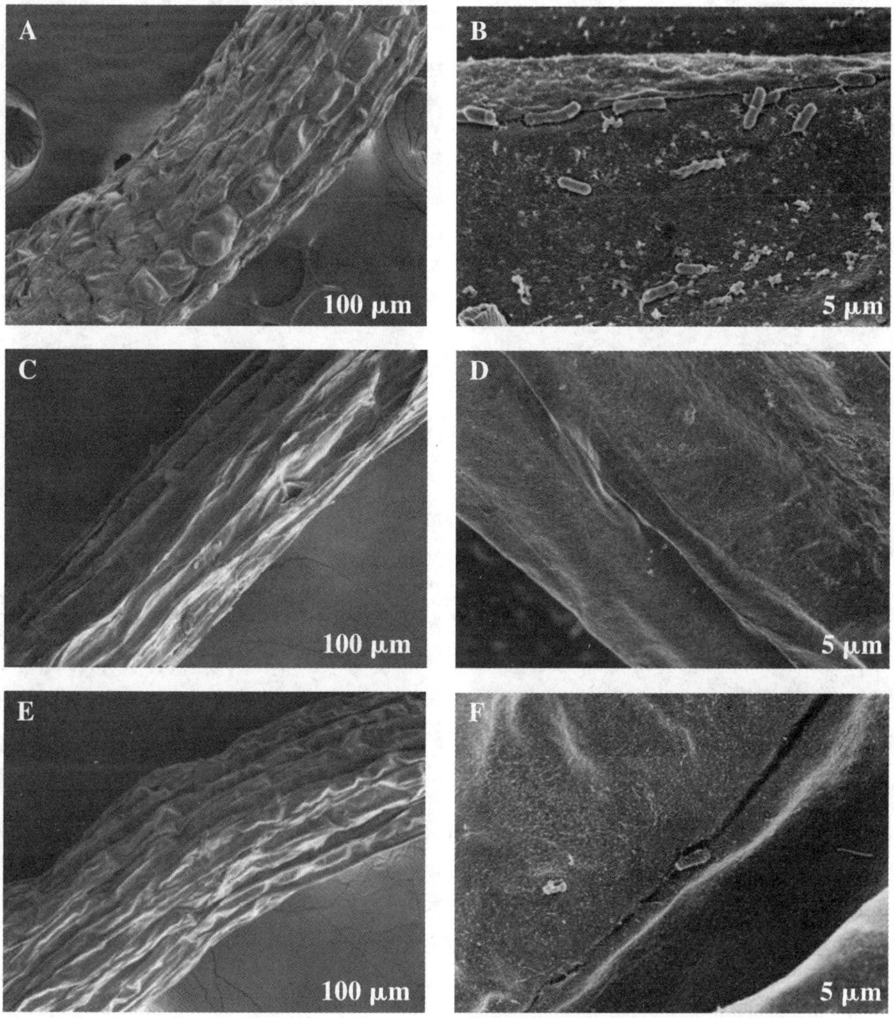

图4-3　多粘类芽孢杆菌和枯草芽孢杆菌处理辣椒根中部表面扫描电镜观察结果

注：A、C、E分别表示100 μm焦距下多粘类芽孢杆菌、枯草芽孢杆菌和清水对照处理的辣椒根中部表面，B、D、F分别表示5 μm焦距下多粘类芽孢杆菌、枯草芽孢杆菌和清水对照处理的辣椒根中部表面。

3. 益生菌在根尖部表面定殖情况的扫描电镜观察

用多粘类芽孢杆菌和枯草芽孢杆菌菌悬液处理辣椒根尖部后进行表面扫描电镜观察，如图4-4所示。结果表明，多粘类芽孢杆菌处理组在根尖部表面有大量的菌体，枯草芽孢杆菌处理组仅有少量的菌体在根尖表面定殖，而清水对照处理未能发现有菌体定殖，这一结果说明多粘类芽孢杆菌和枯草芽孢杆菌能够在根尖部表面定殖，但两种菌的定殖能力是有差异的。

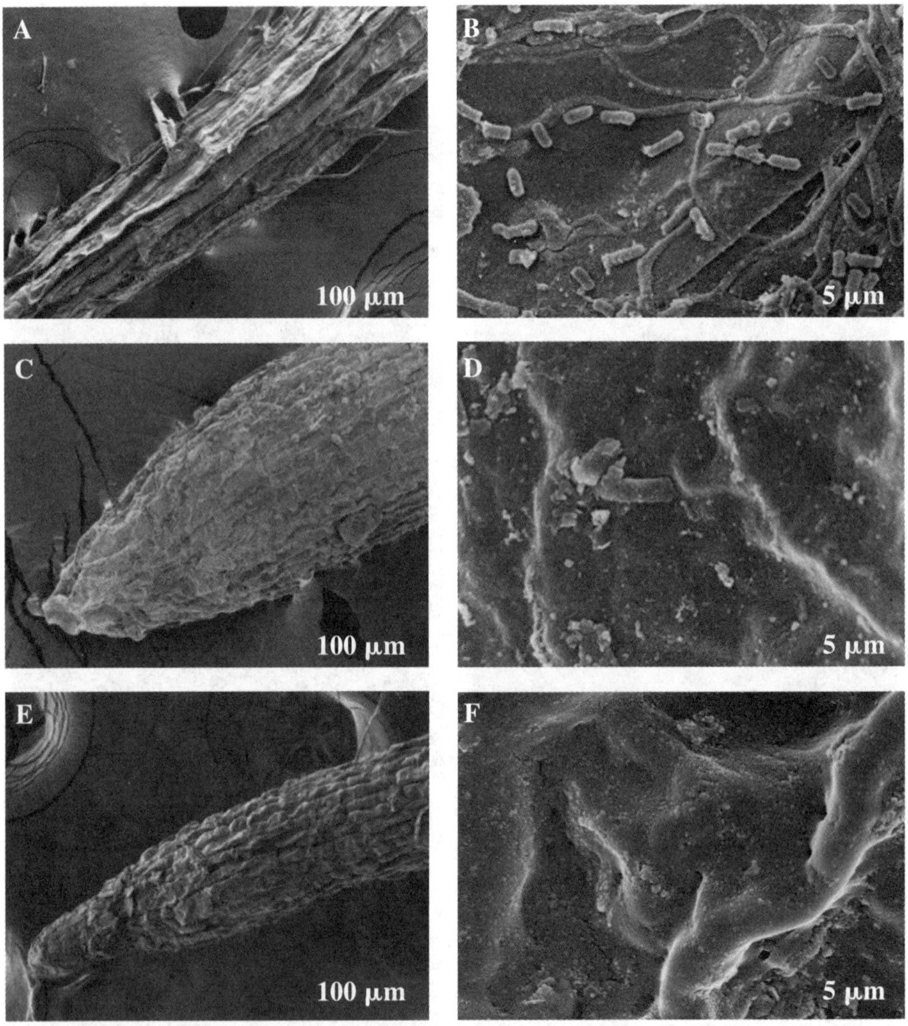

图4-4　多粘类芽孢杆菌和枯草芽孢杆菌处理辣椒根尖部表面扫描电镜观察结果

注：A、C、E分别表示100 μm焦距下多粘类芽孢杆菌、枯草芽孢杆菌和清水对照处理的辣椒根尖部表面，B、D、F分别表示5 μm焦距下多粘类芽孢杆菌、枯草芽孢杆菌和清水对照处理的辣椒根尖部表面。

综合图4-2、图4-3和图4-4可以看出，多粘类芽孢杆菌要比枯草芽孢杆菌在植物根部的定殖能力强。在根尖的定殖能力大于根中部的定殖能力，而根中部的定殖能力又大于根基部的定殖能力。说明，根尖的由益生菌形成的生物屏障要强于根中部和根基部。

三、益生菌在植株根、茎、叶部定殖动态规律分析

图4-5、4-6和4-7分别为施用多粘类芽孢杆菌和枯草芽孢杆菌后，两种菌在烟草根部、茎部、叶部的数量动态曲线。横坐标表示施用后的取样时间，纵坐标表示每克植物组织样品中目标菌株基因拷贝数的对数值。定量PCR结果显示两种菌在辣椒不同部位的定殖数量不同，不同部位的菌数量随着时间的变化而变化且呈现出不同的动态特征。

图4-5表示在烟草根部多粘类芽孢杆菌和枯草芽孢杆菌的定殖变化规律。结果表明两种菌在根部都能定殖，但定殖数量和能力有明显差异。两者比较，多粘类芽孢杆菌定殖量更大，其定殖动态呈现出先增加后降低随后又增加的趋势，在菌剂处理后第1天检测量最大为 1.78×10^{11} copies每克根组织，随后在第22天又出现一个小的峰值，为 3.55×10^{8} copies每克根组织。枯草芽孢杆菌菌液组处理后定殖量不断增加，在处理后第5天出现峰值，为 1.46×10^{10} copies每克根组织，高于多粘类芽孢杆菌定殖量，且定殖慢于多粘类芽孢杆菌。

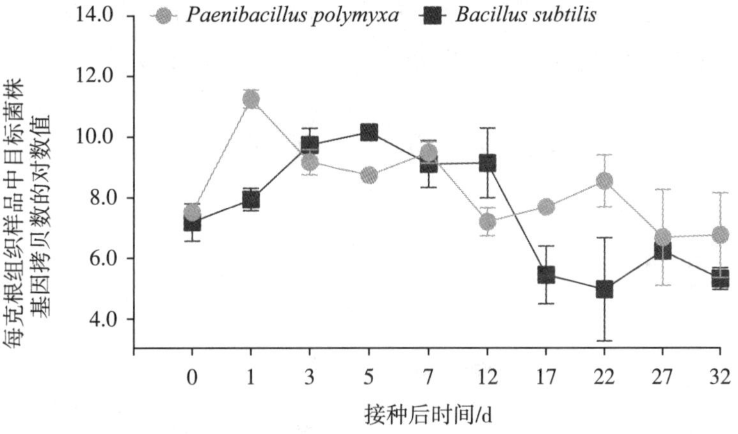

图4-5　烟草根部多粘类芽孢杆菌和枯草芽孢杆菌定殖数量动态曲线

注：计算方式为 $\lg(1.78\times10^{11})=11.250\,42$。

图4-6显示烟草茎部多粘类芽孢杆菌和枯草芽孢杆菌定殖的数量变化。结果表明，多粘类芽孢杆菌在茎部能够进行定殖，而枯草芽孢杆菌则未能检测到。多粘类芽孢杆菌在处理后1 d定殖量不断增加，在处理后第7天定殖量出现峰值，为 4.27×10^{11} copies每克茎组织，随后多粘类芽孢杆菌定殖量降低后又呈现出较平稳的趋势，在处理后第32天定殖量为 1.02×10^{9} copies每克茎组织。枯草芽孢杆菌处理后在各个时期的菌量变化不明显，这说明枯草芽孢杆菌极少或未能进入烟草茎部。

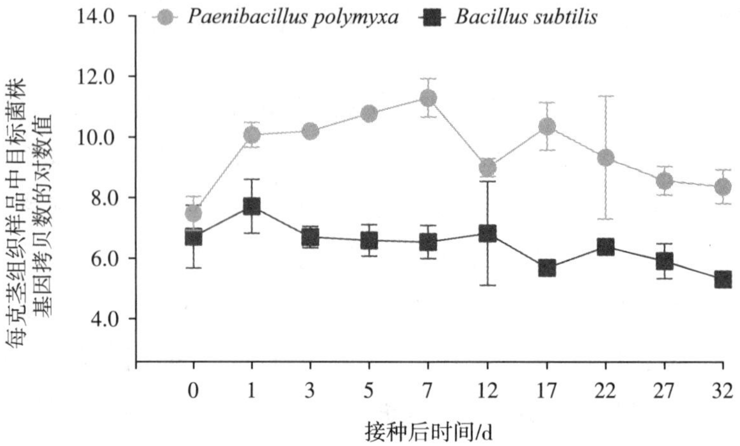

图4-6　烟草茎部多粘类芽孢杆菌和枯草芽孢杆菌定殖数量动态曲线

图4-7显示在烟草叶部多粘类芽孢杆菌和枯草芽孢杆菌定殖的数量变化。结果表明,多粘类芽孢杆菌在烟草叶部能够进行定殖。多粘类芽孢杆菌在处理后1 d定殖量不断增加,在处理后第3天定殖量出现峰值,为3.80×10^{10} copies每克叶组织,随后多粘类芽孢杆菌定殖量降低后又上升,在处理后第32天定殖量为7.41×10^{5} copies每克叶组织。

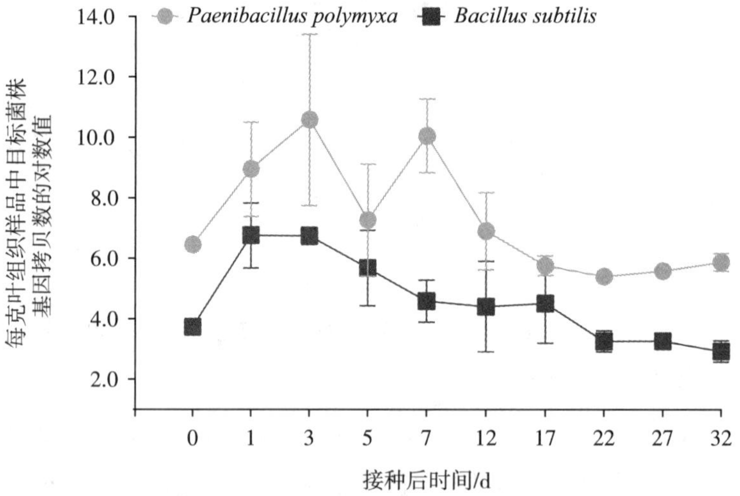

图4-7　烟草叶部多粘类芽孢杆菌和枯草芽孢杆菌定殖数量动态曲线

四、多粘类芽孢杆菌与青枯菌竞争作用及早期定殖对青枯病发生的影响

为探究多粘类芽孢杆菌与青枯菌在植株根部的定殖竞争，系统测定了相同时间处理下多粘类芽孢杆菌和青枯菌随着时间变化在烟草根部的定殖量动态变化（图4-8）。结果表明，在有青枯菌存在的条件下多粘类芽孢杆菌定殖数量与单一接多粘类芽孢杆菌处理相比具有显著差异性，在接种青枯菌的条件下多粘类芽孢杆菌在烟草根部定殖量呈现出不断降低的趋势，处理后第1天烟草根部多粘类芽孢杆菌定殖数量为3.72×10^9 copies每克根组织，到处理后第17天多粘类芽孢杆菌定殖数量下降为2.70×10^5 copies每克根组织。与单一接多粘类芽孢杆菌处理相比，在接种青枯菌的条件下多粘类芽孢杆菌定殖数量明显降低，这说明在有青枯菌存在的条件下，多粘类芽孢杆菌定殖能力受到抑制。青枯菌在烟草根部的定殖量前期随着时间增加不断降低，在处理5 d后，当青枯菌定殖量与多粘类芽孢杆菌定殖量相近时，青枯菌的量会出现一个逆转并开始增加。在处理后第7天出现峰值，为5.62×10^7 copies每克根组织，随后逐渐降低。到处理后第17天青枯菌定殖量为7.24×10^5 copies每克根组织。青枯菌定殖数量出现峰值可能与后期在多粘类芽孢杆菌的竞争作用下青枯菌定殖数量开始增加有关。随着青枯菌的数量开始增加，青枯菌群体内部由于营养竞争作用出现定殖数量降低的趋势。

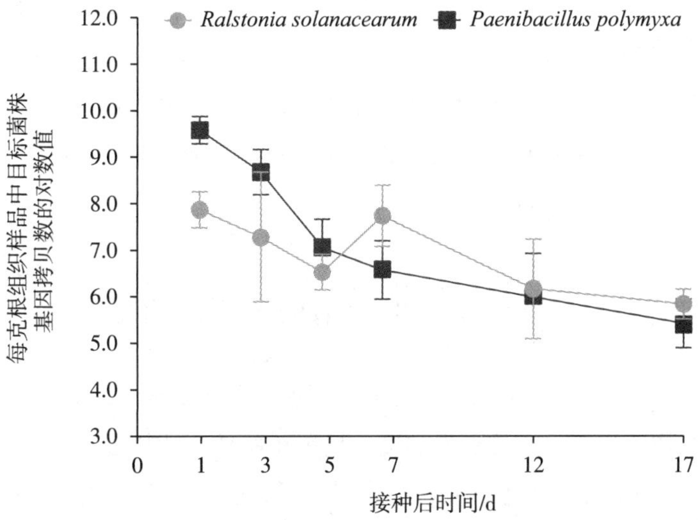

图4-8　烟草根部多粘类芽孢杆菌和青枯菌定殖数量动态曲线

综合以上对有益菌与病原菌在生物屏障中竞争关系和定殖规律的研究成果，得出以下结论：（1）有益菌在植株的根、茎、叶中均能够定殖，呈现先升高后降低并逐渐稳定的趋

势。多粘类芽孢杆菌在茎、叶稳定的定殖量分别为1.02×10^9 copies每克茎组织、7.41×10^5 copies每克叶组织。

(2)有益菌多粘类芽孢杆菌能够有效地在植株根基部、根中部、根尖部定殖，其定殖量表现为根尖部>根中部>根基部，定殖规律表现为优先根尖定殖，逐渐向根中部、根基部进行扩散定殖。

(3)有益菌多粘类芽孢杆菌早期定殖可以快速占领根部定殖位点，形成对青枯菌的竞争优势，降低病原菌定殖数量与病害发生概率。阐明了有益菌在根部早期定殖是形成生物屏障的关键，也是控制根茎病害的重要前提。这些研究结果对于早期应用益生菌控制根茎病害具有重要的指导意义。

第四节　生物菌剂对土传病害的防治及微生态效应

由于微生物群落之间的相互作用影响，只有较高的群落多样性才能增强土壤微生物对病原入侵的抵抗力。生防菌剂通过直接或间接作用改善植物生长(养分增溶)，保护植物免受生物或非生物胁迫，迄今为止的研究都表明施用生防菌剂能大大提高蔬菜的抗病能力和增产能力。因此，利用拮抗菌剂、微生物代谢产物、微生物有机肥等来调控土壤生态平衡显得十分迫切，已经逐渐成为生物防治类重点研究的突破性技术。施用微生物有机肥料后不仅能增加真菌、细菌的丰富度和多样性，改变土壤真菌、细菌的相对丰度，还能对病原物的防控起到直接作用。而通过施用微生物菌肥能重塑土壤微生物组，从而达到防治病原菌侵染的目的(刘烈花，2021)。

一、生防菌剂对根际微生物群落结构多样性的影响

土壤微生物群落结构多样性在驱动植物健康生长中发挥着必不可少的作用，且土壤中微生物群落多样性水平与土传病害的发生呈负相关性。植物根际微生物群落多样性越高，对病原体入侵的抵抗力越强，病害发生越轻。有研究表明，施用含有解淀粉芽孢杆菌和木霉菌的生物肥料不仅能发挥良好的防病作用，还能增加潜在有益微生物群落的相对丰度(Xiong W等，2017)；施用沙雷氏菌(*Serratia plymuthica*)4周后可显著改变生菜的根际微生物群落结构，提高了微生物群落的均匀度；施用多粘类芽孢杆菌后，可使有益微生物的数量增加，有害微生物的数量减少；使用枯草芽孢杆菌XF-1后，大白菜不同生长时期的

根际微生物均发生改变,土壤微生物群落的功能多样性得到显著提高,对十字花科根肿病具有较好的控制效果(Liu C等,2018)。还有研究发现,接种15种菌剂对植物根茎病害的防控作用比只接种单一菌剂更好(Irikiin Y等,2006),因此应大力倡导对复合类生防菌剂的开发与利用。

二、生防菌剂对根际微生物功能多样性的影响

土壤微生物群落组成的变化常常伴随着微生物功能特性的改变,进而影响到土壤的生态功能,例如有机物分解、养分矿化、植物抗逆性和对重金属的抗性等。但是,微生物群落结构的变化并不总会改变其功能进而提高作物生产力,实际上由于微生物的功能固化,土壤微生物量的增加有时反而会降低植物对营养物质的利用率(Lazcano C等,2013)。土壤微生物的功能多样性是土壤微生物多样性的一个方面,涵盖了一系列生理生化活动。微生物多样性与土壤功能之间的关系十分复杂,目前尚未完全清楚,但可以肯定的是微生物多样性会影响生态系统的平衡,对植物生产力及其抵抗能力都存在明显影响。功能多样性更高的群落对病原物入侵具有更强的抵抗力。因此,通过增强土壤中微生物群落的功能多样性,可以达到抑制病原微生物的目的。

三、生防菌剂在病害防控中的应用

生防菌剂因具有无毒、无害、无抗药性等诸多优点在植物病虫害尤其是土传病害防控中扮演着越来越重要的角色。其中细菌类生防菌是促进植物生长和增加其生产力最丰富的一类物种,它可以自由地生活在根际,也能在根部组织的细胞间或细胞内生活,与植物形成紧密的共生关系。假单胞菌属(*Pseudomonas*)、芽孢杆菌属(*Bacillus*)和类芽孢杆菌属(*Paenibacillus*)等在防控土传病害的应用和研究中最为广泛。真菌微生物在有机物分解和养分循环中起到重要作用,其中木霉属(*Trichoderma*)、拟青霉属(*Paecilomyces*)等是生物菌肥和生物农药研究中最广泛的物种。研究报道称,复合类生防菌剂已经成功地防治了由真菌、卵菌、细菌和线虫所引起的土传病害(Niu B等,2020)。

大量研究表明,长期的农业管理措施会影响根际微生物的组成结构(Chowdhury等,2019),某些特定的管理措施能招募到寄主植物所青睐的微生物物种,它们有助于改善根际区域的养分循环(Schmidt J E等,2019)。

土壤微生物群落是影响植物健康生长的重要因素,合理的群落结构有助于植物对土壤中养分的吸收,增强其对非生物胁迫的耐受性,并保护宿主植物免受病原体的侵染

(Bulgarelli D等,2013;Berendsen R L等,2012)。一个平衡的根际微生物群落是构建土传病害生物屏障的基础(Erlacher A等,2014)。目前,通过综合农业措施来调控植物根际土壤微生物的组成已经能有效抑制烟草青枯病(Wu K等,2014;Liu X等,2016)、烟草黑胫病、棉花枯萎病、香蕉枯萎病等土传病害的发生。

四、合成菌群的概念和作用

按一定比例混合不同微生物,用于研究微生物内部互作,微生物与宿主的互作,以及通过发挥不同微生物的功能来实现病害控制的人工构建的微生物组合被称为合成菌群(synthetic community)。利用合成菌群构建微生物组,科学家能够验证在自然土壤条件下观察到的根系微生物组装模式,研究不同环境条件下根系微生物群落对植物的适应性,探索植物与土壤微生物互作过程中一些病原微生物的演替规律和发病过程。这不仅更切合土壤环境的实际情况,也有助于揭示益生菌控制土传病害的机制。

基于合成菌群挖掘和组配的微生物组帮助植物实现利用营养、抗御酸碱伤害、形成生物屏障、抵御病害侵染的有益过程,是开发新益生菌的重要理论支撑。

近年来,合成微生物组在病害控制上取得了重要进展和初步的成功。如本项目组将多粘类芽孢杆菌、枯草芽孢杆菌、地衣芽孢杆菌和巨大芽孢杆菌(*Bacillus megaterium*)等一些芽孢菌组合成促进苗子健康生长的菌剂,使早期生物屏障优化成功,对于抗御青枯病菌和根肿病菌对寄主植物的入侵发挥了重要作用。

CHAPTER
5

第五章

调控根际微生态控制连作病害的技术创新

第一节　土壤酸碱平衡与调控技术

连作带来的最大问题是影响土壤酸碱平衡稳定，进而造成严重的土壤问题，导致植物的生长受到影响，引起根茎病害的发生。其中，土壤酸化是阻碍连作的重要威胁之一。作物生长对土壤酸碱度(pH值)的适应能力具有一定区间限制，各种养分在植物生长吸收过程中的有效性与土壤pH值密切相关。如在pH值低于5的酸性土壤中，磷酸与铁、铝离子结合为溶解度低的磷酸盐而降低有效性；钾、钙、镁等1价和2价阳离子被氢离子从土壤胶体上取代至土壤溶液中，会导致作物因上述阳离子的缺失而缺素；铜、锌、锰、硼等微量元素的溶解度增大而引起毒害；豆科作物因根瘤菌生长弱而发育不良，十字花科植物易生根肿病，茄科作物易感染青枯病。在pH值高于7.5的碱性土壤中，水溶性磷与钙结合成难溶性磷酸盐而被固定；铁、锌、硼、锰等微量元素的有效性降低，从而引起作物相应的缺素症。

当土壤pH值超出作物适宜的范围，会造成作物生长不良、死苗、减产，甚至绝产。同时由于作物产生吸收障碍，造成土壤肥料残留多，既浪费了肥料，又污染了土壤，致使农产品品质下降。

一、酸性土壤产生原因及调控

长期大量施用酸性化学肥料，加之连作土壤及棚室内温湿度较高，受自然降水淋溶作用少，耕层土壤酸根积累较多而发生酸化。土壤中的钾和中微量元素消耗过度，使土壤不断趋于酸化。保护地蔬菜栽培复种指数较高，有机肥料施入不足，导致土壤中有机质含量下降，缓冲能力越来越弱而发生酸化。高浓度氮、磷、钾三元复合肥的施入量过多，钙、硫、镁和锌、铁等中微量元素肥料施入量不足导致土壤养分失调，使土壤胶粒中的钙、镁等碱基元素很容易被氢离子置换而发生酸化。

土壤酸化的危害极大，如酸性土壤环境容易滋生真菌和线虫，导致根际病虫害增加且防治困难；酸性土壤结构劣化、理化性状变差、板结黏重，使蔬菜根系生长发育受阻，影响蔬菜产量和品质；酸性土壤环境可致多种重金属元素活化而被农作物吸收，既影响农作物正常生长，又影响农产品的质量安全。

酸性土壤调控措施有：

(1)增施有机肥料。有机肥料既可增加土壤中的有机质，提高土壤对酸化的缓冲能力，使土壤pH值升高而趋于中性，还能增加土壤中的养分含量、改善土壤结构，促进土壤有益微生物的繁衍和活动，预防病害的发生并控制其危害。

(2)施用配方肥。研究发现蔬菜对氮、磷、钾的需求比例一般为1.00∶0.30∶1.03，而实际生产中蔬菜施肥特点表现为高氮、富磷和缺钾。因此蔬菜种植首先应特别注重钾素肥料的施用，酌情施用中微量元素，其次要着力推广有机无机复合肥施用，促使养分协调平衡，抑制土壤酸化。

(3)施入重庆西农植物保护科技开发有限公司开发的牡蛎钾、牡蛎钙等土壤酸化改良剂。根据土壤酸化情况，将适量土壤酸化改良剂施入土壤中和酸性，提高土壤pH值，改变土壤酸化状态，且能为土壤补充中微量元素，有助于促进土壤营养与微生态平衡，显著改善土壤退化与生态失衡的问题(表5-1)。

表5-1　不同土壤酸化改良剂处理的土壤交换性阳离子含量

处理	pH	交换性酸/(cmol/kg)			交换性钙离子/(mg/kg)	交换性镁离子/(mg/kg)
		交换性氢离子	交换性铝离子	总量		
硅肥	5.45a	0.29bc	0.93a	1.21a	689.89a	52.25a
黄腐酸钾	5.00b	0.25ab	3.79b	4.04b	582.89b	45.45b
牡蛎钾	5.72c	0.16a	0.39a	0.56a	1 011.59c	64.97c
生石灰	5.43a	0.20ab	0.81a	1.01a	1 011.21c	61.01c
CK	5.13b	0.37c	3.44b	3.81b	689.10a	49.57ab

注：不同的小写字母表示经Duncan氏多重比较差异显著($P<0.05$)。

二、碱性土壤产生原因及调控

中性至碱性的土壤反应不再受H^+和Al^{3+}的控制。此类土壤多呈现盐基饱和，其胶体上没有交换性的H^+和Al^{3+}等，主要有碱金属或碱土金属离子。土壤反应主要由溶液中一定数量的碱或胶体表面的碱金属或碱土金属阳离子控制。碱性土壤的形成也与气候、生物、母质等因素及农业措施有关。碱性土壤大都分布在干旱、半干旱地区，这类地区降雨少，淋溶作用弱，岩石矿物及母质风化释放出来的碱金属和碱土金属等盐类无法被彻底淋出土体，导致此类阳离子在土壤胶体表面大量累积，并且上述盐类在土壤溶液中的含量也保持较高水平。这些盐类经水解可产生OH^-，使土壤溶液显碱性，这是碱性土壤形成的根本原因。

另外，生物对钾、钠、钙、镁等元素的富集作用也是土壤向碱性发展的重要原因。土壤母质的化学成分如石灰岩母质含有大量的$CaCO_3$，基性、超基性岩含有丰富的钾、钠、钙等盐基物质，导致土壤中含有较多的盐基成分，使土壤呈碱性反应。

碱性土壤的溶液之所以呈碱性反应，是因为土壤溶液中有弱酸强碱盐（水解性盐类）的存在，主要是碳酸盐和碳酸氢盐类，如Na_2CO_3、$NaHCO_3$、$Ca(HCO_3)_2$、$CaCO_3$、$MgCO_3$等，Na_2CO_3、$NaHCO_3$水解时，产生的OH^-可使pH值升高，如果土壤中这类可溶性盐分含量很高，可使土壤pH值增高，呈强碱性，如一些碱土或碱化土。

土壤的碱性过高对作物生长也十分不利。一些碱性土壤因其胶体上有大量1价的Na^+，使土壤的物理性质恶化，诸如通透性差，水、气、热不协调，黏性强、塑性大，耕性不良，作物生产力低下，甚至“十年九荒”。在改良碱性土壤时，既要调节其pH值降低土壤碱性，又要改善土壤物理性状，兼而治之，才能达到改良的目的。

碱性土壤调节主要通过以下方法：

施用有机肥料，利用有机肥分解释放出大量的CO_2或有机酸，从而降低土壤pH值；施用硫磺、硫化铁及废硫酸、绿矾（$FeSO_4$）或施用生理酸性肥料，直接中和土壤碱性；对碱化土、碱土，可施用石膏、硅酸钙，以钙将胶体上的Na^+代换下来，并随水流出土体，从而降低土壤pH值并改善土壤的物理性状（熊顺贵，2001）。

第二节　土壤元素平衡与调控技术

土壤是植物养分元素的主要载体，土壤养分的丰缺程度直接关系到农作物的生长状况和产量水平，优质味美的蔬菜一定是由营养平衡且丰富的土壤生产出来的。

一、土壤中植物养分元素的特性以及补充注意事项

1. 氮

①土壤中几乎不能贮存氮素，所以每年要施入大量氮肥才能满足植物需要，而且要多次施入。②土壤中的硝态氮易随水流失，湿度大时还会发生反硝化作用分解成氮氧化物而损失，尤其在酸性土壤中损失更加严重，因此硝态氮宜在干燥、偏碱和石灰质土壤上施用。③土壤中的铵态氮在干旱高温时易挥发损失，尤其是偏碱和石灰质土壤更加严重，因此铵态氮应在较湿润和酸性土壤上施用。④氮肥在土壤中扩散速度很快，所以氮肥可以浅施，只要溶解得快，甚至可以随水冲施。⑤土壤中的有机质在腐烂分解过程中会消耗大

量氮素，因此含氮量少的有机肥或秸秆还田后以及施用生物菌肥后，应施入较多的氮肥。⑥氮过量时可以施入相应数量的其他元素以维持平衡，尤其要多施钾肥。

2. 磷

①土壤中的磷不会随水流失，也不易分解挥发，但易被土壤中的铁、铝、钙、氟、镁、锰、锌、铜等元素固定而降低其有效性。酸性土壤一般被铝固定，碱性土壤一般被钙固定。为了防止磷被土壤固定，所以磷肥应开沟集中施入或与有机肥以及生物菌肥混合施用。②作物对磷的需求量并不多，还不及对钙、镁、硫的需求量，而且在pH值为6.5的微酸性土壤中，若有机质丰富以及微生物活跃时还会把固定的磷再释放出来。所以在上述条件下，不宜过多施入磷肥，否则会发生磷中毒。磷中毒常伴随钙、铁、镁、铜等缺素症的发生，所以应及时补充这些元素。

3. 钾

①土壤中含有大量的钾，但有效钾甚少，不能被植物利用，因此必须施钾。②植物需钾量最多，是需氮量的3倍，因此一定要多施钾，且一般情况下施钾不易发生钾过量而中毒。③钾不会挥发分解，可以浅施，甚至可以随水冲施。④钾能随水渗入深土层被土壤黏粒吸附，所以钾肥不宜太早施入，应在植物需钾高峰期集中施入。

4. 钙

①沙土含钙少，应多施有机肥及含钙肥料。②湿润的酸性土易形成碳酸氢钙而流失，应施石灰。③干旱的碱性土和石灰质土不易缺钙，但pH值太高，应施入大量有机肥或酸性肥料加以改良。

5. 镁

①土壤中镁含量较高，且有效镁较多，一般不缺，但多雨地区易流失，应多施有机肥。②过量施用石灰或钾肥的酸性沙土易缺镁，应施镁肥。

6. 硫

①土壤中的硫多以有机态存在，并随水流动，表层土通常不缺硫，只要保证有机肥或含硫肥料的施入，就能满足作物需要。②南方多雨的丘陵地易缺硫缺钙，应施入石膏以补硫补钙。

7. 铁

①铁在土壤中含量很高，但碱性土壤易形成氧化铁或氢氧化铁，不能被植物吸收而缺铁，应多施有机肥、生物菌肥或酸性肥料。②石灰质土形成碳酸铁，不能被植物吸收而缺铁，应多施易溶性铁肥。③磷、锌、锰、铜以及硝态氮的过量施入会导致缺铁，以上肥料元

素不宜过量施入。④多雨淹水的酸性土，可溶性铁大量增加会导致铁过量的危害，应施入石灰或磷肥，以减轻危害。

8. 锌

①土壤中的锌有的被土壤黏粒吸附，有的被有机质络合。被有机质络合的为有效锌，能够被植物利用，因此生产上要多施有机肥。②锌与磷易发生反应而沉淀，磷过量易缺锌，为减少磷与锌发生反应，磷要集中开沟施入。③碱性土壤易形成氢氧化锌沉淀，从而容易缺锌，应多施有机肥、生物菌肥或酸性肥。④锌过量时，施磷肥或石灰增大pH值至7以上即可解决。

9. 锰

①土壤中一般不缺锰，只要施入较多的有机肥，即可满足植物对锰的需要。②酸性土易发生锰过量，导致缺钼，可施石灰加以调整。

10. 铜

①土壤中的铜，多被土壤黏粒吸附或被有机质束缚，因此刚刚施入大量有机肥的土壤容易缺铜，又叫“垦荒症”。所以伴随着有机肥的大量施入，应掺入适量硫酸铜。②沙土中铜易淋失，而黏土缺铜的可能性极小。③有机质少的黏土和酸土易出现铜过量，应多施有机肥和石灰，或施磷肥和铁肥加以调整。

11. 硼

①土壤中的硼主要以非离子态的硼酸存在，易淋失，因此高温多湿的土壤易缺硼。②有机质含量高的土壤有效硼的含量较高。③硼在土壤中稍高就会导致硼中毒，因此每次施硼不宜太多。④硼过量伴随缺钾，因此硼过量多施钾肥可以减少植物对硼的吸收。

12. 钼

①土壤含钼极少，酸性土中钼易被土壤固定导致缺钼，而碱性土有效钼含量较高。②干旱低温影响钼的流动，高温多湿能增强钼的流动。③磷、镁和硝态氮促进植物对钼的吸收，而铜、锰、硫和铵态氮抑制植物对钼的吸收，所以豆科植物应多施磷和镁，少施铵和硫。④土壤中的钼含量一般不会过量，但施用钼肥过多会导致食草动物中毒，可施用硫酸铜以抑制植物对钼的吸收。

13. 氯

①地下水位高、排水条件差的土壤易发生氯过量，此类土壤不能施氯肥。②氯过量时，可大水漫灌使氯流失，也可施石灰减轻氯过量危害。

二、蔬菜地营养元素的状况分析

陈新平、张福锁对北京郊区施肥情况的系统调查发现9种蔬菜23个点每季作物的平均施氮量为781.5 kg/hm^2,施磷量为615.0 kg/hm^2,施钾量为393.0 kg/hm^2。同正常蔬菜需肥情况相比,总体表现为氮严重过量,磷过量而钾明显不足。近年的情况未见明显好转,总体上有机肥施用量减少,化肥用量越来越多,特别是大量元素水溶肥的大规模施用,导致更为严重的大量元素富集问题。同时,钙、镁、硫肥施用量相对偏少,使很多地块元素严重缺失。在干旱地区,酸性土壤、高温季节会导致微量元素缺失情况更为突出。

蔬菜地营养状况不好可导致下列严重问题:

一是过量施氮造成土壤和蔬菜产品中硝酸盐含量过高、蔬菜品质和风味下降。

二是大量元素水溶性肥料的过量增施,导致面源污染严重、地下水营养过剩。

三是养分不平衡易引起土传病害和叶斑病害。蔬菜中经常会发生吸氮过多和吸磷过多导致的严重营养不平衡症。氮肥过多,会导致细胞脆弱,易发生叶斑病害;磷的大量富集,会导致植物缺锌、锰、铁和钙等,引起植物的缺素症。缺素症又诱发植物抗性的下降,使植物易受到侵染性病害的侵袭,引发病毒病、根腐病等。

四是施肥时一般只考虑作物的需肥特点,较少考虑土壤及前茬作物的状况,也容易导致肥料的浪费和营养的不平衡。

三、营养平衡施肥技术

1.注意元素的比例协调

一方面要协调氮、磷、钾养分的比例,根据蔬菜的需肥特点和规律平衡施肥,提高肥料的利用率,促进作物产量和品质的提升;另一方面要及时评估土壤肥力状况,关注连作情况,确保土壤养分的收支平衡,维持和提高土壤肥力,同时减少对环境的污染。

2.营养平衡要特别关注微量元素

一般植物所需的微量元素来自土壤,但受栽培措施、土壤条件(干旱、高温、土壤酸化)等现实情况的限制,即使土壤中不缺少微量元素,植物也难以吸收,此时采用叶片喷施微量元素的方法能很好地解决问题。

3.注意避免元素之间的拮抗作用

大多数元素之间因为电荷作用会相互拮抗,进而影响元素的吸收和作用的发挥。因此,要注意增施有机肥。在综合的有机肥中,营养元素比较平衡,也利于作物吸收。此外,螯合态的元素也可避免相互之间的电荷影响,更有利于作物的吸收与利用。通过叶面补充微量元素,不在于元素种类的多少,而在于作物能否吸收利用,因此,选用优质的螯合态微量元素产品就显得十分重要。

第三节　土壤菌群结构与调控技术

一、土壤微生物中的菌群及作用

土壤微生物中的有益菌群主要有以下几类。

(1)固氮菌群(nitrogen fixing bacteria series):以自然界氮分子为氮源,制造肥分。

(2)硝酸菌群(nitrifying bacteria series):转变氨为硝酸态氮,供植物吸收。

(3)溶磷菌群(phosphoric acid releasing series):分解土壤中不溶性磷酸盐,转化为磷、铁、钙肥。

(4)酵母菌群(yeast group series):制造维生素、生长促进素,分解有机物,提高抗病力。

(5)乳酸菌群(lactobacillus series):分泌有机酸,提高植物抗病力。

(6)光合细菌群(photosynthetic bacteria series):制造葡萄糖,分泌类胡萝卜素,消除硫化氢、氨气(解毒造肥)等有毒物质。

(7)放线菌群(actinomynthetic bacteria series):分泌一定量的抗生物质,抑制病害。

(8)促生菌群(growth factors producing bacteria series):分泌一定量的植物生长激素,促进根、茎、叶生长。

土壤中除了有益微生物菌群之外,也有病原菌等有害菌群,后者同样会利用有机质来大量繁殖,除了造成作物病害之外,也会招来虫害。现今的农地,滥用化学农药与肥料,天然的有益微生物被毒杀,而病原菌等有害菌群则相对占据优势。在这样的耕地上大量施加单一有机物,反而会造成病原菌滋生引起更严重的病害。例如前人施用鸡粪等有机肥对蔬菜水果有明显的增产效果,而今却变成严重病害的祸源,其前后的差异就在于"土壤微生物相"的恶化。因此,有机物的施加必须搭配有益微生物来对抗病原菌才能有助于作物生长。

土壤有益微生物菌群的种类越齐全越好,它们以相辅相成、协力合作的方式生活在一起,从而使每个菌群的特殊功能得以发挥。例如细菌将多糖类物质分解成单糖为己所用,而多余的单糖又被酵母菌分解利用转化为乙醇,乙醇被醋酸菌利用后,最终转化为醋酸。酵母菌发酵,产生的废气(CO_2)又被光合细菌取用作为制造葡萄糖的原料。因此施用微生物肥时,单一的菌种效果远不如综合微生物菌群的施用效果好。

植物体包括根、茎、叶、花、果实,其表面均存在众多的微生物,犹如穿着一件微生物外衣。在土壤中根表面周围约5 cm范围内,存在着高密度的微生物,被称为根圈菌。植物排出的特有分泌物吸引无数根圈微生物定居,使得根部周围的微生物密度远超出非根部的土壤区域。生活于根圈的微生物分泌出各种有机物,包括氨基酸、低分子糖类、生长激素及各种酵素等,这些物质对植物生长发育有利,可促进农产品产量和品质的提升。部分微生物能侵入根部组织,并在根细胞内繁殖,这类微生物被称为菌根菌。菌根菌不会破坏根部组织,且能与根部细胞交换物质,促进根部活力、吸收力的增强,有利于植物健全生长与自然抗病力的加强。在植物体其他器官表面也附着无数的微生物,这些微生物能使植株强壮,保护植物,减少病害。要达到有机农业"减农药""减化肥"的目标,在一定程度上取决于有益微生物在耕地上的培养是否成功。

保障根际作物健康的微生态原理:土壤的菌群、植物根际和叶际的菌群,以及植物体内的微生物菌群都要保持良好的平衡状态,一旦菌群失衡,轻则导致植物的生理活动紊乱,重则导致病原菌数量大增,突破寄主植物的生物屏障,引起植物发病乃至死亡。因此,蔬菜的健康栽培应注意调节微生物菌群的平衡。

二、构建根际生物屏障的育苗基质拌菌技术

(一)育苗基质拌菌技术原理

播种前,在育苗基质中添加微生物组合菌剂,保证作物从种子萌发到成苗整个发育阶段与有益菌相伴相生,促进有益菌早期在根际和根内定殖,从而构建根际微生态的平衡体系,形成强大的根际生物屏障(图5-1)。

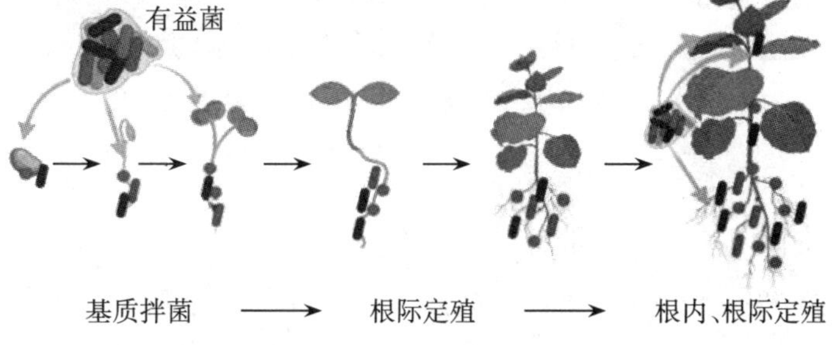

图5-1　基质拌菌原理模型图

(二)育苗基质拌菌的操作技术

在可供一亩地移栽的专用育苗基质中加入100 g复合菌剂均匀混合,再进行正常播种(图5-2)。

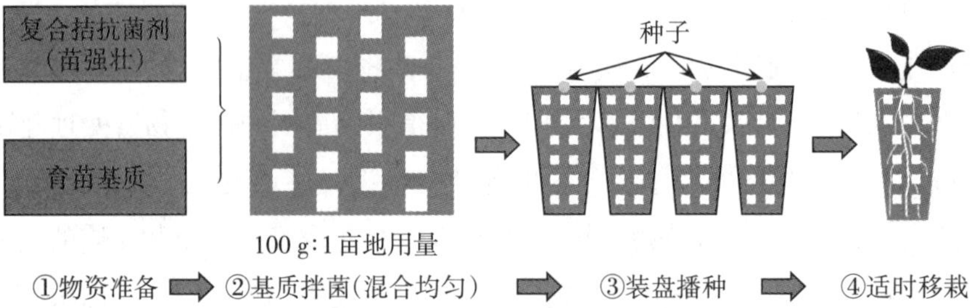

图5-2 基质拌菌操作技术流程图

(三)苗强壮基质拌菌技术的应用成效

1.基质拌菌对辣椒苗床长势的影响

由表5-2与图5-3分析可知,示范区利用苗强壮基质拌菌技术能明显提高辣椒苗的生长势。其有效叶片数、株高、最大叶长、最大叶宽、叶柄长、根长均显著高于非示范区(对照)。

表5-2 苗强壮基质拌菌对辣椒苗期农艺性状的影响

处理	有效叶片数/张	株高/cm	最大叶长/cm	最大叶宽/cm	叶柄长/cm	根长/cm
示范区	8.83±0.27a	27.92±0.45a	5.58±0.19a	2.65±0.09a	3.70±0.21a	9.03±0.09a
非示范区	8.00±0.23b	17.48±1.08b	3.98±0.09b	2.12±0.09b	2.07±0.08b	6.77±0.13b

注:表中数字表示为平均值±SE,数字后面小写字母不同表示在5%的置信水平存在差异。

图5-3 苗强壮基质拌菌对辣椒苗床长势的影响

2.基质拌菌防治辣椒连作病害效果

系统评价基质拌菌技术对辣椒青枯病与叶斑病的影响(表5-3),发病高峰期对辣椒青枯病、叶斑病的防效分别达到了80.19%、46.56%。对产量质量进行统计分析后发现,基质拌菌后辣椒的亩产量最多可增加107.18 kg,亩产值增加621.66元。

表5-3　基质拌菌技术对辣椒青枯病与叶斑病的影响(发病高峰期)

处理	青枯病		叶斑病	
	发病率/%	病情指数	发病率/%	病情指数
示范区(两次)	9.00±0.87c	4.11±0.46c	10.61±1.17c	4.66±0.52b
示范区(一次)	17.33±2.77b	10.19±1.13b	15.33±1.27b	5.62±0.62b
非示范区	29.89±2.77a	20.75±2.18a	18.78±0.88a	8.72±0.52a

注:表中数字表示为平均值±SE,数字后面小写字母不同表示在5%的置信水平存在差异。

3.基质拌菌技术对榨菜根肿病的田间控制效果

基质拌菌在育苗期使用苗强壮复合菌剂,在大田时期表现出对根肿病的防控作用,使用剂量为150 g/亩和300 g/亩的苗强壮拌基质表现出的效果最佳。在移栽后50 d左右达到最佳防治效果76.92%(图5-4)。

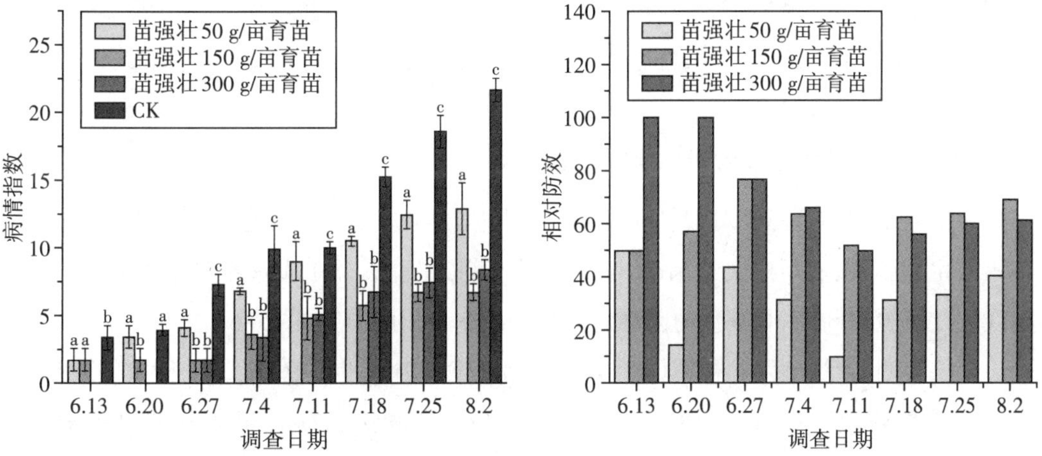

图5-4　基质拌菌对根肿病病情指数与防治效果的影响

通过对基质拌菌试验的效果进行系统分析,发现该项技术具有多项优点,主要表现为:(1)显著提高幼苗质量,使幼苗苗壮根系发达;(2)促进作物苗期的早生快发;(3)显著提高幼苗移栽质量,提高成活率;(4)有效提升早期抗性。

三、强化根围生物屏障的有机肥拌菌技术

(一)有机肥拌菌技术原理

有益微生物与有机肥混合使用,可以为有益微生物提供生长所需的营养物质,促进有

益菌大量繁殖，活化有机肥的同时，对土壤环境也有很好的修复作用，从而使蔬菜根系生长于良好的土壤环境中，有利于实现根围生物屏障的强化（图5-5）。

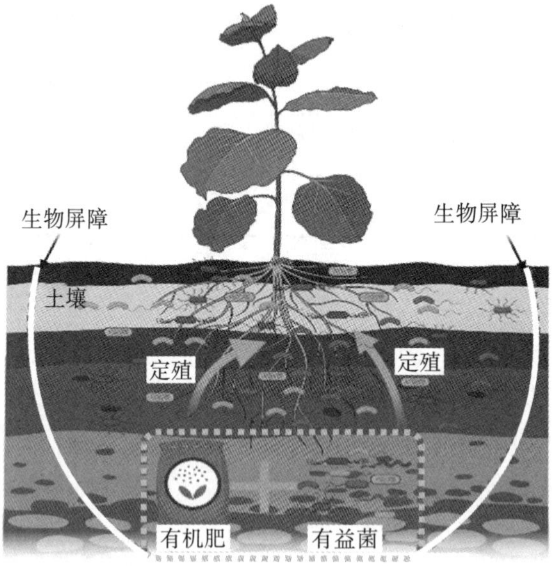

图5-5　有机肥拌菌技术原理模型图

（二）有机肥拌菌对辣椒青枯病的防治效果

为探究不同拮抗菌剂对青枯病的控制效果及对植烟土壤微生态结构的影响，选取根茎康微生物菌剂、三炬微生物菌剂、哈茨木霉菌剂，在重庆石柱选择辣椒青枯病发生严重地区设计试验，开展不同微生物菌剂对青枯病控制作用的研究（图5-6）。

结果表明，青枯病发病初期（6月10日），使用根茎康微生物菌剂、三炬微生物菌剂、哈茨木霉菌剂处理后青枯病的发病率分别为2.18%、2.38%、2.78%，低于对照组的发病率4.37%，但此时处理与对照间并未达到显著性差异。随着调查的深入，发现青枯病在不断蔓延，6月24日根茎康微生物菌剂、三炬微生物菌剂、哈茨木霉菌剂处理的青枯病发病率分别达到了2.78%、3.17%、3.57%，对照组发病率为6.75%，根茎康微生物菌剂、三炬微生物菌剂处理组显著低于对照组。7月1日，采用不同微生物菌剂处理过后，各个小区青枯病发病率达到2.78%、5.95%、4.37%，对照组青枯病发病率达到11.51%，显著高于处理组。

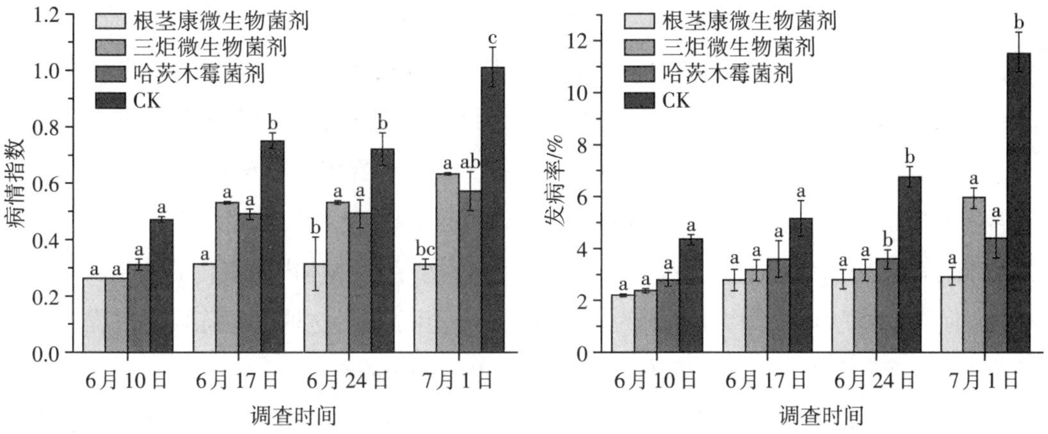

图5-6　不同微生物菌剂使用后对田间青枯病发生的影响

注：图中不同小写字母表示差异性显著（$P<0.05$）。

由表5-4可知，在有机肥中分别添加三种菌剂对辣椒青枯病均有较好的防治效果。从6月10日、6月17日、6月24日（发病初期、中期和中后期）的防效看，根茎康微生物菌剂>三炬微生物菌剂>哈茨木霉菌剂。而发病后期（7月1日）其防效表现为根茎康微生物菌剂>哈茨木霉菌剂>三炬微生物菌剂（防效分别为75.07%、62.03%和48.31%）。

表5-4　不同微生物菌剂与有机肥混用对田间青枯病的防治效果　　单位：%

处理	6月10日	6月17日	6月24日	7月1日
三炬微生物菌剂	45.06	38.57	53.04	48.31
根茎康微生物菌剂	49.89	46.12	58.81	75.07
哈茨木霉菌剂	36.09	30.81	47.11	62.03

第四节　植物的抗性诱导技术

一、植物代谢抗性的原理

生物体从外界摄取营养物质，以维持其生命活动，这些物质进入体内，转变为生物体自身的分子以及生命活动所需的物质和能量的过程称之为同化作用。新陈代谢（metabolism，简称代谢）是生物体内全部的有序化学变化的总称，它包括物质代谢和能量代谢两个方面。新陈代谢是指生物体内新旧物质的交换,是所有生物体共有的生命特征,生物的生长、发育、繁衍均通过代谢来实现。因此,代谢是生命的源泉,没有代谢就没有生命。

生物体内的新陈代谢并非完全自发进行,而是靠生物催化剂(酶)来催化的。酶是推动生物体内全部代谢活动的特殊蛋白或其他物质。由于酶作用的专一性,每一种化学反应都有特定的酶参与作用,而且每种酶都有其调节机制。这些酶使错综复杂的新陈代谢过程成为高度协调和高度整合在一起的化学反应网络。生物体内酶催化的化学反应是连续的,前一种酶的作用产物往往成为后一种酶的作用底物。这种在新陈代谢过程中连续转变的酶促产物统称为代谢中间体(metabolic intermediates)。

新陈代谢的功能概括起来有以下几个方面:(1)从外界环境中获得营养物质;(2)将获得的营养物质转变为自身需要的大分子组成前体;(3)将大分子组成前体装配成自身的大分子,例如蛋白质、核酸、脂类以及其他组分;(4)形成或分解生物体特殊功能所需的生物分子;(5)提供生命活动所需的一切能量。

初生代谢存在于所有植物中,是维持细胞生命活动所必需的,是新陈代谢的核心部分。初生代谢与植物的生长、发育和繁殖直接相关,是为生物体生命活动提供能源、物质和中间产物的代谢。初生代谢包括分解代谢(降解作用)和合成代谢(合成作用)两个方面。

生物体将有机营养物(如糖类、脂类、蛋白质等)转变为较小的、较简单的物质(如二氧化碳、乳酸、氨等)的过程为分解代谢(catabolism),又称异化作用;生物体利用小分子或大分子的组成前体建造成自身大分子的过程为合成代谢(anabolism),又称生物合成(biosynthesis)。由小分子建造成大分子,包括核酸、蛋白质的合成等都需要消耗能量使分子结构变得更为复杂。生物体的一切生命活动都需要能量。没有能量来源,生命活动无法进行,生命也就停止了。

太阳能是所有生物最根本的能量来源。具有叶绿素的生物进行光合作用的过程中,将光能转化为化学能。绿色植物及藻类,可以通过光合作用将二氧化碳和水合成为葡萄糖,将太阳能贮存在葡萄糖分子中。生成的葡萄糖则进一步通过不同的途径(糖酵解—柠檬酸循环途径和磷酸戊糖途径)代谢,产生三磷酸腺苷(ATP,在分解代谢中,起捕获和贮存能量作用)及辅酶Ⅰ等维持植物生命活动不可缺少的物质,以及丙酮酸、磷酸烯醇式丙酮酸、4-磷酸赤藓糖、核糖等。核糖为合成核酸的重要原料;磷酸烯醇式丙酮酸与4-磷酸赤藓糖可进一步合成莽草酸;而丙酮酸经过氧化、脱羧后生成乙酰辅酶A,再进入柠檬酸循环,生成一系列的有机酸及丙二酸单酰辅酶A(为合成酯质的重要原料)等,并通过固氮反应得到一系列的氨基酸(为合成肽及蛋白质的重要原料)。这些代谢过程对维持植物的生命活动是不可缺少的,几乎存在于所有的绿色植物中,所以被称为初生代谢。糖、蛋白质、酯质、核酸等是植物体生命活动不可缺少的物质,被称为初生代谢产物。

植物次生代谢的概念最早于1891年由Kossel提出。植物通过次生代谢途径产生的物质称为次生代谢产物。从进化角度考虑,基于初生代谢的次生代谢及其产物是植物在长期进化过程中与其他生物和非生物因素相互作用的结果,并通过不同次生代谢途径而产生的。由于植物的次生代谢是相对于初生代谢而言的,是释放能量的代谢,是以初生代谢的中间产物作为起始物(底物)的代谢,所以,在论述植物次生代谢与调控时,需要阐明植物的初生代谢途径及其关键的中间产物。

在特定的条件下,一些重要的初生代谢产物,如乙酰辅酶A、丙二酸单酰辅酶A、莽草酸及一些氨基酸等,作为原料或前体,又进一步经历不同的代谢过程。这些过程产生一些通常对生物生长发育无明显用途的化合物,即"天然产物",如黄酮、生物碱、萜类、香豆素类等化合物。合成这些天然产物的过程就是次生代谢,故这些天然产物也被称为次生代谢产物。

通常认为植物的次生代谢与生长、发育、繁殖等无直接关系,次生代谢产物被认为是释放能量的过程产生的物质。长期以来,次生代谢产物被认为是代谢中不再起作用的末端产物,作为废物储藏在植物的各种组织中,虽对植物生存有重要的生态作用,但在生物体内所执行的功能并不重要。近年研究发现,在所有旺盛生长的细胞中都发生着次生代谢产物的不断合成和转化。其中很多次生代谢产物对人体有着很强的生物活性,具有特殊的医疗价值,如生物碱、萜类化合物、芳香族化合物等,在药物学上通常被称为有效成分(董娟娥等,2009)。这些次生代谢物质也是植物抗御各自生物因子伤害的重要物质,它们单一作用或者相互作用形成化学屏障,构成了植物的自身防御体系。从这个层面来说,植物的次生代谢及次生代谢产物对植物来说仍然是十分重要的,是植物与各类病原物协同进化的产物,没有植物的次生代谢产物的保护作用,植物就难以抗御生物侵扰,也很难在自然生态环境中长期存在。

二、植物抗性诱导的技术

植物产生次生代谢物质是可以诱导的,诱导产生一些代谢反应、抗菌物质和系统抗性,这是植物健康管理的重要方面。在一些情况下,植物的抗性反应会受到限制,当喷施一些刺激物质后,会激活一些代谢途径,使植物表达出抗性的一面,这种技术被称为抗性诱导技术。

植物抗性诱导技术是一种安全有效的植物病害防治技术，可通过诱抗剂刺激植物免疫系统产生广谱、持久的抗病性能。其中氨基寡糖素（又称壳寡糖），是指D-氨基葡萄糖以β-1，4糖苷键连接的低聚糖，它由几丁质降解得到壳聚糖后再降解制得，也可以由微生物发酵直接提取。壳寡糖是一种低毒杀菌剂，对各种果树、蔬菜的真菌、细菌和病毒病害均具有一定的防治效果。农业级壳寡糖能对一些病菌的生长产生抑制作用，影响真菌孢子萌发，诱发菌丝形态发生变异，孢内生化发生改变。它还能激发植物体内基因，产生具有抗病作用的几丁质酶、葡聚糖酶、植保素及PR蛋白等，并具有细胞活化作用，有助于受害植株的恢复，促根壮苗，增强作物的抗逆性，促进植物生长发育。

蔬菜上常用的5.0%氨基寡糖素溶液，不仅对真菌、细菌、病毒具有极强的防治和铲除作用，还具有营养、调节、解毒、抗菌的功效。有研究证实5.0%氨基寡糖素诱导可激发苦瓜抗病免疫系统启动及苦瓜体内病程相关蛋白酶的活性表达，促进次生代谢物质形成，有效增强苦瓜对枯萎病的抗性（黄熊娟等，2022）。50倍3.0%氨基寡糖素喷种加500倍3.0%香菇多糖喷施叶片对防治马铃薯疮痂病的效果十分理想，同时可提高产量和改善块茎营养品质（杨鑫等，2018）。0.5%氨基寡糖素水剂600倍液和0.1%S-诱抗素水剂1 000倍液处理能提高烟草对青枯病的抗性（何洪令，2020），此外氨基寡糖素对番茄晚疫病防治效果显著（孙光忠等，2014）。目前已有多个氨基寡糖素农药产品作为植物诱抗剂登记，可用于西瓜枯萎病、烟草病毒病、番茄病毒病、水稻稻瘟病、黄瓜枯萎病、棉花枯萎病、番茄晚疫病、玉米粗缩病、梨树黑星病、小麦赤霉病、辣椒病毒病等的防治。

东莨菪内酯是一种重要的香豆素类化合物，其化学名称为7-羟基-6甲氧基香豆素，它是植物体内的一种重要的酚类植物保卫素。在受到病原菌、害虫及环境变化等因素的干扰时，能够诱导植物大量合成和累积东莨菪内酯，以防御不良因素的干扰。东莨菪内酯主要分布于菊科（Asteraceae）、旋花科（Convolvulaceae）、十字花科（Brassicaceae）、杜鹃花科（Ericaceae）、楝科（Meliaceae）、茄科（Solanaceae）等多个科的植物中。东莨菪内酯也是烟草体内重要的植物保卫素，在受到病原菌或者外源物质诱导时，可促进烟草组织合成东莨菪内酯，提高抗病性（杨振国，2014）。崔伟伟（2014）研究发现0.125 g/L东莨菪内酯大田处理烟草对青枯病有较好的防治效果。

苯并噻二唑（Benzisothiadiazole，BTH）是最常用的植物诱抗剂之一，具有广谱性强、安全性高等特点，目前已在多种农作物上使用。有研究发现BTH处理可以提高番茄对灰霉菌和斑萎病毒病的抗性，可以提高辣椒对金色花叶病毒（pepper golden mosaic virus，PepGMV）的抗性。李盼盼等（2016）研究表明，BTH通过提高抗性相关基因的表达量来诱导烟草对青枯病的抗性。

目前农业生产上应用的植物诱抗剂还有香菇多糖、几丁聚糖、低聚糖素、S-诱抗素等。香菇多糖水剂可用于防治番茄病毒病、水稻条纹叶枯病等。几丁聚糖用于防治黄瓜白粉病、番茄晚疫病、水稻稻瘟病、马铃薯病毒病、黄瓜霜霉病等。低聚糖素可用于水稻纹枯病、小麦赤霉病、番茄晚疫病、黄瓜白粉病等的防治。

第五节 农业耕作措施预防连作病害技术

健康栽培是保障栽培蔬菜抗御各种病害的基础。健康栽培也是最为重要的连作病害防控技术。农业耕作措施是调控根际健康,优化根际微生态的基础措施,也是保障其他措施发挥作用的关键。如果在生产上无法避免重茬,需连作栽培,可以采取以下耕作与健康栽培措施减轻连作障碍和病害的发生。

(1)选用抗病品种。如密刺黄瓜抗枯萎病品种、设施番茄的砧木双抗(抗根结线虫、抗枯萎病)品种、茄子抗青枯病品种、黄瓜耐盐抗病品种等,在设施栽培中已经广泛应用。

(2)合理耕作。秋天土壤深翻,有的病原菌翻入土中能加速病残体分解腐烂,有的深埋入土中失去传染机会,表土干燥、风吹日晒、冰冻等使一部分病原物和害虫失去活力。土壤深耕还能够打破犁底层,具有改变土壤理化性质、提高土壤透气性、降低土壤容重、提高土壤微生物及脲酶活性、促进作物根系下扎等作用,同时在耕作过程中适度采用控制交通耕作方式,可以降低土壤容重,促进植物水分传导和吸收。

(3)清洁田园。田间杂草、残株是一些病虫的初次侵染源,应及时摘除或拔除田间初发病的叶片、果实和植株。蔬菜采收后,烧毁或深埋病残体,均能减少连作病害的发生。

(4)推广保护性耕作技术。保护性耕作技术是对农田实行免耕、少耕,尽可能减少土壤耕作(保证种子发芽即可),并用作物秸秆、残茬覆盖地表,用化学药物来控制杂草和病虫害,进而减少土壤风蚀、水蚀,提高土壤肥力和抗旱能力的一项先进农业耕作技术。

(5)平衡施肥。根据作物需肥规律及土壤供肥能力(尤其是碱解氮、有效磷、速效钾和有机质4个指标)来确定肥料的种类和数量,也可根据特定需求测定土壤中养分含量,结合作物生长阶段来调整施肥配方和施肥次数,做到"控氮、稳磷、增钾、补微"。保障作物生长旺盛,提高蔬菜抗病能力。

(6)嫁接。嫁接是近些年来在提高作物抗性、缓解设施连作障碍等方面应用广泛、效果显著的绿色调控技术。对瓜类、茄果类蔬菜嫁接防病效果十分显著,如黄瓜用黑籽南瓜作砧木嫁接,能有效地预防枯萎病;茄子、辣椒的嫁接对于控制茄科作物青枯病也有很好的效果;嫁接的葫芦科、茄科植物对设施栽培过程中的冻害、高温、干旱、淹水和有机农药(如艾氏剂、狄氏剂、异狄氏剂等)污染等非生物逆境胁迫的抵御非常有效,还能提高作物对土壤盐渍化、土壤酸碱度、养分失衡和重金属毒性等环境因子胁迫的耐受性。

(7)搞好蔬菜布局。不能将可以互相传染病害的两种作物毗邻种植,更不要在重茬地块毗邻种植。如萝卜种植在重茬的大白菜旁就容易加重病毒病。要注意调整播期,使蔬菜的发病盛期和病原物传染的致病期错开,达到减轻病害的目的。如大白菜适时晚播,即使在重茬地块,软腐病、霜霉病、病毒病也相对较轻。

(8)高垄栽培,合理浇水。如大白菜采用高垄栽培,合理浇水,即使在重茬地块,也能有效地减轻软腐病的危害。黄瓜高垄栽培,合理浇水,枯萎病传染概率也大大降低。

(9)科学灌溉控盐。灌溉排盐技术是采用以水洗盐、盐随水走的方法将设施土壤表层的盐分带走,降低土壤盐分累积浓度。在作物生长季节,用缩短畦头、高畦深沟、接通大明沟等方式使地表水顺利排出。在土壤休闲期大量灌水,每亩地至少灌水 100 m^3,进行 2—3 次,使盐分随灌溉水流出土体,达到洗盐的目的。另外,采用工程措施铺设暗管进行地下水排盐也是常用的一种修复技术,即采用双层波纹有孔塑料暗管排水洗盐,浅层暗管管顶距土表 30—40 cm,灌水洗盐时耕层积盐随水由暗管排出;深层暗管管顶距土表 60—80 cm,水下渗底层土壤使积盐排出,此法对设施土壤次生盐渍化修复效果更显著(卢维宏等,2020)。

CHAPTER
6

第六章

调控根际微生态控制连作病害的产品创新

连作病害的发生是多种因子综合作用的结果,一般的产品和技术很难发挥作用,因此产品创新必须建立在微生态调控的基础上。土壤是蔬菜健康生长的基础,蔬菜连作病害主要是指土传病害,它的发生在很大程度上是土壤环境中生物因子和非生物因子影响了蔬菜抗性的结果,蔬菜叶部病害的发生也与土壤的营养供应有关。还有许多危害蔬菜生长的有害生物是以土壤作为生存环境的。因此,为了控制土传病害和这些有害生物或者创造不利于它们生存的环境,就需要将药剂施到土壤中,这种施药技术叫土壤处理。用于土壤处理控制有害生物的药剂叫土壤处理剂;用于土壤处理调节元素供应的叫土壤调理剂,主要是针对那些因为过度使用或者污染导致营养流失的土壤;用于土壤处理调节微生物群落组成的叫生物菌剂,主要是为了活化土壤,增加有益微生物的数量。土壤处理剂包括杀虫剂、杀菌剂、除草剂和生长调节剂等。即使对一些在植株地上部分发生的有害生物也可以采用土壤施药,这些药剂通过植物根部吸收,运达植株的上部,进而达到抑制害虫和病原菌发生的目的。一些内吸性杀虫剂、杀菌剂一般都可以用来进行土壤处理。在进行土壤处理时,不仅要考虑对有害生物的控制,还要认真考虑对土壤环境,特别是土壤微生物的影响。因此,土壤处理是一项相对复杂的农药应用技术。此外,由于土壤是蔬菜根系发育、营养提供、有益微生物生长的根本,调理土壤,维持土壤健康,是保障作物健康的基础,土壤调理剂和生物菌剂的使用就显得十分重要。本章在介绍土壤处理剂、土壤调理剂、土壤调酸产品和生物菌剂等基本概念的基础上,对其应用技术也进行了系统的介绍。

第一节　土壤处理剂

一、土壤处理剂的概念

用于土壤处理控制有害生物的药剂叫土壤处理剂,一般具有快速、高效、杀病虫谱比较广的特性,而且多为化学药剂。为了杀灭病菌、线虫及其他有害生物或者创造不利于它们生存的环境,就需要将这些药剂施到土壤中,这种施药技术又叫土壤化学处理,是避免病害大规模暴发最有效的方法之一。

在蔬菜的种植过程中,病虫害的发生严重影响蔬菜的产量和品质。由于蔬菜栽培技术和适种面积的限制,蔬菜重茬连作种植的现象十分普遍,病原菌积累问题严重,使得立枯病、猝倒病、枯萎病、根腐病、青枯病、根结线虫病等土传病害在一些地区危害严重。同时,一些地下害虫生活在土壤环境中,对蔬菜的生长构成很大威胁。

针对土传病害的防治,可以采取种植抗性品种、轮作倒茬等农业措施来控制其发生,也可以采用客土法(即将严重发病的病土换为未发病的新土)、无土基质栽培、太阳能土壤消毒、夏季密闭闷棚等方法。若以上方法不能有效解决问题,或没有条件实施以上方法时,采取土壤药剂处理以消灭土壤中的有害生物,是解决此类问题的一条有效途径。从土壤微生态的角度出发,熏蒸处理可以杀灭各类微生物,对土壤微生物菌群有一定的伤害,但在熏蒸后及时补充益生菌、增施有机肥,可减轻对有益菌的伤害。

二、土壤处理剂的主要类型

土壤处理剂可分为熏蒸剂、非熏蒸性化学药剂两大类。

土壤熏蒸剂,是指施用于土壤中可产生杀虫、杀菌或除草等作用的气体,从而在人工的密闭空间中防止土传病、虫、草等危害的一类特殊农药。土壤熏蒸剂一般在作物种植前施用。熏蒸化学药剂包括溴甲烷、氯化苦、棉隆、威百亩、硫酰氟等。

非熏蒸性化学药剂包括两类:一类是处理土壤表面的触杀剂,如拟除虫菊酯类杀虫剂和有机磷杀虫剂等,施于土壤的表面即可对生存在土壤中的害虫产生杀伤作用;另一类是土壤内处理剂,施入土壤后效果比较理想,如克线磷、辛硫磷、线螨磷、敌克松、多菌灵、甲霜灵等。

近年来广泛应用的生物菌肥,不仅可以控制一些土传病害的发生,还可以调节土壤的肥力,促进作物对肥料的吸收,增强抗病能力,有利于作物健康生长,如中农绿康、根茎康菌剂等。尽管这些生物菌剂被施入土壤中,但一般不纳入土壤处理剂的范畴,它们对土壤健康具有重要作用,本书后续章节将单独介绍。

三、主要的土壤处理技术

土壤处理技术与植株叶面喷雾、喷粉、空间熏蒸消毒等农药施用技术不同。后几种施用技术中,农药扩散的主要介质是空气,药剂能轻易地在空气中扩散;而土壤处理技术,药剂需要克服土壤固态团粒的阻碍才能与有害生物接触。因此,为确保药剂在耕层土壤中有较均匀的分布,需要使用较大的药量,并在处理前翻整土壤,整个处理过程较烦琐。

土壤处理技术按操作方式和作用特点可分为土壤覆膜熏蒸消毒技术、土壤化学灌溉技术、土壤注射技术、土壤颗粒剂撒施技术等。

1.土壤覆膜熏蒸消毒技术

将熏蒸药剂施入土壤后,迅速用地膜覆盖严实,使气态药剂快速渗透到土壤中并防止药剂逸出土面向空气中散失,这种技术被称为土壤覆膜熏蒸消毒技术。利用熏蒸剂处理土壤是杀死土壤中有害生物的有效措施,因为熏蒸药剂的分子在土壤中可以扩散渗透,所以效果较好。但此法的主要缺点是用药量大,处理过程较复杂。

为确保熏蒸药剂在土壤中的渗透深度和扩散效果,覆膜熏蒸前需要对土壤进行严格的前处理,包括整地松土、深耕约40 cm并清除土壤中的植物残体。在熏蒸前至少2周进行土壤灌溉,并在熏蒸前1—2 d检查,确保土壤呈潮湿但不黏结的状态。检测的简便方法是:抓一把土,用手攥能成块状,松手使土块自由落地,土块表面能破碎即为合适。土壤保墒的目的是让病原菌和杂草种子处于萌动状态,以便熏蒸药剂更好地发挥作用。此外,保持一定的水分也有利于药剂的挥发扩散。

土壤覆膜熏蒸消毒技术能有效杀伤或杀灭土壤中的病原菌、线虫、地下害虫等有害生物,可以有效防治枯萎病、黄萎病、立枯病、根结线虫病等多种土传病害,为植物生长创造良好条件。处理后的植物生长健壮,几乎不发病,且土壤无杂草,增产效果显著。

土壤覆膜熏蒸消毒技术是一项高投入、高产出的农药使用技术,但操作程序比较复杂且存在一定风险。操作者在采用此项技术时必须注意安全操作,各地农民在采用这项技术前应先向相关技术部门咨询。

为减少熏蒸剂的用量,我们还探索了土壤局部熏蒸技术,即只针对起垄覆膜的垄内进行施药熏蒸,而未覆膜的垄间可以不施药。在起垄后、覆膜前施药,移栽苗子前一周开孔释放毒气,再进行移栽。这种方法经济高效,药剂用量可减半,操作程序简化,且效果良好,值得各地探索应用。

2.土壤化学灌溉技术

先用水稀释农药制剂,然后通过土壤浇灌、沟灌、灌根、淋根、洒施等方法,将以水为载体的农药施入土壤中。这种土壤施药方法的优点是操作简便,无须使用特殊设备。但此技术难以将药液均匀分散到耕层土壤中,且费工费时。

在有条件的地区,可采用滴灌、喷灌系统来自动、定量地向土壤中或作物表面施入农药,国外把这种施药方法称为化学灌溉技术。实施化学灌溉技术需要对灌溉(滴灌、喷灌、微灌等)系统进行改装,增加贮药箱、药剂控制阀和回流控制阀等装置,以精准控制药剂的用量并防止药液回流污染水源。此技术适用于农田、苗圃、草坪、温室大棚中的除草、杀菌、杀虫和杀鼠等,也可用于肥料的施用。这种施药方法安全经济、防治效果好,但成本较高。

3. 土壤注射技术

采用注射设备把药液直接注入土壤中，对土壤进行消毒处理的方法，称为土壤注射技术。其中，根区土壤注射最为常见。根区土壤注射的优点是针对性强、节约农药、操作简便。作物定植后，采用非熏蒸性药剂进行根区土壤注射，可有效杀灭植株根部区域的病原菌、害虫和杂草。采用植株根部能吸收的内吸性药剂进行根区土壤注射，可防治植株基部和叶部的病虫害。

进行根区土壤注射时，应根据不同病虫草害的防治要求，选择合适的农药品种及农药剂型。由于土壤颗粒对药剂的过滤作用，可湿性粉剂可能会被土壤颗粒拦截而难以在土壤中扩散，尤其是质量差的制剂更难以分布均匀。乳油制剂含有大量的有机溶剂，与幼嫩的植株根部接触时易发生药害，因此根区土壤注射宜选用悬浮剂、微乳剂和水剂等。

土壤注射技术操作复杂，且针对性差，因此应用并不广泛，但对于一些经济价值高、种植周期长的植物仍可尝试使用。

4. 土壤颗粒剂撒施技术

对于粒径较小的普通颗粒剂（一般粒径<5 mm），可采用徒手撒施或自行设计的撒布设备进行施药。前者主要用于接触毒性（即经皮毒性）很小的药剂，但仍须注意安全防护，最好戴薄的塑料或橡胶手套；后者用于经皮毒性较大的药剂，如甲拌磷、涕灭威等。自行设计的撒布设备可以就地取材，下面介绍两种简单的撒布设备及其使用方法。

（1）塑料袋撒粒法。选取厚型塑料袋，根据撒施量选择适当大小的塑料袋，确保袋内外干燥。在塑料袋的一个底角剪出孔径约1 cm的缺口作为撒粒孔。把颗粒剂装入袋中（此时撒粒孔应朝上，或用一片胶膜临时封住）。每袋所装的颗粒剂量为处理农田所需之量。

（2）塑料瓶撒粒法。选取适当大小的透明塑料瓶，保持其内部干燥。在瓶盖上钻一孔，孔径大小根据所用颗粒剂的粒径，并在观察颗粒流速后决定，加盖后将塑料瓶倒置即可撒施。

以上两种撒粒法，要求操作人员掌握撒粒速度和均匀性。将处理地块划分为若干个小区，根据小区面积预先计算好撒粒量，以保证撒粒的均匀性。

对于大粒型颗粒剂（一般粒径 > 5 mm），由于其颗粒较大，可以抛掷到很远的农田中。这是大粒剂的主要特点和特殊用途。大粒剂的使用相对简单，但也要考虑用药安全和用药均匀性，避免出现药害。

四、施用土壤处理剂的注意事项

1. 注意土壤的理化特性和微生物结构

土壤是非常复杂的特殊环境，各地土壤的类型、有机质含量、颗粒组成和团粒构造、水分及pH值等存在一定差异，且这些特性会随着作物的种类、生长状况和连作年限的增加而不断发生变化。土壤微生物是影响土壤环境的重要因素，土壤中包含大量的微生物类群，有些是寄生的，有些是腐生的，还有一些与有机或无机化合物的代谢有关。如硝化细菌、氨化细菌等的活动会改变土壤的特性和肥力。所有这些因素都会影响土壤处理剂的使用效果。

2. 注意施用时的气候状况

温度、光照、降雨等气象要素对于土壤处理剂的效果有重要影响。农药在土壤中的持效期和半衰期，施药后地下水的质量，以及对土壤生物群落结构的影响，均会随气候变化，且这些变化往往难以预测。因此，每次施药前需要评估气候状况，不能一概而论。

3. 注意灌溉与耕作栽培技术的关系

作物的施肥，土块的翻耕、除草，田间的清洁卫生，以及设施农业的基本条件等，均与土壤处理剂的效果有关。尤其是施用土壤处理剂后，土壤常处于无菌或微生物结构失衡的状况，如果不注意田间卫生，一旦带入病原菌，作物发病将更为严重。因此，土壤熏蒸处理后，要注意卫生条件，进地要穿鞋套，农事操作要先健康地块后发病地块等。

4. 注意土壤处理剂的毒性和安全间隔期

许多土壤处理剂的毒性较大，使用时要注意避免对土壤和环境造成污染及对下茬作物产生药害。对于容易溶解的药剂，还要注意避免对地下水和流动水造成影响。

5. 注意土壤处理剂对土壤生物结构的影响

施用土壤处理剂后，一般会对土壤微生物和有益动物产生严重的杀伤作用，因此，要适时添加有益微生物或施用发酵腐熟的有机肥，以确保土壤微生态的健康。

五、主要土壤熏蒸剂的精准使用技术

目前在生产中可供使用的土壤熏蒸剂种类十分有限。其中卤代物类的氯化苦杀菌效果良好，氨基甲酸酯类的威百亩和杂环类的棉隆使用方法简单、价格便宜、低毒环保，能够杀灭土壤中的病原菌、线虫和杂草，且此类药剂大众认可度高，目前已成为世界上应用较广泛的土壤熏蒸剂。

(一)威百亩

本品属于灭生性土壤熏蒸剂,对线虫和病原微生物的杀灭效果极强,特别适用于大棚环境内作物病害及病原线虫的防治。法国食品、环境、职业健康与安全署(ANSES)2018年11月宣布,将全面禁止使用各种以“威百亩”为主要成分的杀虫剂,理由是此类杀虫剂对人体健康和环境都会带来危害。但我国目前尚未将该药剂列入禁用名单。

1.通用名称

威百亩(metam)。

2.商品名称

斯美地(32.7%威百亩水剂),维博亩(32.7%威百亩水剂),适每地(33.6%威百亩水剂),线克(35.0%威百亩水剂)。

其他名称:维巴姆,保丰收,硫威钠。

3.化学名称

甲基二硫代氨基甲酸钠。

4.化学结构式

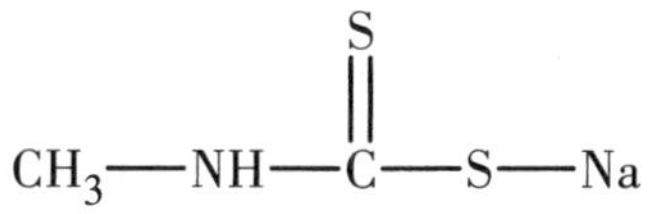

5.理化性状

纯品为二水合物白色结晶固体,工业品为棕黄色均相液体。易溶于水,20 ℃时溶解度为72.2 g/100mL,水溶液具有臭味,pH值为8—9,微溶于甲醇,在乙醇中有一定的溶解度,不溶于大多数有机溶剂。浓溶液稳定,但稀溶液不稳定,遇酸和重金属分解,对锌和铜有腐蚀作用。

6.作用特点和作用机理

该药剂在土壤中降解为异硫氰酸甲酯发挥熏蒸作用,还有一定的除草功能,处理土壤后能明显减轻杂草的危害,具有起效快,在土壤中残留时间短,产品残留较少等特点。本品具有内吸作用,能抑制细胞分裂及DNA、RNA和蛋白质的合成,还可使呼吸作用受阻,达到杀灭病原菌、线虫及杂草的作用。

适用于烟草、花生、水稻、马铃薯及多种蔬菜作物。防治对象包括根结线虫病、青枯病、枯萎病、烟草黑胫病、蔬菜根肿病以及马唐、看麦娘、莎草等杂草。

7.毒性

低毒。大鼠经口毒性LD_{50}:雄1 800 mg/kg,雌1 700 mg/kg。兔子经皮渗透毒性LD_{50}为1 300 mg/kg。对皮肤、眼睛有轻微刺激。

8.制剂

35.0%水剂,33.6%水剂,32.7%水剂。

9.使用方法

32.7%斯美地或33.6%适每地应用于苗床或营养土消毒的使用方法:

播种前一个月,将土壤锄松,整平,并保持潮湿,做到手握成团,落地散开。每平方米用50 mL32.7%斯美地和3 kg水稀释,均匀浇洒土壤表面,使土层湿透4 cm。浇洒药液后,用聚乙烯地膜覆盖,严防漏气。如果土温高于15 ℃,经过7—10 d后除去地膜,将土壤表层耙松,使残留药气充分挥发2 d以上即可播种或种植。如果土温低于15 ℃,熏蒸时间需15 d或更长,散毒时需要将土壤充分耙松(2—3次),散毒时间5 d以上。

如果是营养土,则将营养土平铺5 cm厚,每平方米用32.7%斯美地50 mL和4 kg水稀释,均匀浇洒,使土层湿透3 cm以上后再覆一层土,浇洒药液,然后用地膜覆盖。

35.0%线克在田间的使用方法:

①沟施。35.0%线克(威百亩)水剂每亩10—20 kg,兑水800—1 000 kg。在播种前15 d,先在田间开沟,沟深16—23 cm,间距24—33 cm,将稀释的药液均匀浅施沟内,随即盖土踏实。15 d后翻耕透气,再播种、移栽。如果土壤干燥,可增加水的施用量或先浇水后施药,施药后用地膜覆盖,15 d后去膜翻耕透气,然后播种或移栽。

②喷洒。35.0%线克(威百亩)水剂每亩10—18 kg,兑水500—800 kg,用喷雾器均匀喷于土壤表面后,再喷洒大量的水,使土壤表面充分湿润,然后用地膜覆盖,14 d后去膜,翻耕透气,即可播种。

10.安全间隔期

安全间隔期为7 d。

11.注意事项

①本品对人畜低毒,但对眼睛及皮肤有刺激作用,施药时要注意防护,避免皮肤、眼睛与药剂接触,防止药剂沾染衣服。在大棚温室使用时,应注意通风并迅速完成施药,之后立即离开现场。皮肤、眼睛如沾染药物可用大量清水或肥皂水冲洗。

②如果线克(威百亩)用药量过大或施药方式不当,易发生药害。用药后须间隔15 d以上才能播种、移栽,且播种或移栽前2—3 d必须松土散气。

③本品要随配随用，防止药剂分解降低药效。

④线克不能与波尔多液、石硫合剂等碱性农药混用，避免用金属器具包装。

⑤本剂应贮于干燥、避光、通风良好处，远离热源。

⑥使用本剂地温15 ℃以上效果优良，地温低时熏蒸时间需加长。

⑦本剂为土壤熏蒸剂不可直接喷洒于作物。

(二)氯化苦

氯化苦是一种具有警戒性的土壤熏蒸剂，可以杀虫、杀菌、杀线虫及杀鼠，也可用于粮食害虫的熏蒸处理，以及木材防腐，房屋、船舶的消毒，土壤、植物种子的消毒等。氯化苦是联合国推荐的臭氧物质溴甲烷(甲基溴)替代品之一。

1.通用名称

氯化苦(nitrotrichloromethane；chloropicrin)。

2.商品名称

氯化苦。

3.化学名称

三氯硝基甲烷。

4.化学结构式

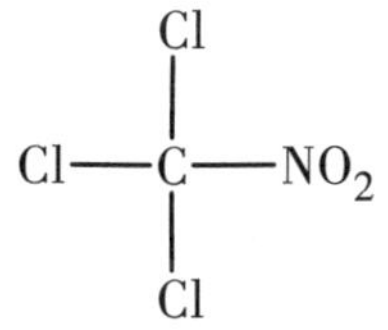

5.理化性状

氯化苦为无色或微黄色油状液体，有催泪性；熔点-64 ℃，沸点112 ℃；不溶于水，溶于乙醇、苯等多种有机溶剂；相对密度(水=1)1.69；危险指数为13(剧毒品，须管控使用)。遇发烟硫酸可分解产生光气。燃烧(或分解)产物：氯化氢、氧化氮、一氧化碳和二氧化碳。

6.作用特点和作用机理

氯化苦具有杀虫、杀菌、杀线虫及杀鼠的作用，但毒杀作用比较缓慢。温度高时，药效更显著。有强烈的催泪作用，原液接触皮肤，可引起红肿、溃烂。对害虫的成虫和幼虫熏杀力强，但对卵和蛹的作用小。

7. 毒性

属中等毒性。大鼠急性经口LD_{50}为126—271 mg/kg。刺激性：家兔经眼、经皮500 mg（24 h）接触后表现为轻度刺激。危险特性：氯化苦蒸气沿地面扩散，有毒。

8. 制剂

98%液体原药。

9. 使用方法

氯化苦可用于土壤熏蒸防治土壤病害和线虫，用于鼠洞熏杀鼠类。还可用于熏蒸粮仓防治储粮害虫，但只能熏原粮，不能熏加工粮。熏蒸储粮时，最低平均粮温应在15 ℃以上。由于氯化苦对眼睛有剧烈的刺激作用，因此，施用氯化苦应使用专门的机械。

土壤处理时，使用125 mL/m^{2}剂量防治土传病害；用7.5 kg/亩剂量沟施防治根结线虫等。氯化苦能有效控制喙担子菌属、刺盘孢属、柱果霉属、镰刀菌属、疫霉属、须壳孢属、腐霉属、丝核菌属、轮枝菌属真菌等，同时对土壤杆菌属细菌和地下害虫也有效果。

氯化苦防治土壤真菌的效果优于甲基溴20倍，但对根结线虫和杂草的防效较差，因此，通常将氯化苦与1，3-二氯丙烯混用以提高对土壤线虫的防效，与除草剂混用以提高除草的效果。

①施药时间。应在播种或栽植前50 d以上进行施药，因为覆盖熏蒸土壤需要20 d，揭去覆盖物后还要30 d才能使药剂从土壤中彻底散失，否则将对种苗造成药害。

②对土壤的要求。施药土壤需要有一定墒情，含水量以60%左右为宜，土壤温度最好在20 ℃以上。

③施药方法。用大型注射器把原药（含量98%以上）注入土壤，每30 cm^{2}注射一针，每针注入2—3 mL，针头入土深度15 cm。然后立即用薄膜覆盖，20 d后揭膜散气，再等30 d后进行播种或栽植。这样施药，每亩用药量一般在14—22 kg。

10. 注意事项

①氯化苦会影响种子发芽，特别是在种子含水量高时影响更大。因此，谷类种子不宜使用本剂，豆类种子熏蒸前后应检查发芽率。

②熏蒸的起点温度为12 ℃，最好在20 ℃以上进行熏蒸。由于氯化苦吸附力强，熏蒸后散气15—30 d才能进行操作。

③氯化苦对人的眼睛有刺激作用，施药时动作要规范，施药后立即盖膜，揭膜后一定要通风散气30 d左右再栽种作物。如果早春地温低，可在秋后进行土壤熏蒸。

④氯化苦气体比空气重，扩散、渗透能力不如磷化氢，因此需要在高处均匀施药。

11. 安全间隔期

安全间隔期为15 d。

12. 中毒及处理

中毒主要是急性中毒。轻度中毒时，表现为眼结膜受刺激、眼有烧灼感、流泪、羞光及眼睑痉挛等症状，随后出现喉头干、发痒、干咳、打喷嚏等症状。深度中毒时，伴随有胸部压迫感、恶心呕吐、头痛、腹痛、腹泻、呼吸困难、发悸；眼角膜发炎、虹膜炎、瞳孔缩小、鼻黏膜和咽喉充血；心音减弱、脉搏加快、体温升高，白细胞增加，尿内可检出蛋白。更严重者可能出现肺水肿、肺坏疽、视网膜出血、视力减退等。液体氯化苦对皮肤有腐蚀作用，其蒸气也能对伤口造成伤害而导致溃疡。

中毒解救办法：可用硼酸或碳酸钠溶液（一杯温水加入一匙碳酸钠）洗眼。用氧气筒给中毒者输送氧气。对中毒者绝对禁止施行人工呼吸。

（三）棉隆

棉隆是一种具有广谱熏蒸作用的杀线虫、杀菌剂，能在土壤中分解出异硫氰酸甲酯、甲醛和硫化氢，对根结线虫、茎线虫、异皮线虫等有杀灭作用。此外，它还具有杀虫、杀菌和除草作用，因此能兼治土壤真菌、地下害虫和藜属杂草等。

1. 通用名称

棉隆（dazomet）。

2. 商品名称

必速灭，basamid。

3. 化学名称

四氢-3，5-二甲基-2H-1，3，5-噻二嗪-2-硫酮。

4. 化学结构式

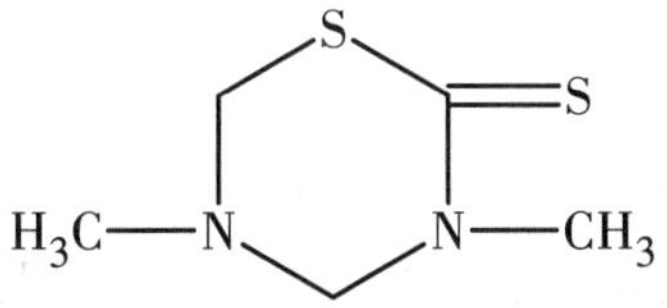

5. 理化性状

纯品为白色结晶，工业品为灰绿色或褐色固体。触及王水时，易发生爆炸和着火，微溶于水。

6.作用特点和作用机理

棉隆为广谱熏蒸性硫代异硫氰酸甲酯类杀线虫剂，可兼治土壤真菌、地下害虫及杂草。本品在土壤中会迅速分解成有毒的异硫氰酸甲酯、甲醛和硫化氢等，这些分解产物易于在土壤中扩散，持效期较长，并能与肥料混用。其生物活性主要与湿度有关。适用于防治蔬菜、草莓、烟草、果树、林木上的各种线虫，不会在植物体内残留，但对鱼有毒性，且易污染地下水。

7.毒性

属低毒杀线虫剂。原药雄性大鼠急性经口 LD_{50} 为420—588 mg/kg，兔急性经皮 LD_{50} 为2 360—2 600 mg/kg。对兔皮肤无刺激作用，对眼黏膜有轻微刺激作用。在试验剂量下对动物无致畸、致癌、致突变作用。对鱼类毒性中等，对蜜蜂和鸟类无毒。棉隆对人的皮肤和黏膜有刺激作用，口服大量后还可引起中枢神经系统抑制。

8.制剂

98%棉隆颗粒剂，56%片剂，56%粉剂。

9.精准使用技术

为达到最佳的熏蒸消毒效果，使用棉隆时要求土壤疏松、无大土块，深度达到20—30 cm；土壤含水量不能低于40%，60%—70%为最佳，即适合种子萌发的土壤湿度；土壤温度应控制在6 ℃以上，12—18 ℃最为合适。

10.土壤处理剂量

①沟施。沿种植行开沟，沟深20—30 cm。每亩用5—6 kg，集中均匀撒施在沟内，覆土后浇水再盖上塑料薄膜。经3—7 d后揭膜，松土1—2次，再经3—7 d后种植作物。

②面施。每亩用药12—15 kg。整平土壤均匀撒施必速灭颗粒剂20 g/m²，立即翻动土壤深至20—30 cm，浇水覆膜。3—7 d后揭膜，松土1—2次，再经3—7 d后种植作物。

③堆施：每1 m³的土壤或介质用100—250 g棉隆。以2—3 m³为一堆，整平成20—30 cm厚，撒药后翻动均匀，覆膜。3—7 d后揭膜，翻动1—2次。

11.土壤熏蒸消毒的步骤

①清园。熏蒸前所有的作物秸秆及根块茎部要清除干净。

②调节土壤含水量。简单的检测方法是：抓起一把土，攥成团，离地面1 m松开，若土团掉地能够散开，证明水分含量合适。保持合适的含水量6—7 d的时间。

③施药。将棉隆颗粒剂撒施在土壤表面。

④翻地。将药剂深翻至20—30 cm土壤深度，打碎大的土块，为药剂分解气体的扩散和渗透提供良好条件。

⑤浇水。如果土壤含水量不足时,可以进行浇水。

⑥覆盖地膜。紧贴土壤表面盖上地膜,薄膜周围压实,不漏气密封3—7 d。此时棉隆气体开始对土壤进行熏蒸消毒。

⑦通风。熏蒸3—7 d后,揭开薄膜通风透气3—7 d,通风期间松土1—2次。

12.消毒过程注意事项

①在施药前,应使土壤含水量达到饱和持水量的60%—70%。

②必速灭颗粒剂撒布在土壤表面后,应立即按要求的深度使颗粒剂尽可能完全混入土壤中,盖薄膜密封。

③防治苗期病害、立枯病、全蚀病、线虫及地下害虫需要将药剂混土20 cm深,防治茎腐、根腐、枯萎、黄萎病等病害需要混土30 cm深。

④6—10月份土温为20—25 ℃时进行土壤消毒,盖膜时间为3 d,揭膜后通气3 d可种植作物。11月至次年5月份土温为10—15 ℃时进行土壤消毒,盖膜时间为7 d,揭膜后透气7 d即可种植作物。

⑤消毒处理过的土壤或介质,是一种无菌状态,如果再施用堆肥一定要另行消毒处理。

⑥揭膜后松土不能超过施药深度。

13.注意事项

施药时要使用橡皮手套、靴子等安全防护用具,避免药剂接触皮肤和眼睛。如有接触应立即用肥皂水或清水冲洗,用过的器具应彻底清洗。

该药剂对鱼类有毒,在鱼塘附近使用要慎重。

对已进入成长期的植物有毒,作物移栽后不能熏蒸,即使熏蒸也要距离根部100—130 cm以外。

贮存应密封于原包装中,并存放在阴凉、干燥的地方,不得与食品、饲料一起贮存。

(四)石灰氮

石灰氮是一种碱性肥料,也可用作土壤熏蒸消毒。具有除草、杀菌、杀虫等多种作用。它是由氰氨化钙、氧化钙和其他不溶性杂质构成的混合物,也是高效低毒多菌灵农药的主要原料之一,可用于生产双氰胺、三聚氰胺和氰熔体等。

1.通用名称

石灰氮(calcium cyanamide)。

2.商品名称

石灰氮。

3. 化学名称

氰氨化钙与氧化钙。

4. 化学结构式

$N\equiv C-N=Ca$　　　　$Ca=O$

氰氨化钙 $CaCN_2$　　　　氧化钙 CaO

5. 理化性状

石灰氮含氮量18%—22%，含钙量50%，含碳量20%。外观为深灰色或黑灰色粉末或颗粒。熔点1 340 ℃，在>1 150 ℃时开始升华。质地较轻，遇水会水解生成单氰胺（CH_2N_2）和氢氧化钙，不溶于酒精，带有电石或氨的臭味。

6. 作用特点和作用机理

石灰氮遇水分解为单氰胺，比如在酸性土壤溶液中可转化成单氰胺，这种剧毒物质能迅速使病原线虫和病原微生物死亡。在碱性条件下可提高氮肥利用率，对降低硝酸盐和亚硝酸盐有一定的作用。石灰氮的土壤熏蒸作用体现在三个方面：一是水解产生的氢氰酸对土壤害虫和一些病原菌有强烈的杀灭作用；二是对植物自毒物质（根系分泌物）有一定的分解作用；三是可以调酸，解决土壤酸化问题。

7. 毒性

急性中毒后会出现器质性的神经疾患，肢体无力及随后的多发性神经炎。对皮肤和黏膜（结膜、上呼吸道）有刺激作用，对人的致死量约40—50 g。石灰氮释放出的氨基氰通过消化道和呼吸道进入人体后，会引起血管运动反应。慢性中毒往往发生类喘息性支气管炎及支气管喘息、慢性胃炎及肝炎、血压降低、心肌营养不良、性机能障碍、甲状腺及肾上腺机能障碍，皮肤干燥、瘙痒、皮炎，落入眼内会引起化脓性结膜炎、角膜溃疡及浑浊等。

8. 制剂

粉末或颗粒（有效含氮量20%以上）。

9. 精准施用技术

石灰氮只能在作物播种前或移栽前施用。播种、移栽20 d之前，应使土壤的含水量达到饱和持水量的60%—70%，每亩均匀撒施30—50 kg，随后深耕土壤（30—40 cm），用塑料薄膜覆盖，密闭增温。一般10 d左右完成消毒，揭膜通风透气，翻耕土地，晾晒7 d以上方可播种或定植作物。

10.注意事项

①石灰氮分解产生的单氰胺对人体有害，使用时应特别注意防护。乙醇会加速石灰氮对人体的有害作用，撒施前后24 h内不要饮酒。必须按规定时间进行处理，以免对作物产生伤害。

②施用地点不能与鱼池、禽畜养殖场太近，施药应选择在无风的晴天进行。

③撒施时要佩戴口罩、帽子和橡胶手套，要穿长裤、长袖衣服和胶鞋。撒施后要漱口，用肥皂水洗手、洗脸。未用完的石灰氮要密封，存放在通风、干燥处。

④石灰氮为碱性，不能和硫酸铵、过磷酸钙等酸性肥料混合施用。

⑤与其他熏蒸方法相比，石灰氮熏蒸安全性更差，且容易杀灭土壤中的有益微生物，因而有时会出现消毒后反而更加容易被病原菌侵染的情况，对青枯病发生区处理后的效果并不理想。

⑥石灰氮是一种长效氮肥，对于氮量过多的土壤或者后期不需要氮肥的作物不宜施用，否则会对作物产生不利影响。

第二节　土壤调理剂

一、土壤调理剂的概念和分类

1.土壤调理剂的概念

土壤调理剂（soil conditioner），又名土壤改良剂。土壤调理剂定义为：加入土壤中用于改善土壤的物理和（或）化学性质，以及（或）其生物活性的物料。广义上讲，对土壤性状具有改良和调节作用的物质都可以称为土壤调理剂。

土壤调理剂的研究始于19世纪末，此时期西方国家开展了天然高分子物质如纤维素、木质素、多糖、淀粉共聚物等改良土壤结构的研究。这些物质分子质量相对较小，活化单体比例高，施用周期短，易被土壤微生物分解且用量较大，因此难以在生产上广泛应用。20世纪50年代以来，人工合成土壤调理剂逐渐成为研究热点。美国率先开发了名为“Krilium”的合成类高分子土壤调理剂，此后研究人员对多种人工合成材料进行了较为深入的研究，包括水解聚丙烯腈（HPAN）、聚乙烯醇（PVA）、聚丙烯酰胺（PAM）、沥青乳剂（ASP）及多种共聚物。其中，聚丙烯酰胺是目前应用较广泛的土壤改良剂之一。

1982年，农牧渔业部从比利时引进聚丙烯酰胺和沥青乳剂，应用于渠道防渗、盐渍土改良、造林、种草、防止水土流失、旱地增温、保墒等方面。近年来，我国商品化土壤调理剂的种类和数量呈增加趋势，企业层面的研究和推广非常活跃。同时，一些在国外已经成熟应用的产品也进入了中国市场。在现代人工制剂过程中，人们往往根据土壤特性及主要限制因子，通过添加植物秸秆、沸石、石灰等，补充植物所需的营养元素，研制出具有特定功效的改良剂，以达到改土和促进植物生长的双重作用。

近年来，高山蔬菜产区的无机肥施用增加，导致土壤结构发生变化，土壤酸化，土壤密度降低，田间持水量下降，土壤容重增加，养分流失，使得土壤肥力严重降低。针对这些问题，可以根据土壤质地及调理剂功效，选择合适的土壤调理剂，如生石灰、熟石灰、碳酸钙、碳酸钙镁等，能有效改良土壤结构，提高土壤质量和作物品质。

2. 土壤调理剂的分类

土壤调理剂通常依据主要功能或主要原料来进行分类。

按照主要功能可大致分为土壤结构改良剂、土壤保水剂、土壤酸碱度调节剂、盐碱土改良剂、污染土壤修复剂等。

土壤调理剂按照主要原料的分类如表6-1。

表6-1 土壤调理剂的分类

分类	土壤调理剂
天然矿物类	泥炭、褐煤、风化煤、石灰石、石灰、磷灰石、石膏、硫磺、蛭石、膨润土、沸石、磷矿粉、钾长石、白云石、蒙脱石、麦饭石(硅酸盐)、珍珠岩、贝壳粉等
植物及其产品类	秸秆、落叶、绿肥、堆肥、草木灰、锯末、草炭、豆饼、种子、豆浆、淘米水等
固体废弃物类	粉煤灰、磷石膏、高炉渣、碱渣、乳化沥青、城市污泥、垃圾、秸秆、木屑、禽畜粪便、酒糟、纸浆废液、脱硫废弃物、味精厂发酵物、鱼产品下脚料等
人工提取或合成的高分子聚合物类	壳聚糖、腐植酸、聚合氨基酸、树脂胶、腐植酸-聚丙烯酸、纤维素-丙烯酰胺、淀粉-丙烯酰胺/丙烯腈、乙酸乙烯酯-丁烯二酸共聚物(VA-MA)、水解聚丙烯腈(HPAN)、聚丙烯酰胺(PAM)、聚乙烯醇(PVA)、聚乙二醇(PEG)、脲醛树脂(UF)等
生物制剂类	生物控制剂、菌根、微生物接种菌

二、土壤调理剂的作用

(1)改良土壤质地和结构。某些天然矿石、固体废弃物、高分子聚合材料和天然活性物质等原料制造的土壤调理剂多具有高吸附性、离子交换性、催化和耐酸耐热等性能，可以降低土壤容重和土壤水吸力，增加土壤总孔隙度、毛管孔隙度和通气孔隙度等。

(2)提高土壤保水供水能力。土壤保水剂是一种具有三维网状结构的有机高分子聚合物，在土壤中能将雨水或灌溉水迅速吸收并变为固态水而不流动、不渗失，长久保持局部恒湿，天旱时缓慢释放供植物利用。

（3）调节土壤酸碱度。大多数土壤调理剂呈碱性，如石灰、碱渣、粉煤灰、脱硫废弃物等，加入土壤中，可以改良土壤酸碱度，促进作物生长。

（4）改良盐碱土。人工合成的高分子聚合物或天然高分子类土壤调理剂，含有代换能力强的高价离子，施用后与盐碱土吸附的交换性钠进行离子交换，交换下来的钠离子溶于水后被排洗掉，从而达到降低盐碱、减轻土壤盐渍化程度的目的。

（5）改善土壤养分供应情况。有的土壤调理剂使用的基础原料，本身含有一定量的氮磷钾养分，可改善土壤营养元素的供应。

（6）修复土壤重金属污染。石灰、磷石灰、沸石等土壤调理剂通过化学固化的方式调节土壤重金属污染，这些矿物粒度细、表面积大，可利用其可变电荷表面对重金属离子的吸附、解吸、沉淀来控制重金属元素的迁移和富集。

（7）优化土壤菌群结构，增加有益微生物的数量，抑制病原菌的增殖。

三、主要的土壤调理剂

1.石灰

石灰是酸性土壤常用的土壤调理剂，可以中和土壤酸性，消除Al^{3+}和Mn^{2+}的毒害作用，增加土壤钙、镁等矿质养分，提高氮、磷利用率，改善土壤物理性状，提高土壤通透性，从而提高作物的产量和品质。常见的石灰种类有生石灰（CaO）、熟石灰［$Ca(OH)_2$］、石灰石（$CaCO_3$）、白云石粉［$CaMg(CO_3)_2$］等。生产上常用生石灰改良土壤。

石灰的亩用量超过500 kg，可导致土壤有机质迅速分解，腐殖质积累减少，从而破坏土壤结构。同时，土壤中的磷酸盐以及铁、锰、硼、锌、铜等微量元素也会形成难溶性的沉淀物，导致微量元素利用率降低。大量使用石灰而未施其他肥料，土壤养分被大量释放，作物无法全部吸收，导致养分流失，土壤肥力下降。因此，石灰用量必须适当。正常情况下，生石灰消毒土壤时的用量为每亩不超过100 kg。此外，如果土壤的pH值超过7.5，切忌再用生石灰处理土壤。黄瓜、南瓜等耐酸性中等，要施用适量石灰；番茄等耐酸性较差，也要施用石灰。中和能力强的石灰或同时施用其他碱性肥料时可少施，而施用生理酸性肥料时，石灰用量应适当增加。降水多的地区及通过撒施中和整个耕层或结合绿肥压青或秸秆还田的石灰用量可大些。如果石灰施用于局部土壤，用量就要减少。当土壤酸性强，活性铝、铁、锰的浓度高，质地黏重，耕作层较深时，石灰用量应适当增加。相反，耕作层浅薄的砂质土壤，则应减少石灰用量。旱地的用量应高于水田。坡度大的山坡地要适当增加用量。

正确的使用方法是先将生石灰撒入地里，深翻地，隔4—7 d后再施有机肥。此外，石灰不宜连续大量施用，一般每隔2年施用1次即可，否则会引起土壤有机质分解过速、腐殖质不易积累，致使土壤结构变坏，诱发营养元素缺乏症，还会减少作物对钾的吸收，反而不利于作物生长。石灰肥料不能和铵态氮肥、腐熟的有机肥和水溶性磷肥混合施用，以免引起氮的损失和磷的退化导致肥效降低。石灰作为农药使用时，如配制波尔多液、石硫合剂等，生石灰含量应在95%以上。在配药及施药过程中，要注意安全防护。

生石灰撒入土壤后，会起反应产生大量的热，能够杀死细菌。此外，反应生成的氢氧化钙是强碱，也能够杀菌。因此，用生石灰处理完土壤后，要注意补充有益微生物菌，可在作物定植前撒施或定植后随水冲施来补充有益菌。

2. 沸石

沸石是一类具有特定孔道结构的硅铝酸盐矿物。人们发现的天然沸石有80多种，较常见的有钙沸石、钠沸石、方沸石、丝光沸石等。硅、铝、氧是沸石的主要成分，不同产地的沸石主要成分差别不大，但钠、钾含量及一些微量元素含量有所差别。

沸石具有颗粒小、径孔大、矿物表面负电荷富集等特点，被广泛作为土壤调理剂使用。掺入土壤不仅能疏松土壤，增加土壤孔隙度和透气性，中和土壤酸性，而且能有效地控制肥料中铵态氮和钾的释放，从而延长养分在土壤中的保留时间，使土壤离子交换容量提高，且沸石本身也含有作物需要的微量养分。抑制土壤和肥料中有害物质向作物的转移，有利于作物品质的改善。

沸石对土壤中重金属铅（Pb）和镍（Ni）具有很强的吸附能力，其中离子交换和表面络合反应是主要的吸附形式。另外沸石内比表面积较大，能吸附更多的水分子，增加土壤保水性。同时还能提高蔬菜抗病性、耐旱性、抗冻性。

3. 碱渣

碱渣又叫白泥，是氨碱法生产纯碱过程中产生的工业废渣。碱渣呈白色颗粒状，含水量60%—70%，pH值为9.0—11.8。碱渣中所含元素种类多样，富含Ca、Mg、K、Si、Zn、Cu、Mo等有利于作物生长的营养元素。

碱渣的粒度小，表面积大，粒子带负电荷，因而具有溶胶的性质。利用碱渣制得钙镁多元复混肥料或土壤酸化改良剂，代替石灰改良酸性、微酸性土壤，可调整土壤的pH值，加强有益微生物活动，促进有机质分解，补充微量元素，使农作物增产。用碱渣作为土壤酸化改良剂不仅为农业提供大量钙、镁、硅等肥源，还为消除肥料对生态环境的污染提供了解决途径。

碱渣中氯化物含量很高，对惧氯作物不得使用。另外碱渣中有机质含量较少，速效磷低，单独使用往往会造成土壤板结、作物缺磷等问题，因此最好与蘑菇渣等搭配使用。

4.粉煤灰

粉煤灰是燃煤火力发电厂排出的废渣。主要化学成分包括SiO_2、Al_2O_3、Fe_2O_3、CaO和未燃烧的炭，此外还含有少量的MgO、Na_2O、K_2O、SO_3以及少量砷、铜、锌等微量元素。质量浓度大多在2.1—2.6 g/cm^3。

粉煤灰粒细质轻、多孔疏散、比表面积大、活性基团较多且吸附能力较强，能够促进土壤颗粒的团聚作用，增加土壤体积密度、孔隙度，提高土壤通气性，增加土壤微生物活性，提高持水能力和有效水分，具有促进植物生长和增加作物产量等作用。

有研究发现低浓度（10%—30%）粉煤灰显著促进了南瓜生长，增加了南瓜叶绿素、蛋白质、碳水化合物等的含量，且经粉煤灰改良的土壤中，南瓜花果数量、果实长度、鲜重、干重等指标均显著提高。但施用高浓度（40%—50%）粉煤灰，则表现出南瓜产量和品质降低的负面效果。因此，将粉煤灰用作土壤改良剂时，应充分考虑其潜在的负面影响，探究粉煤灰施用量的安全范围，在提高土壤质量的同时最大限度地降低对植物造成的危害。

5.聚丙烯酰胺

聚丙烯酰胺（简称PAM）是丙烯酰胺及其衍生物的统称，通式为$(C_3H_5NO)_n$。一般呈白色，溶于水。根据PAM分子链上的官能基在水中的离解性质，将其分为阳离子型、阴离子型、两性水离子型和非离子型等4种类型，其中阴离子型被广泛应用于土壤改良中。

PAM分子中的基键与土壤颗粒之间形成吸附力，增加土壤大团聚体数目，改善土壤结构，保持土壤颗粒和孔隙结构稳定，提高土壤入渗率，增加土壤含水量，从而促进作物产量质量提高。

PAM以多种形式存在，如颗粒、溶液等。相关研究表明，喷洒PAM溶液于土壤表层比干粉直接撒施于土壤表层更利于降低土壤侵蚀，而PAM与土壤混合施用方式比直接喷洒更能提高土壤渗透率。PAM改良土壤效果显著，应用前景广阔，但是土壤质地、类型、PAM使用量、施用时机等的不同，严重影响了PAM的推广应用。

6.保水剂

保水剂是利用超强吸水性树脂制成的一种高分子化合物，能够吸收自身质量数百倍千倍的水分，吸水后膨胀为水凝胶，在干燥条件下又能将水分缓慢释放供作物利用，而且具有反复吸水的功能。

保水剂可以促进土壤团粒结构形成，提高土壤孔隙度，降低土壤容重，有效调节土壤水肥气热，减少土壤水分蒸发，增加土壤微生物数量，提高土壤保水保肥能力。

保水剂多用于农业生产,常用方法有种子涂层、与土壤混合、凝胶蘸根、作培养基质等。国内外将保水剂用于土壤调节的主要方式是与土壤混合,一般有穴施、沟施、撒施和混施等方式,最好避免将保水剂撒在土壤表面,应穴施或沟施,施用在0—10 cm土层效果较佳。

保水剂是一种优良的保水材料,随肥料一起施入土壤不会产生拮抗作用,能够有效降低劳动强度,缩短还苗时间,提高移栽成活率。适量的保水剂可以促进作物的生长发育,提高产量和品质。

7.生物炭

生物炭含有大量植物所需的营养元素,除C含量较高外,P、K、Ca和Mg的含量也较高,主要以芳香族碳结构为主,因含有较多的碱性物质而呈碱性,拥有较大的孔隙度和比表面积。生物炭的原料种类繁多,包括树枝、落叶、牧草、农业废弃物(如稻草、花生壳和稻壳)、粪肥(猪粪、牛粪等)、热泥、纸浆等。

生物炭具有丰富的孔隙结构,可以降低土壤容重,增加土壤孔隙度和水分的渗透,增强土壤的保水能力。改善土壤物理结构,促进土壤微生物的发展并增强土壤微生物的活性,促进土壤养分循环,从而有利于作物生长。

有研究发现施用花生壳来源的生物炭可以提高土壤pH值,提升有机碳含量,促进蔬菜的生长和产量的提高(黄连喜等,2018)。生物炭单一施用或结合微生物菌剂施用都能降低白菜根肿病发病率,提高白菜产量,同时优化土壤理化性质(解国玲等,2023)。但也有研究表明在不同土壤条件下,不同类型生物炭对土壤的改良效果及作物产量影响差异较大,因此在蔬菜生产上要严格控制使用量,才能达到改良土壤,促进作物生长的目的。

8.秸秆

农作物秸秆是籽实收获后留下的含纤维成分很高的作物残留物,包括禾谷类、豆类、薯类、油料类、麻类以及棉花、甘蔗、瓜果等多种作物的秸秆。秸秆占作物生物总量的50%以上,是一类极其丰富的易直接利用的可再生有机肥源,主要含纤维素、木质素、糖类、蛋白质、淀粉、有机酸、磷脂酶等有机物,还含有作物生长必需的氮、磷、钾等营养元素。

秸秆在腐解过程中,不断释放出氮、磷、钾和其他中、微量元素,供植物生长利用。这既可减少农田化肥的用量,缓解氮、磷、钾肥施用比例失调的矛盾,增加有机质,改良土壤结构,促进土壤微生物的生长繁殖,保水抗旱,又可解决秸秆焚烧和乱堆乱放带来的环境污染。

秸秆在蔬菜生产中应用较普遍,主要有麦秆、玉米秸秆、稻秆等。秸秆还田的方式有直接还田、覆盖还田、留高茬还田三种方式。无论以何种方式还田,都应尽早翻压入土,以便秸秆吸收水分腐解，同时需保持充足的土壤水分。秸秆宜浅埋，一般埋在10—20 cm的耕作层，土壤水分充足，微生物活跃，能够加速秸秆的腐解。

需注意的是具有强传染性病虫害的秸秆不能还田，否则易造成病虫害的蔓延。这类秸秆需延长腐熟时间，并且要注意病害预防。

9. 绿肥

凡是作为肥料的绿色植物均称为绿肥。按作物的分类系统分为豆科绿肥作物和非豆科绿肥作物，按作物的栽培季节分为冬季绿肥作物和夏季绿肥作物，按作物的栽培年限分为一年生绿肥作物、两年生绿肥作物和多年生绿肥作物，按作物的种植条件分为旱生绿肥作物和水生绿肥作物。

绿肥具有增加土壤有机质和养分，增加土壤氮素来源，富集和转化土壤养分，改良土壤结构，减少水土流失，改善生态环境，净化水质，净化空气等作用。

根据绿肥作物的生物学特性，可以采取单种、插种、间种、套种及混种等五种种植方式。根据土壤条件、气候特点和种植目的选择合适的绿肥品种。例如豆类绿肥适合在土壤贫瘠、氮素不足的地区种植，油菜类绿肥适合在冬季气温较低的地区种植。一般而言，秋冬季是播种绿肥的最佳时期。在种植绿肥前，根据土壤肥力情况和绿肥品种的需求，合理使用有机肥和化肥。绿肥生产过程中，可根据生长状况适当追肥。绿肥生长成熟后，可通过翻耕、覆盖等方式将其转化为土壤肥料，或制堆沤肥和作饲料用。

10. 贝壳粉

贝壳粉是贝壳经过粉碎研磨制成的粉末，包括牡蛎粉、扇贝粉等。95%的成分是碳酸钙甲壳素及少量氨基酸和多糖物质。除用作土壤调理剂外，还用作畜禽饲料、食品钙源添加剂及干燥剂。此外，贝壳粉也是化妆品和室内装修的高档原料。用于土壤改良的贝壳粉要进行加工和发酵，否则很难溶于水而不能发挥作用。

近年来，西南大学的研究团队发现，经发酵和烘焙处理的牡蛎粉可用于烟草种植区内的土壤调酸。对长期连作引起的土壤酸化问题有良好的调控治理作用，同时对土传病害也有一定的抑制作用。研究表明，每亩使用100 kg粉碎至60目以上的贝壳粉，可将土壤pH值从5.5左右增加至5.8—6.0以上，是一种环保、经济、高效的新型土壤调理剂。

四、施用土壤调理剂的注意事项

1. 根据土壤实际情况使用

使用土壤调理剂的目的是改善或解决土壤存在的耕作性差、盐碱、酸化、有毒物质污染、养分失衡等问题,所以要从土壤的实际情况出发,选择适合的土壤调理剂产品,有针对性地使用,才能达到良好的效果。土壤调理剂也并非所有土地都能随意使用,在购买和使用土壤调理剂之前要先分析土壤状况和存在的主要问题,与有关技术人员进行沟通和交流,并在技术人员指导下使用。

2.配合常规肥料使用

土壤调理剂主要是用于改善土壤环境,解决土壤障碍性问题。虽然商品类的复合型调理剂多少都含有一些作物养分,但并不能直接当作肥料使用,更不能替代肥料。土壤调理剂必须与当地常规用肥共同使用,最佳配合使用方案则需要根据当地土壤的质地、盐分、水肥条件及经济效益等因素,通过田间试验来确定。

3.避免过度使用

土壤调理剂用于改良土壤偏酸、偏碱、盐渍化以及板结状态时,应根据土壤在这些方面恶化的程度,使用不同的品种数量及次数,但不能长期过量使用,否则会导致过度矫正而更不利于作物生长。

4.使用土壤调理剂后要注意土壤养护

土壤养护的内容包括有机质含量的维护、酸碱度平衡的维护、土壤耕层的维护、营养元素含量的维护等;土壤养护的措施包括增施有机肥,合理施用化肥,轮作和种植绿肥,深耕翻地等。

第三节　土壤调酸产品

一、土壤调酸的原理

土壤酸化是南方连作土壤面临的一个重要问题,酸化土壤对栽培蔬菜的健康生长产生了严重的不良影响,因此,酸化土壤改良是破解连作障碍的基础性工作。

土壤酸度分为活性酸度和潜性酸度,土壤溶液中H^+浓度代表活性酸度(pH),土壤胶体上吸附态的可交换性H^+和Al^{3+},在离子交换作用下进入溶液中的酸度代表潜性酸度。酸度是影响土壤环境质量、限制作物产量的重要指标之一。通常酸化土壤中含有高浓度的H^+和Al^{3+}时会影响土壤中氧化还原、吸附解吸、沉淀溶解、络合等一系列化学反应的进行。高浓度的H^+和Al^{3+}抑制植物根部细胞的分裂、伸长和膜运输，打破植物内部激素平衡，从而抑制植物生长发育，降低作物产量和品质。

土壤酸化改良剂富含碱性组分，能降低土壤溶液中H^+浓度以及固相中交换性H^+和Al^{3+}含量，从而达到改善土壤酸度的目的。其作用机理如下：

石灰类、生物质炭和有机改良剂中富含OH^-、CO_3^{2-}、有机阴离子、氧化物等碱性组分，易与土壤溶液中H^+发生中和、复分解等反应，产生H_2O和CO_2，提高土壤pH值。pH值升高又促进土壤溶液中Al^{3+}发生聚合、沉淀、配合与水解等一系列反应，将Al^{3+}转化为低毒的$Al(OH)_4^-$、$Al(OH)_3$、有机和无机铝配合物，从而降低Al^{3+}浓度。生物质炭表面羟基、羧基官能团能吸附溶液中的单体铝（主要以Al^{3+}形态存在），发生酯化反应，形成有机复合体。硅酸盐与Al^{3+}共沉淀，生成$KAlSi_3O_8$等化合物，降低土壤酸度。磷石膏中富含SO_4^{2-}，作用于土壤胶体交换出OH^-，产生石灰效应。在有机质分解过程中，有机氮在氨化作用下产生OH^-，中和H^+和Al^{3+}的酸度。同时，改良剂中的碱基阳离子也能将土壤溶液中H^+和Al^{3+}置换到土壤胶体表面，降低土壤酸度。改良剂还能降低土壤固相中交换性H^+和Al^{3+}的含量，改善土壤酸环境。交换性铝以Al^{3+}为主要形态，吸附在土壤黏粒或胶体表面。改良剂能促进土壤溶液中Al^{3+}或胶体表面交换性铝聚合生成吸附态羟基铝，交换性铝、羟基铝与有机质配合成有机配合态铝，从而降低土壤的潜在酸度。

改良剂的种类、剂量和联合配施方式均是影响其调酸效果的重要因素。粪肥中腐殖质类物质富含羧基、酚基、烯基等官能团，相比秸秆能消耗更多的质子。而石灰和工业副产品的碱度比有机改良剂高。因此，改良剂改善酸度的效果一般为粪肥>作物残渣、无机改良剂>有机改良剂。通常改良剂的剂量与其调酸效果呈正相关（刘娇娴等，2022）。

二、主要的土壤调酸技术

（1）大量施入腐熟农家肥、泥炭土、腐叶土和绿肥等，可以中和酸碱度，解决土壤板结和有机质含量低等问题，有助于作物根系发育，从而增强作物抗逆性并提高粮食产量。

（2）使用土壤调酸剂。土壤调酸剂以农用保水剂、天然泥炭或其他有机物为主要原料，添加生物活性成分，具有显著的“保水、增肥、透气”效果。使用土壤调酸剂可以打破土壤板结、提高土壤透气性、促进土壤微生物活性、增强土壤肥水渗透力，可以改良土壤，治理荒漠化，实现保水抗旱，增强农作物的抗病能力，提高农作物产量，改善农产品的品质。

（3）酸性土壤可以施入生石灰来中和酸性物质。在播种或者栽植蔬菜或农作物前的1至3个月，每亩撒施100—200 kg生石灰，然后翻入土壤，这样可以杀灭杂草和病虫害，效果显著。

需要注意的是:生石灰的使用数量不宜过大,否则会对后茬作物产生不良影响。生石灰应间隔两年使用一次,不可以连续使用。为避免农作物生长不良,使用生石灰时,必须结合农家肥使用,但二者不可同时使用,否则会降低肥效。植物生长期不能使用生石灰,否则会产生大量热量,导致烧根和烧叶现象,但可以撒施熟石灰来改良土壤。

(4)酸性土壤可以通过施入大量草木灰来调节酸碱度,一般每亩至少要施入30—50 kg草木灰才能见效。

(5)对于酸化严重的地块,在施入有机肥的同时,每亩施入50—100 kg牡蛎钾、钙镁磷肥或硅钙钾镁肥来调节土壤酸碱度,并补充酸性土壤中缺乏的钙、镁、硅等营养元素。

(6)碱性土壤施入硫酸亚铁、硫磺粉、硫酸铝或腐植酸肥料,可以增加土壤酸性,从而改善黏土的理化性状。

(7)盐碱地施用过磷酸钙、硝酸钙和硝酸铵等,可增加土壤中钙的含量,活化土壤中钙素。施用抑盐剂,能在地面形成一层薄膜,抑制水分蒸发,提高地温,减少盐分在地表的积累。

(8)在农作物生育期,可通过合理施用酸性或碱性肥料来调节土壤酸碱度。

三、土壤酸化改良剂对土壤pH值和作物连作病害的调控作用

为实现土壤酸碱平衡和营养平衡,促进土壤微生物结构优化,我们开展了以土壤改良为核心的相关试验,筛选出一系列土壤酸化改良材料,为连作蔬菜根茎病害的防控提供有力支撑。

1.室内条件下不同土壤酸化改良剂对土壤pH值的影响

室内条件下,系统评估了硅肥(SI)、黄腐酸钾(BSFA)、牡蛎壳粉(OS)、生石灰(LM)等4种土壤酸化改良剂对土壤pH值的影响(图6-1)。将4种土壤酸化改良剂与酸性土壤混匀处理后7—9 d内,牡蛎壳粉、生石灰处理下的土壤pH值与对照相比都有所升高。处理9—25 d后各处理的土壤pH值稍有波动,但都在第25天达到最高峰的pH值。在处理的第35天至95天,除黄腐酸钾外其他处理的土壤pH值都基本趋于平稳状态,说明在这段时间内土壤酸碱反应已经达到新的平衡并进入自然淋溶酸化状态。

将所有处理的土壤pH值变化进行对比可以发现,在为期95 d的土壤培养过程中,各处理对土壤pH值的提升效果为牡蛎壳粉>生石灰>硅肥>黄腐酸钾。在培养第35天(图6-2),牡蛎壳粉、生石灰、硅肥、黄腐酸钾处理下的土壤pH值分别为6.13、5.83、5.74和5.48,较对照的5.41分别提升了0.72、0.42、0.33和0.07个pH单位;在培养第95天(图6-2),牡蛎壳粉、生石灰、硅肥处理下的土壤pH值分别为6.01、5.74、5.60,较对照处理下的5.35分别

提升了0.66、0.39、0.25个pH单位，黄腐酸钾处理下的土壤pH值为5.32，较对照降低了0.03个单位但两者无显著差异。以上结果表明，在4种土壤酸化改良剂中，牡蛎壳粉效果最好，且持效期也相对较长。

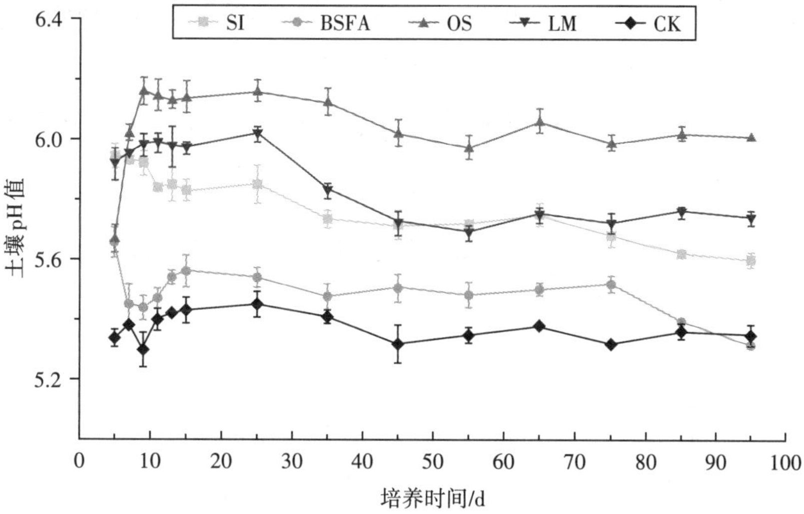

图6-1 室内条件下不同土壤酸化改良剂对土壤pH值动态变化的影响

注：OS，牡蛎壳粉处理；LM，生石灰处理；SI，硅肥处理；BSFA，黄腐酸钾处理；CK，空白对照。

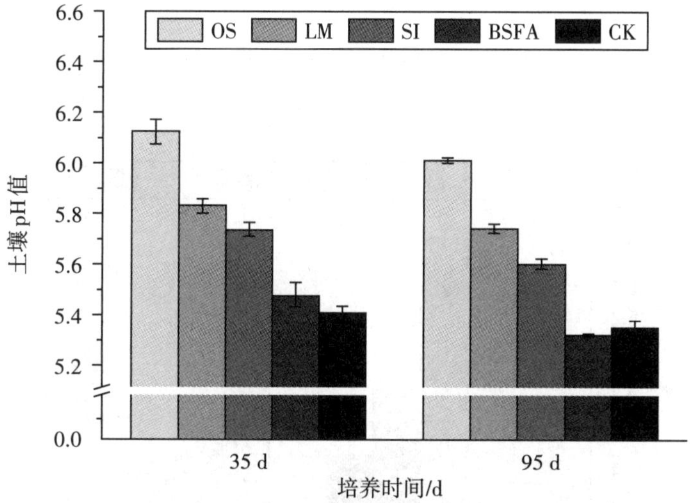

图6-2 室内条件下不同土壤酸化改良剂对土壤pH值的影响

注：OS，牡蛎壳粉处理；LM，生石灰处理；SI，硅肥处理；BSFA，黄腐酸钾处理；CK，空白对照。

2. 大田条件下不同土壤酸化改良剂对土壤pH值的影响

大田条件下，进一步评估了硅肥(SI)、黄腐酸钾(BSFA)、牡蛎壳粉(OS)、生石灰(LM)等4种土壤酸化改良剂对土壤pH值的影响(图6-3)。结果表明，处理后土壤pH值的变动趋势与室内条件下基本一致。处理后的第20天，牡蛎壳粉、生石灰、硅肥和黄腐酸钾处理的土壤pH值分别为6.62、6.66、6.60、5.81，较对照分别提升了1.15、1.19、1.13、0.34个单位。但培养第20天后，各处理下的土壤pH值均有所下降。至第65天，牡蛎壳粉、生石灰、硅肥和黄腐酸钾处理下的土壤pH值分别为6.10、5.62、5.36、4.97，其中前三种处理与对照相比分别提升了0.93、0.45和0.19个单位，而黄腐酸钾处理的土壤pH值比对照低了0.20个单位，但两者无显著差异。以上结果表明，各处理对土壤pH值的提升效果为牡蛎壳粉>生石灰>硅肥>黄腐酸钾。

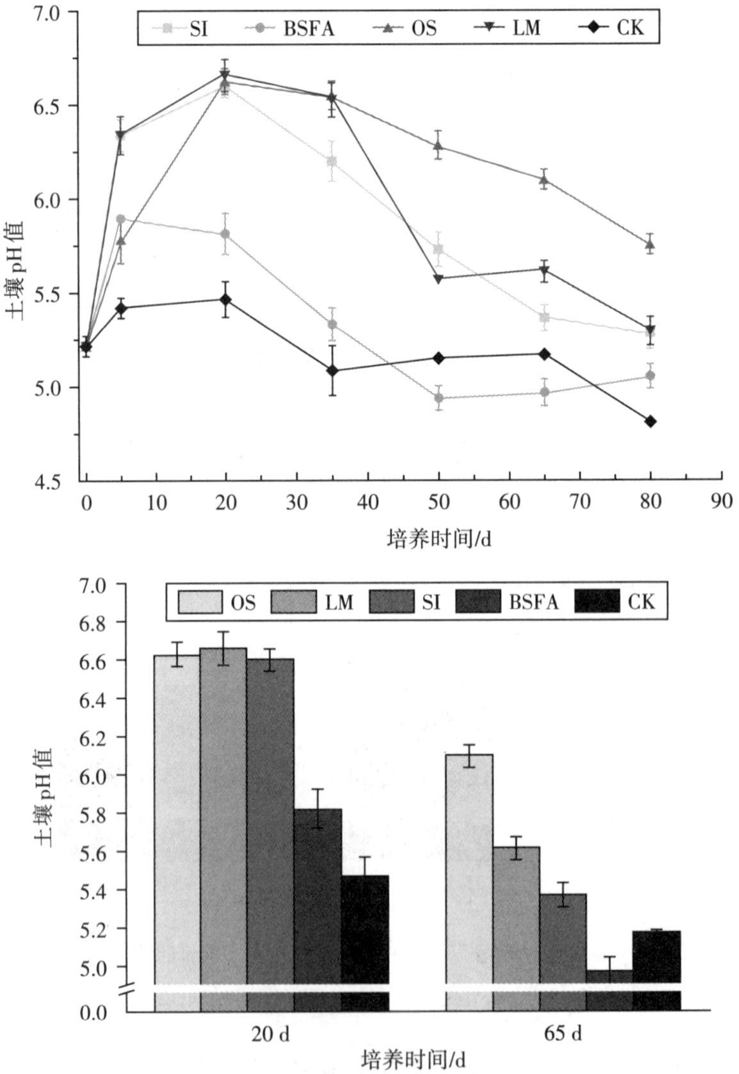

图6-3　大田条件下不同土壤酸化改良剂对土壤pH值的影响

注：OS，牡蛎壳粉处理；LM，生石灰处理；SI，硅肥处理；BSFA，黄腐酸钾处理；CK，空白对照。

3.不同土壤酸化改良剂对植株田间青枯病发生的影响

在大田试验下系统评价了硅肥(SI)600 kg/hm^2,黄腐酸钾(BSFA)、牡蛎壳粉(OS)和生石灰(LM)各1 500 kg/hm^{2}均匀撒施后对作物青枯病发生的影响(图6-4)。结果表明,从7月3日到19日青枯病的发生及蔓延十分迅速。但最后一次调查(7月19日)结果显示,生石灰和牡蛎壳粉处理的植株青枯病发病率分别为65.53%和40.30%,病情指数分别为28.39和17.46,均明显低于CK空白处理。硅肥处理的结果与生石灰近似,黄腐酸钾处理的青枯病发病率和病情指数略高于CK空白处理。在所有处理下牡蛎壳粉的防效最高,最终的相对防效为53.97%,土壤pH值为6.41,高出空白对照处理0.67个单位(图6-5)。这一结果表明,牡蛎壳粉不仅调酸效果好,而且对青枯病的控制效果也最为理想。

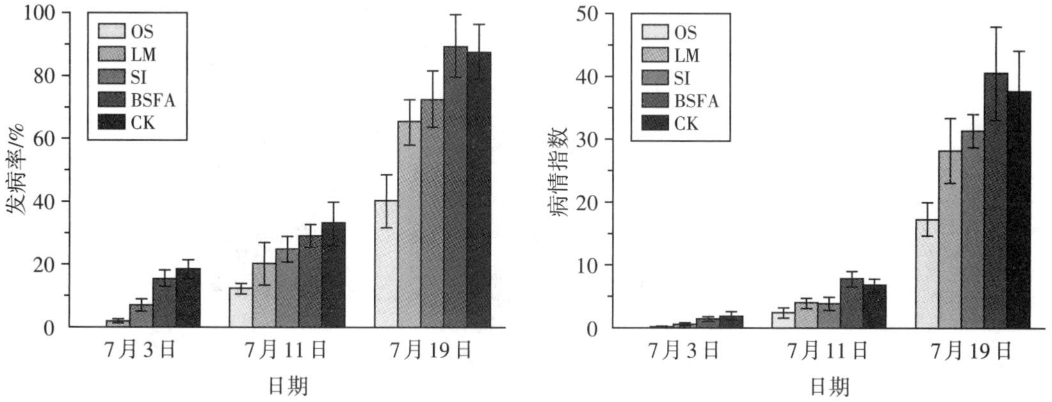

图6-4 大田条件下不同土壤酸化改良剂对植株田间青枯病发病率和病情指数的影响

注:OS,牡蛎壳粉处理;LM,生石灰处理;SI,硅肥处理;BSFA,黄腐酸钾处理;CK,空白对照。

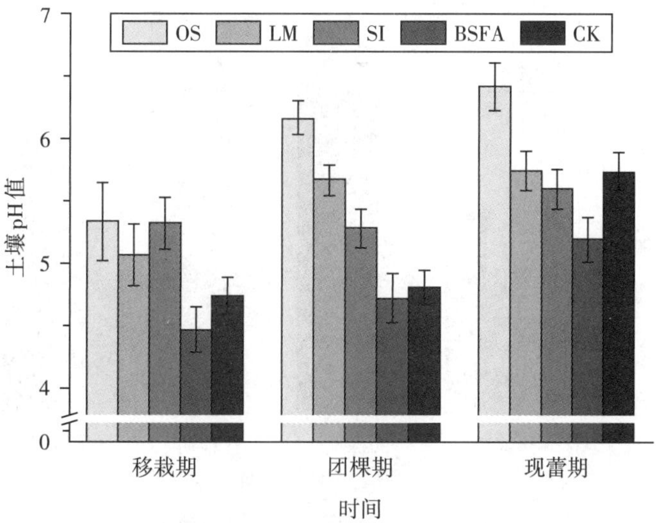

图6-5 不同土壤酸化改良剂处理后土壤pH值调查

注:OS,牡蛎壳粉处理;LM,生石灰处理;SI,硅肥处理;BSFA,黄腐酸钾处理;CK,空白对照。

4. 不同用量牡蛎壳粉对植株田间青枯病的防控效果

为了确定牡蛎壳粉(OS)的最优使用剂量,分别选用750 kg/hm²、1 500 kg/hm²、3 000 kg/hm²三个剂量进行田间试验,结果表明牡蛎壳粉能显著降低植株青枯病的发生。最后一次调查(8月15日)结果显示,3 000 kg/hm²、1 500 kg/hm²、750 kg/hm²牡蛎壳粉处理下的青枯病病情指数分别为2.11、3.22、5.78(图6-6),与对照(13.56)相比,相对防效分别达到84.44%、76.25%、57.37%。由图6-7看出,随着牡蛎壳粉施用量的提升,土壤pH值也显著增高。

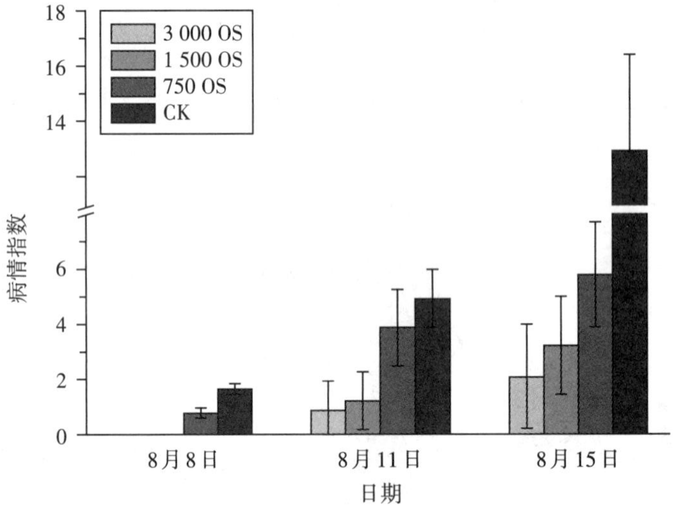

图6-6　牡蛎壳粉对植株田间青枯病的影响

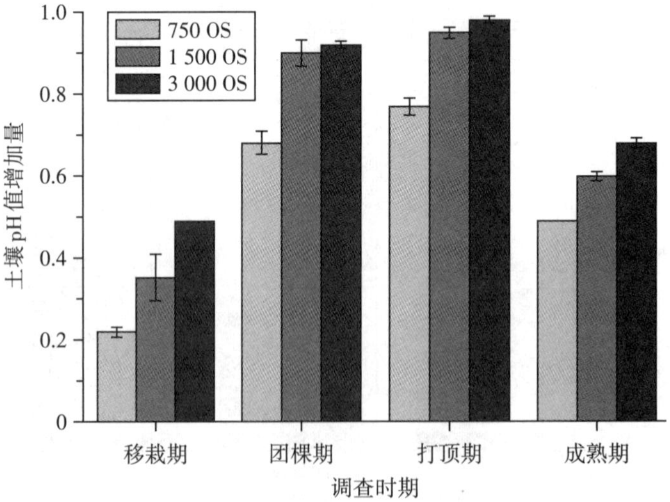

图6-7　牡蛎壳粉对土壤pH值的影响

5. 不同土壤酸化改良剂对榨菜根肿病的防控作用

土壤酸化改良剂已被广泛应用于改善土壤酸化环境和防治植物根部病害。在榨菜(茎瘤芥)起垄期分别施用牡蛎壳粉、生物炭和草木灰,探索3种土壤酸化改良剂对榨菜根肿病的田间防控作用、土壤酸化的改良效果以及土壤微生物AWCD值变化和对不同碳源的利用的影响(图6-8—图6-11)。结果表明,3种改良剂均可显著增加土壤pH值,其中施用牡蛎壳粉后调酸效果最显著,土壤pH值提高了0.45个单位。施用牡蛎壳粉和生物炭后榨菜根肿病发病率分别降低了26.00%和16.67%,且在牡蛎壳粉处理下的防效达35.08%。施用土壤酸化改良剂后微生物的AWCD值、群落的Simpson指数和McIntosh指数均有增加。牡蛎壳粉还提高了根际土壤微生物群落的碳代谢能力和土壤FDA水解酶活性。同时,施用牡蛎壳粉后茎瘤芥产量变大,每亩达2 113.96 kg,增加产值480.99元,其增产率达到了39.75%。

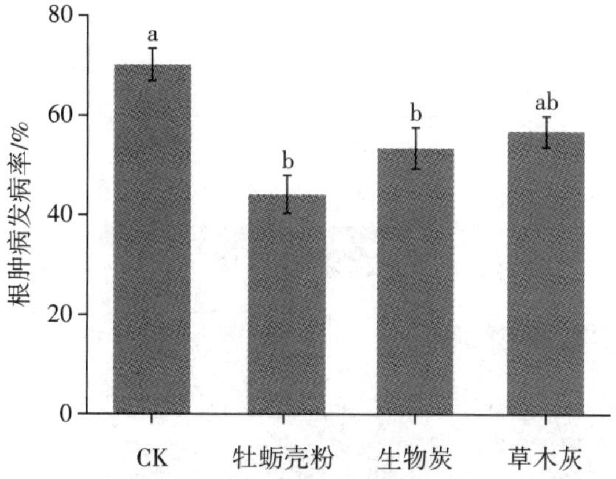

图6-8　不同土壤酸化改良剂对榨菜根肿病发病率的影响

注:图中不同小写字母表示差异性显著($P<0.05$)。

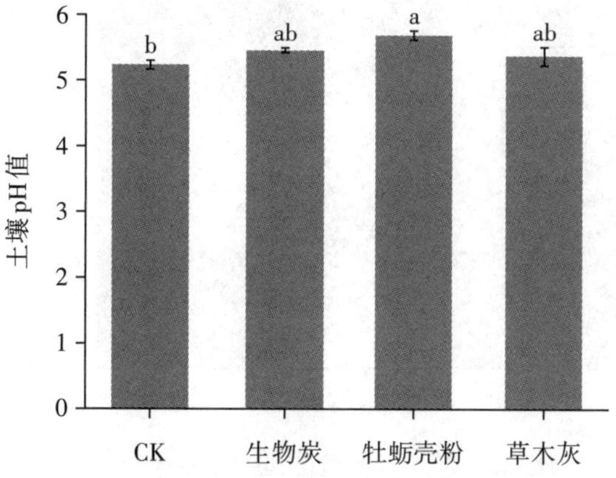

图6-9　不同土壤酸化改良剂对土壤pH值的影响

注:图中不同小写字母表示差异性显著($P<0.05$)。

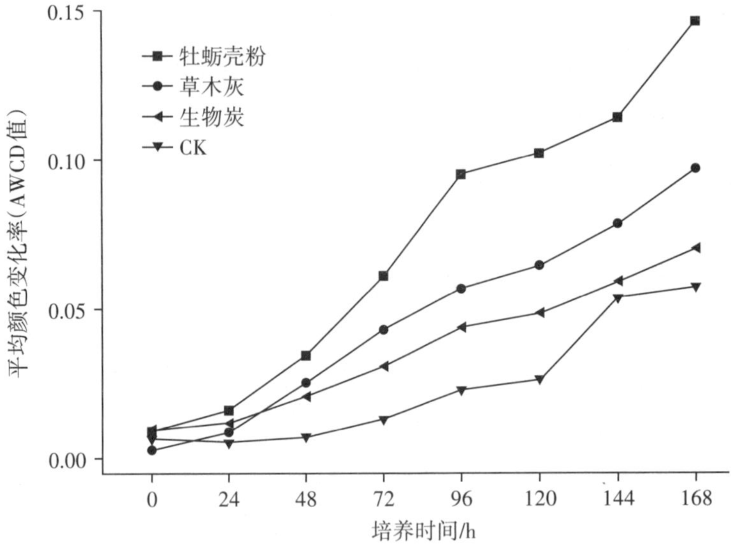

图6-10　土壤微生物AWCD值随培养时间的变化

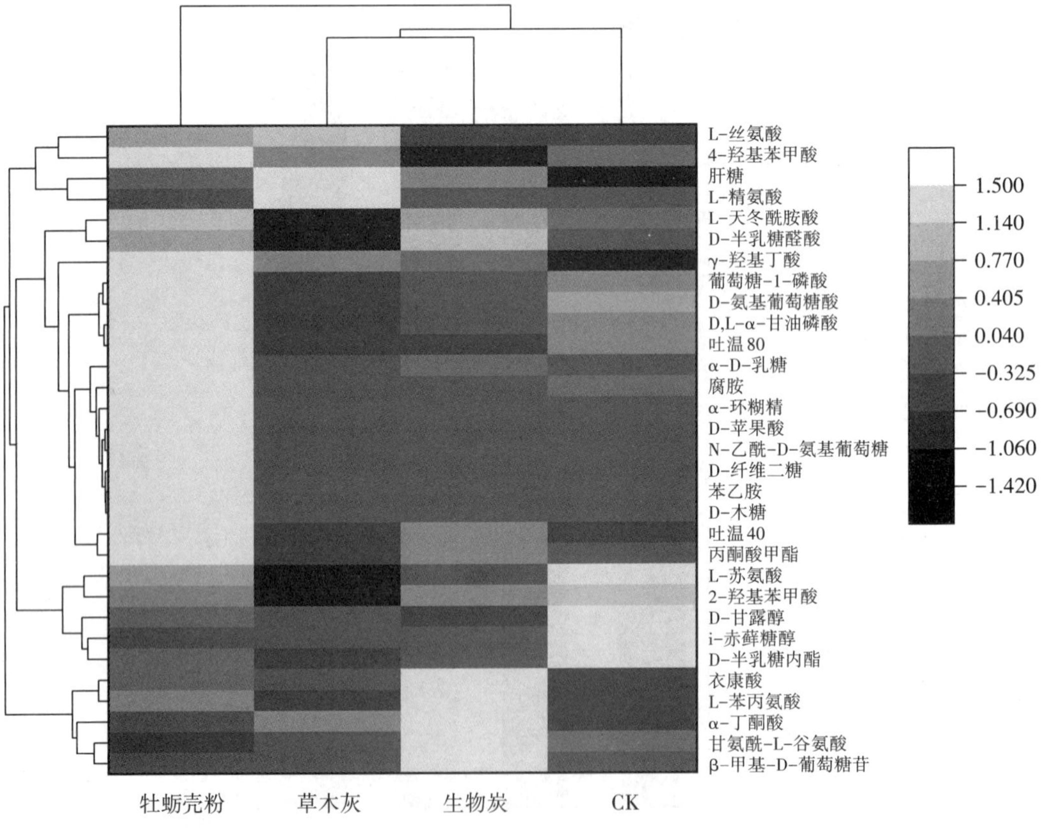

图6-11　土壤微生物对不同碳源的利用情况（96 h）（彩图见二维码）

四、牡蛎钾土壤调酸剂的创制与应用

西南大学根际微生态过程与调控研究团队在前期研究了牡蛎壳粉可有效改良土壤、优化根际微生态控制土传病害的基础上，组配多种生物材料，其中发酵牡蛎粉35%，植物质材料60%，微量元素及调酸剂等5%，研发出了能够改良土壤酸化，补充土壤有机质与中微量元素的生物质产品牡蛎钾（图6-12）。

图6-12　牡蛎钾土壤调酸剂

1. 对象

有青枯病、线虫病发生的土壤酸化连作蔬菜种植区。

2. 使用方法

撒施：将牡蛎钾土壤调酸剂均匀撒施，翻耕时与土壤混合均匀，土壤pH>5.0时建议用量每亩50—100 kg，pH<5.0时建议用量每亩100—200 kg。撒施一般在作物播种前或移栽前进行。

条施：在起垄前将土壤调酸剂均匀撒施于行间，然后在撒施的行上起垄，pH>5.0时建议用量每亩25—50 kg，土壤pH<5.0时建议用量每亩50—100 kg。该方法减少了用量，但调酸效果较差。

根围施用:对于旺长后期的植株可以在根部周围10 cm范围内均匀撒施,撒施后最好覆盖细土。土壤pH>5.0时建议用量每亩15—30 kg,pH<5.0时建议用量每亩25—50 kg。也可与复合肥现混现用。

牡蛎钾不建议和有机肥现混现用,可在施用牡蛎钾3 d之后再施用有机肥,避免牡蛎钾对有机肥的肥效产生影响。

3.技术优点

采用天然碱性生物质材料为原料,含有丰富的钙、镁和钾元素,能有效缓解土壤的酸化程度,改良土壤,抗重茬、促肥力,补充中微量元素,钝化重金属,降低农产品的重金属含量,促进根系发育,提高作物抗性和品质,有效抵御根茎病害的发生,从根本上推进土壤生态修复,是保证植物健康的绿色产品。

4.应用效果

近年来,在重庆主要蔬菜产区进行的连作区土壤改良效果显著,得到了广大菜农的认可,重庆市农业农村委已将其作为主推技术在全市推广应用,新华社和重庆日报也进行了报道。2020—2022年,用此产品在重庆彭水苗族土家族自治县龟池村进行了农用地污染土壤治理修复,同时结合了微生物修复、植物与土壤营养平衡以及叶面调控等多项技术。这些技术在提高土壤pH值,促进微生物活性,降低土壤重金属释放,减少水稻对重金属的吸收及阻控重金属向谷粒转移方面效果显著,成为水稻重金属治理的重要创新手段。

第四节 生物菌剂

一、生物菌剂的概念和种类

1.生物菌剂的概念

生物菌剂是目标微生物(有效菌)经过工业化生产扩繁后加工制成的活菌制剂。它具有直接或间接地改良土壤,恢复地力,维持根际微生物区系平衡,降解有毒有害物质、拮抗病原微生物、预防和控制连作蔬菜病害等作用。应用于作物生产的生物菌剂通过所含微生物的生命活动,增加植物养分的供应、促进植物生长、改善蔬菜品质及农业生态环境。菌剂微生物的某些代谢过程或代谢产物可以增加土壤中的氮、某些植物生长素、抗生素的含量，或促进土壤中一些有效性低的营养性物质的转化，提高肥料利用率，或者兼有刺激植物生长及防治病虫害的作用。

但生物菌剂目前还存在很多不足，除固氮菌等少数微生物之外，绝大多数菌剂微生物不能为土壤带入外源营养成分，即使如解磷菌、解钾菌等微生物也只能有限地吸收、转化土壤本身的磷和钾。因此，只有有机、无机、生物肥三肥配合施用，才能充分发挥肥料的功效。拮抗菌剂发挥作用也必须和土壤环境条件紧密结合，要保证有益菌的生长，才能保证有益菌发挥作用。

2. 生物菌剂的分类

生物菌剂主要按照微生物组成、微生物种类和作用机理来进行分类。

按照微生物组成，可分为单一菌剂和复合（或复混）菌剂。单一菌剂是由一种微生物制成的菌剂；复合（或复混）菌剂是由两种或两种以上互不拮抗的微生物制成的菌剂。

按照微生物种类可分为细菌菌剂（如根瘤菌菌剂、固氮菌菌剂）、放线菌菌剂（如抗生菌菌剂）、真菌菌剂（如菌根菌剂）。

按照菌剂的作用机理分为根瘤菌菌剂、固氮菌菌剂（自生或联合共生类）、硅酸盐细菌菌剂、溶磷微生物菌剂、光合细菌菌剂、菌根菌剂、促生菌剂、有机物料腐熟菌剂、生物修复菌剂、病原菌拮抗菌剂等。

3. 生物菌剂的主要种类及特点

（1）根瘤菌菌剂

根瘤菌菌剂是以根瘤菌为生产菌种制成的微生物接种剂。根瘤菌是一类共生固氮细菌的总称，它的突出特点是能和豆科植物形成共生体，将大气中的氮分子转化成氨，为宿主植物供应氮素营养。用人工选育出来的高效根瘤菌株经大量繁殖后，将活菌和草炭等吸附剂混合后制成根瘤菌肥料，在农业生产中发挥了巨大的作用。根瘤菌剂具有肥效高、生产成本低、不污染环境等优点。

（2）固氮菌菌剂

固氮菌菌剂是以固氮菌或联合共生类固氮菌为生产菌种制成的微生物接种剂。固氮菌能固定土壤和多种作物根际中的氮气，为作物提供氮素营养，并分泌激素刺激作物生长。按菌种的特性分为自生固氮菌菌剂和根际联合共生类固氮菌菌剂。固氮菌菌剂能促进土壤有机物质的矿化，加强其他根际微生物的生命活动，对植物的生长、产量和品质有重要影响。但自生固氮菌在土壤碳氮比小于40∶1时，则停止固氮，因此，这类固氮菌菌剂应与秸秆、有机肥一起配合施用，还要保证土壤有一定的水分、良好的通气状况和适宜的pH值。

(3)硅酸盐细菌菌剂

硅酸盐细菌菌剂是以硅酸盐细菌为生产菌种制成的微生物接种剂。硅酸盐细菌在生命活动中会将含钾矿物内难溶性的钾溶解出来供作物利用。硅酸盐细菌主要包括胶冻样芽孢杆菌(*Bacillus mucilaginosus*)、环状芽孢杆菌(*Bacillus circulans*)、土壤芽孢杆菌(*Bacillus edaphicus*)等。此类菌剂施于土壤中,使该类细菌和微生物总数增加,可利用的钾、磷增加,植物抗病性增强。而且此类菌剂发酵液中含有生长素和赤霉素类物质,可抑制其他病菌的生长。

(4)溶磷微生物菌剂

溶磷微生物菌剂是以溶磷微生物为生产菌种制成的微生物接种剂。土壤中能够将不溶性磷转化为可溶性形态的微生物,统称为溶磷微生物。根据所作用的磷酸盐种类不同,分为有机溶磷微生物和无机溶磷微生物。在土壤中存在最多和生产中应用最广的两种溶磷微生物为巨大芽孢杆菌(*Bacillus megaterium*)和假单胞菌(*Pseudomonas*),其中巨大芽孢杆菌是发现早,解磷效果好,使用国家多,推广面积大的溶磷细菌,它具有溶解磷酸三钙的能力。

(5)菌根菌剂

菌根菌剂是以菌根真菌为生产菌种制成的微生物接种剂。丛枝菌根真菌(AMF)是能与地球上80%以上的植物形成丛枝菌根的真菌,是植物根围关键的功能群之一。AMF真菌作为大多数植物根系和土壤密切联系的桥梁,能促进植物对土壤营养物质的获取,保护宿主植物根系免受病原微生物的影响,促进土壤团聚体形成,增加土壤黏结能力,提高土壤保水、保肥功能,增加土壤的抗蚀性。因此,菌根菌剂对改良土壤有实际意义,但是单靠微生物和植物对土壤进行修复,见效慢,若同时添加一些土壤改良剂,则能起到活化和加速的作用。

(6)有机物料腐熟菌剂

有机物料腐熟菌剂是由真菌、细菌和放线菌等多种微生物的菌株复合而成的微生物接种剂产品,能加速各种有机物料(包括作物秸秆、畜禽粪便、生活垃圾及城市污泥等)分解、腐熟,大大缩短发酵周期,减少发酵过程中氮素的挥发,同时防止恶臭的产生。具有改良土壤物理性状,改善土壤通气与水分的渗透性和保水能力等作用。随着研究的不断深入,有机物料腐熟菌剂在畜禽粪便堆肥发酵处理、秸秆生物发酵处理等方面得到了广泛应用。

(7)病害拮抗菌剂

荧光假单胞菌、解淀粉芽孢杆菌、地衣芽孢杆菌、短小芽孢杆菌、链霉菌R15等对青枯病有很好的拮抗作用。如采用3 000亿个/g荧光假单胞菌粉剂0.5 kg/亩，苗床浇泼或1 kg/亩移栽时穴施，采用0.1亿CFU/g多粘类芽孢杆菌1 kg/亩，苗床浇泼或2 kg/亩移栽时穴施，防控青枯病均有良好效果。

枯草芽孢杆菌、寡雄腐霉菌、假单胞菌、哈茨木霉菌等对疫霉黑胫病等有很好的拮抗作用。如采用10亿个/g枯草芽孢杆菌粉剂125—200 g/亩苗床浇泼或250—500 g/亩移栽时穴施，或在发病初期喷淋茎基部可有效控制烟草黑胫病。

西南大学烟草植保团队用多种拮抗微生物组配研制出苗强壮和根茎康两个商品复合菌剂，具有壮苗、促根、抗病的作用，在构建烟草根际生物屏障方面，取得了理想的效果。

二、生物菌剂的作用

生物菌剂是维护作物健康生长的重要产品，施用生物菌剂也是促进作物形成生物屏障抵御各种环境胁迫的重要技术手段。在植物生长环境中，尤其是在根际周围的土壤中，有大量微生物发挥着抗御各种植物灾害的作用，这一防御机制叫生物防御，由此而形成的植物健康保障体系叫生物屏障。植物与其生境中的微生物相互依赖又相互作用构成的微生态系统，是生物屏障维护植物健康的基础。

一些微生物菌剂内含有益微生物，对病原微生物起拮抗作用，并且一些微生物的代谢产物可以用来杀菌。因此，这些生物菌剂的利用对于防除作物土传病害，增强作物抗病能力，提高作物品质有重要作用。

应用微生物菌剂是一项重要的措施，它的主要作用体现在改善土壤养分供应状况，改变作物根际微生物群落结构，从而促进作物生长，提高作物抗病、抗逆能力。在改善土壤养分供应方面，主要是通过菌剂中的微生物促进土壤中难溶性养分的溶解和释放。目前市场上的微生物菌剂以解磷和解钾为代表。磷细菌剂，一方面通过磷酸酯酶分解土壤中有机磷化物，另一方面通过微生物代谢，产生无机酸和有机酸溶解无机磷化物。钾细菌剂主要通过钾细菌代谢过程中产生的酸性物质，促使含钾的矿物质分解，从而释放钾离子。

微生物菌剂主要用于基质拌菌、拌种、作物蘸根、叶面喷施、秸秆腐解和堆肥发酵等，它在改善作物品质、保护农业生态环境以及发展高产、优质、高效农业中的作用已引起国内外学者的普遍重视。

三、生物菌剂的研究现状与发展趋势

国内外微生物菌剂的研究应用都是从豆科植物上应用根瘤菌接种剂开始的，起初只有大豆和花生根瘤菌剂。迄今为止，微生物菌剂已在亚洲、南美洲、欧洲和非洲等的60多个国家推广应用。目前，我国已有微生物菌剂生产厂家，年产微生物菌肥超过100万吨。我国微生物菌剂的研究已跻身世界先进行列，已经面市的几个产品为农业生产的发展作出了积极贡献。但必须清醒地认识到，为顺应农业可持续发展而研制的微生物菌剂虽然具有极其光明的应用前景，但进入市场的时间较短，其功能的发挥还没有尽善尽美，任何夸大其词的宣传和研究上的止步不前都是有害的。

我国自20世纪50年代从国外引进自生固氮菌、溶磷细菌和硅酸盐细菌制剂以来，先后推广使用了5406抗生菌肥料、固氮绿藻肥料、VA菌根以及作为拌种剂的联合固氮菌和生物钾肥。从20世纪80年代开始推广应用由固氮菌、磷细菌、钾细菌和有机物复合制成的生物肥料（作基肥施用）。近年来，以土秀才、三炬生物、中农绿康为代表的生物菌剂逐渐形成产业，在保障植物健康、增加抗性、提高农产品质量和效益方面发挥了重要作用。

从发展持续农业、有机农业、生态农业，推广无污染、无公害绿色食品生产，减少化肥和农药的使用以降低环境污染以及减轻农民负担、降低生产成本的角度出发，特别是随着生物技术和高新技术的不断发展，微生物菌剂展现出良好而广阔的生产应用前景。

微生物菌剂总的发展趋势是所用菌种范围不断扩大，应用中更加强调多菌种和多功能的复合，甚至是菌剂与有机、无机物料的混合。随着科学研究的深入，新的微生物功能被不断发掘，微生物肥料科学逐渐与土壤微生物学、土壤化学、微生态学、植物病理学、基因工程和农业生物工程等学科融合渗透，并派生出许多新的研究方向。如：研究寡糖在植物生长中的调节功能，通过有效手段调动植物自身的防御系统来对付病原菌的侵害；利用微生物代谢产物如活菌增长因子（益生元）来促进作物生长；对固氮结瘤因子即lipo-chitooligosaccharides的研究与利用以及基于近代微生态学理论发展起来的植物根际促生细菌（PGPR）在促进作物生长和改善作物品质中的作用研究等。拮抗微生物菌剂的研究和发展很快，目前登记的枯草芽孢杆菌、多粘类芽孢杆菌、荧光假单胞菌、地衣芽孢杆菌等菌剂，已应用于一些植物病害的防控。拮抗菌剂与有机肥料混用，既能提升土壤质量，又能防止土传病害的发生。

微生物肥料是由一种或数种有益微生物、培养基质和添加物（载体）配制而成的生物性肥料，又称菌肥（细菌肥料）、菌剂、接种剂、生物肥料，属于间接性肥料。它是一种含有活微生物的特定制品，应用于农业生产中能使作物获得特定的肥料效应，在这种效应中，制品中的活微生物起着关键作用。

现今市场上常见的复合（混）生物肥料有：酵素菌肥、EM制剂、沃益多、苗强壮、根茎康、中农绿康微生物菌剂等。这些生物肥料与传统的微生物接种剂有明显不同，它们可以视为广义的微生物肥料，其作用不仅限于提高植物营养元素的供应水平，还包括改善作物品质、刺激植物生长、促进营养元素吸收利用、抑制植物根际病原微生物生长使作物产量增加。广义微生物肥料的概念恰好反映了当前公认的微生物肥料所具有的3个主要功效，即增加土壤肥力、产生植物激素类物质刺激作物生长和对有害微生物的防治作用。

合格的微生物肥料产品应符合国家NY 227—94行业标准，同时需要在农业农村部申报登记。我国微生物肥料产业虽然在生产实践中发展迅速，新的微生物肥料品种不断增加，但有些微生物肥料产品的作用机理尚不完全清楚，因而出现理论研究滞后于生产实践的现象。此外，由于标准不统一，我国菌肥企业的生产水平也不一致，可能会使一些产品的质量受到影响。总之，作为接种剂的传统微生物肥料，其概念、内涵和使用方式都在发生明显的变化，因此有关微生物肥料产品的生产许可证制度、检验登记制度和行业标准的建立还有待进一步的完善。

四、生物菌剂的使用方法

生物菌剂的种类不同，用法也不同。

（一）液态菌剂的使用方法

（1）种子上的使用。拌种：播种前将种子浸入10—20倍菌剂稀释液或用稀释液喷湿，使种子与液态菌剂充分接触后再播种。浸种：菌剂加适量水浸泡种子，捞出晾干，种子露白时播种。

（2）幼苗上的使用。蘸根：液态菌剂稀释10—20倍，幼苗移栽前把根部浸入液体蘸湿后立即取出即可。喷根：当幼苗很多时，可将10—20倍稀释液放入喷筒中喷湿根部即可。

（3）生长期的使用。喷施：在作物生长期内，以叶面追肥的方式把液态菌剂按要求的倍数稀释后，选择阴天无雨的日子或晴天下午过后，均匀喷施在叶子的背面和正面。灌根：按1∶40到1∶100兑水搅匀后灌根或在根部周围施用。

（二）固态菌剂的使用方法

（1）种子上的使用。拌种：播种前将种子用清水或米汤喷湿，拌入固态菌剂充分混匀，即可播种。浸种：将固态菌剂用水浸泡1—2 h后，用浸出液浸种。

（2）幼苗上的使用：将固态菌剂稀释10—20倍，幼苗移栽前把根部浸入稀释液中蘸湿后立即取出即可。

（3）拌肥：1 kg固态菌剂与40—60 kg充分腐熟的有机肥混合均匀后，作基肥、追肥和育苗肥用。

(4)拌土:可在作物育苗时,先将菌剂与营养土充分混匀再装入营养钵,也可在果树等苗木移栽前,混入稀泥浆中蘸根。

(三)在育苗基质中添加拮抗菌剂

在育苗基质中添加微生物拮抗菌剂可使拮抗微生物优先抢占植物根际生态位,促进幼苗健康生长和根系发育,而且还可增强作物的抗病性。如添加假单胞菌剂后,烟草青枯病发病率较对照低41.80%,添加地衣芽孢杆菌后烟草黑胫病发病率较对照低26.67%,添加枯草芽孢杆菌剂后,烟草根腐病发病率较对照低6.33%。

苗强壮(有效活菌数≥100亿个/g)(图6-13)是一个强调根际微生物调控、增强生物屏障功能的复合菌剂,包括多粘类芽孢杆菌、哈茨木霉等拮抗微生物,它也是添加在育苗基质中的专用产品。1亩育苗基质中添加苗强壮100 g,烟苗的总体长势和抗病性能会得到显著提升。

图6-13　基质拌菌拮抗菌剂苗强壮

该产品除具有良好控病效果外,还有三个特点:一是能促进幼苗早生快发,根茂叶绿;二是可显著提升苗子质量,进而提高成苗率和壮苗率;三是成本低,操作简单易行,能减工降本。

(四)在有机肥中拌菌的技术

在有机肥中添加拮抗菌剂,既能增加土壤有机质含量,又有助于拮抗菌剂的定殖,从而优化土壤微生物结构。如分别在有机肥中添加三炬生物、沃益多和中农绿康等三种微生物菌剂,可以促进作物生长。将这些添加了菌剂的有机肥用于烟草时,有利于烟苗早生快发和后期株型的形成,并且对烟草赤星病、白粉病具有一定的防治效果。

西南大学烟草植保团队和北京恩格兰公司联合攻关,经过多年的研究,开发出由地衣芽孢杆菌、哈茨木霉等拮抗微生物组配而成的、专用于和有机肥混合使用的复配菌剂——

根茎康(有效活菌数≥30亿个/g)(图6-14)。在100 kg腐熟有机肥中添加100 g根茎康,可使烟草青枯病的发病时间推迟15 d以上,发病率降低70%以上。扣除成本,每亩可增收800元左右。2018年,根茎康在重庆的巫山、酉阳、黔江等地推广应用了4.5万亩,取得了显著的抗病、增收效果。

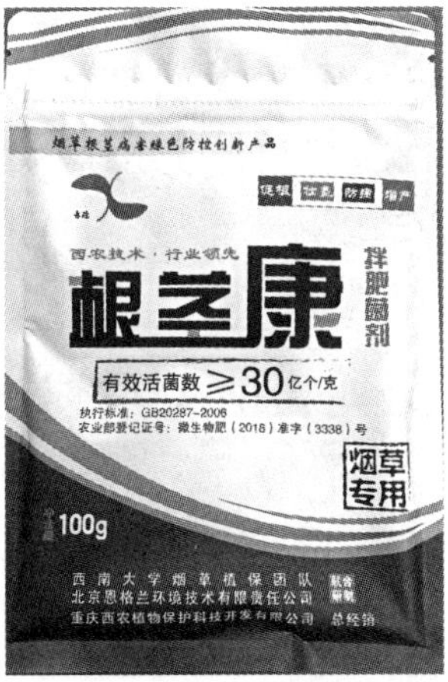

图6-14　有机肥拌菌拮抗菌剂根茎康

五、生物菌剂使用时需注意的问题

生物菌剂作为一种生物活性材料,对改善土壤微生态、优化土壤结构、提高肥料利用率及增强植物抗病性等方面,均有一定的益处。但是在当前的农业生产中,管理不到位、药肥不分和以菌代肥、以菌代药的问题比较突出。因此,各地在使用生物菌剂时,一定要根据土壤结构、生产状况和管理水平,对选用的菌剂进行综合分析,并在认真接受有关部门的监督和管理的前提下,有条件地使用。在使用过程中,切勿因依赖某种菌剂的效果而忽视化肥和其他有机肥料的作用。此外,还要注意以下几个问题。

(1)生物菌剂带有活菌,为保证施用后菌的存活,要特别注意土壤湿度,如果太干燥,则必须浇水。

(2)将菌剂施于土中后,要注意覆土,避免阳光照射。

(3)pH值低于5.5的土壤不利于拮抗菌剂发挥作用,因此,酸性土壤必须先调酸。

(4)该类药剂可与一些杀虫剂混用,但禁止与杀菌剂,特别是杀细菌的药剂混用。

(5)该类药剂需要储存在干燥、通风的地方。

(6)生物菌剂虽然有一定增加肥力的作用,但决不能以菌代肥。

(7)有机肥添加菌剂一定要在施用时才添加,做到随配随用。

第五节 蔬菜连作病害生防菌剂的创新研究

为有效控制蔬菜连作病害，我们组成了研究小组，从优化土壤结构、改善根际微生态环境、构建根际生物屏障、有效控制连作病害等方面进行菌株的筛选、菌剂的研究及生产应用创新研究工作，并取得了一定的成效。

一、木霉菌的分离鉴定及对青枯病防控效果的评估

1.哈茨木霉的分离与鉴定

木霉菌是分布极为广泛的一类重要真菌，其有性型属于肉座菌属（*Hypocrea* Fr.）。木霉菌也是国内外频繁报道的一类真菌生防因子。因其适应环境能力强、能分泌多种抗生素类物质、诱导植物抗性以及在营养和空间竞争力上的优势而逐渐被研究、开发和应用。为了筛选对作物青枯病具有生防作用的木霉，西南大学根际微生态过程与调控研究团队分别在重庆石柱、荣昌等茄科作物青枯病发生地区采集土样，并在室内进行生防菌筛选与分离，最终成功获得了一株具有生防活性的菌株。经形态学鉴定和分子生物学（ITS）鉴定，该菌株被确认为哈茨木霉的有性型（*Hypocrea lixii*），并命名为TMN-1菌株（图6-15，图6-16，图6-17）。

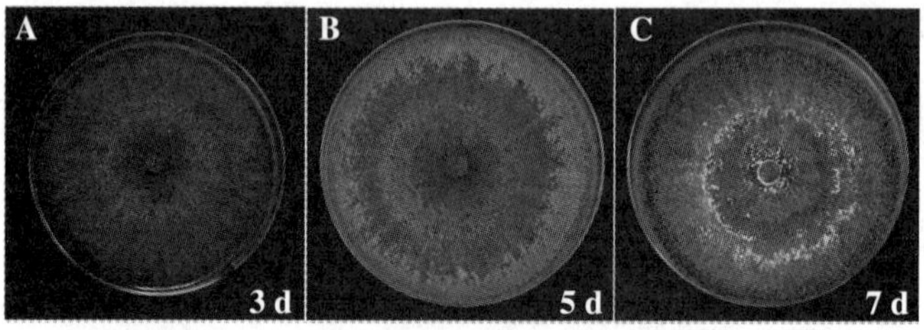

图6-15 TMN-1菌株在PDA上的菌落形态（A-C）

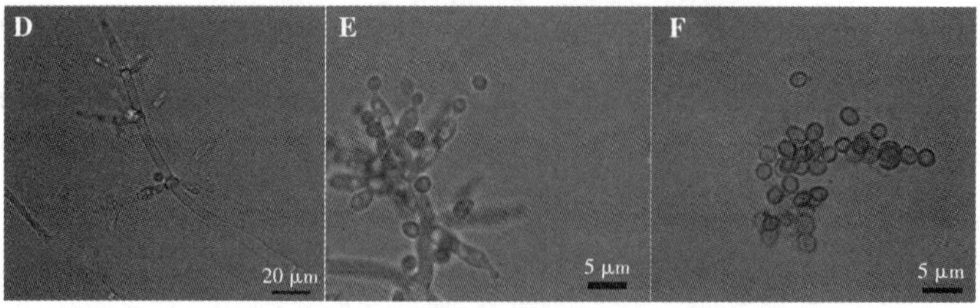

图6-16 具活性菌株的分生孢子梗

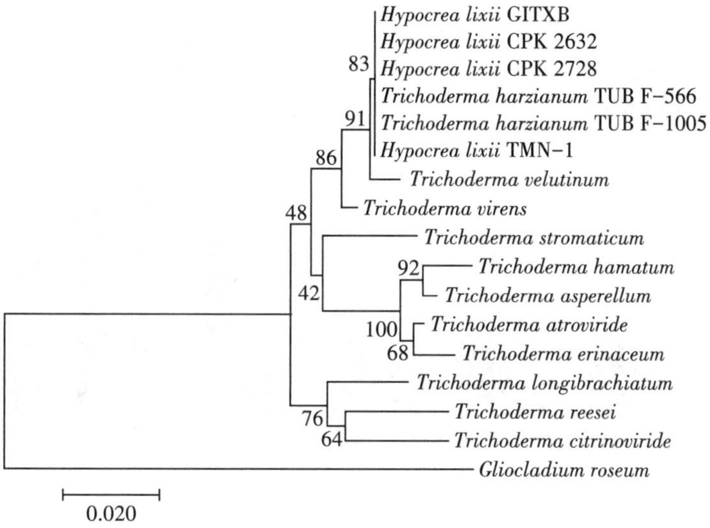

图6-17　哈茨木霉生防菌株亲缘进化树分析

2. 哈茨木霉对青枯病的防治效果评价

通过室内盆栽接种，评估了哈茨木霉对青枯病的抑制活性。哈茨木霉设置了1×10^6 CFU/mL、1×10^7 CFU/mL、1×10^8 CFU/mL三个处理，与对照组相比，处理组青枯病发病时间延迟2 d，三个浓度处理的发病率均显著低于对照，但各处理间无显著性差异（图6-18）。

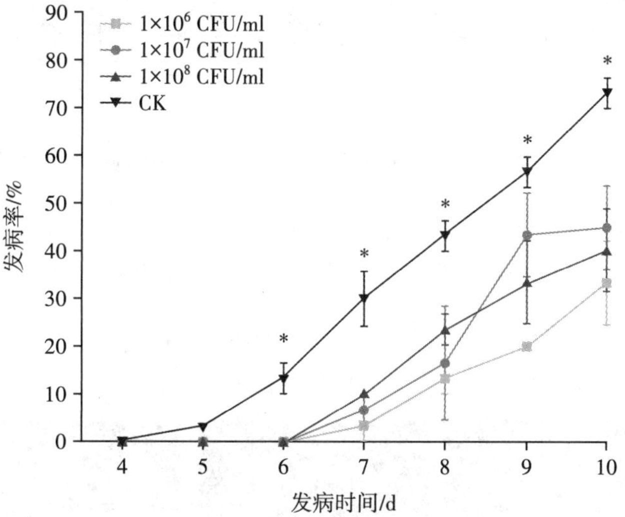

图6-18　室内哈茨木霉对青枯病的控制效果

注：*表示$P<0.05$，差异有统计学意义。

通过田间试验测定了哈茨木霉处理后青枯病的发生情况，在发病高峰期TMN-1木霉的防效最高，达到75.07%，高于商品哈茨木霉的62.03%（图6-19）。

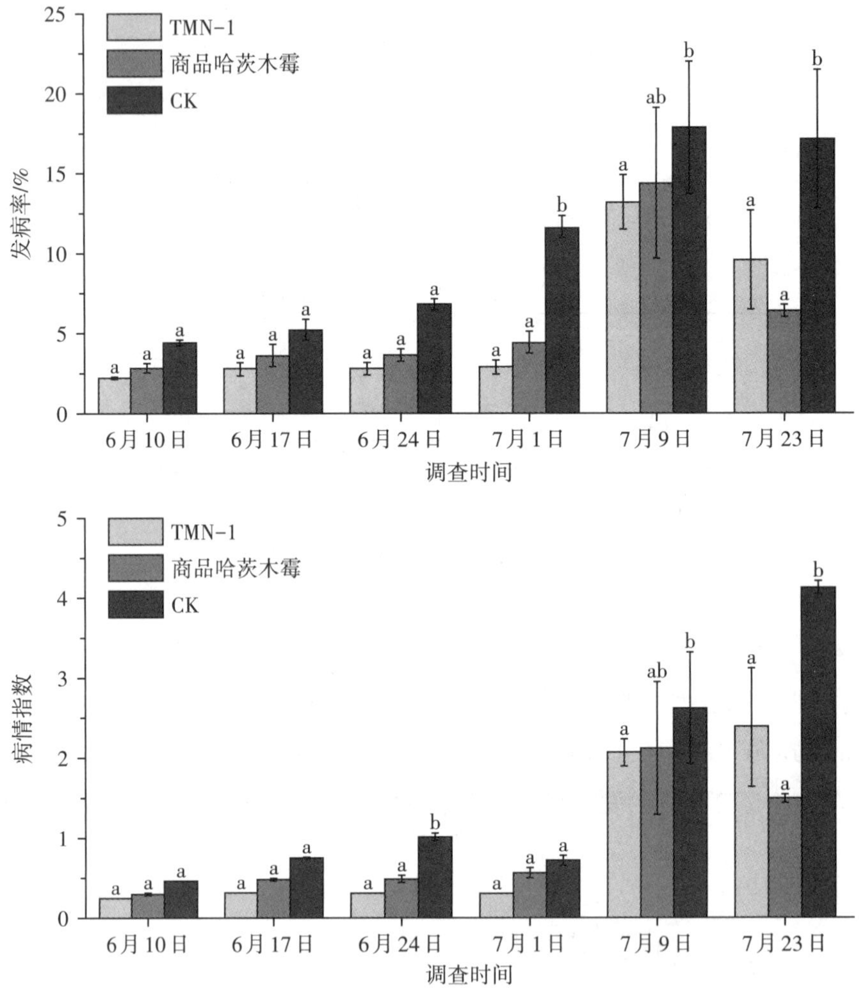

图6-19　哈茨木霉处理对青枯病发生的影响

注:图中不同小写字母表示差异性显著($P<0.05$)。

3.哈茨木霉对致病疫霉菌的抑菌评价

哈茨木霉TMN-1对引起黑胫病的疫霉菌有良好的抑菌活性,100 h抑菌活性达到70%左右,120 h后达到80%以上(图6-20,图6-21)。

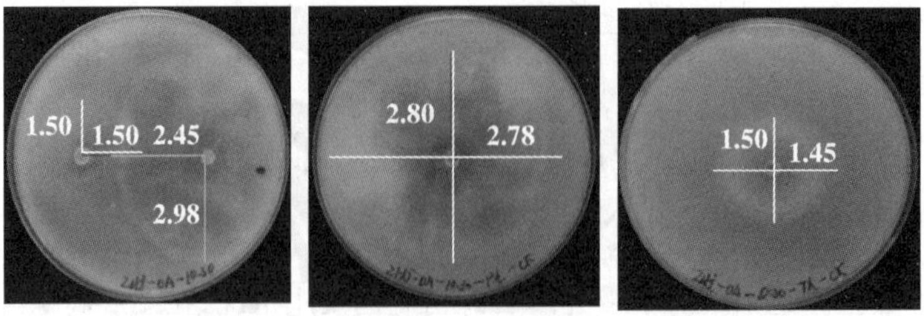

图6-20　哈茨木霉TMN-1对疫霉菌的抑菌活性

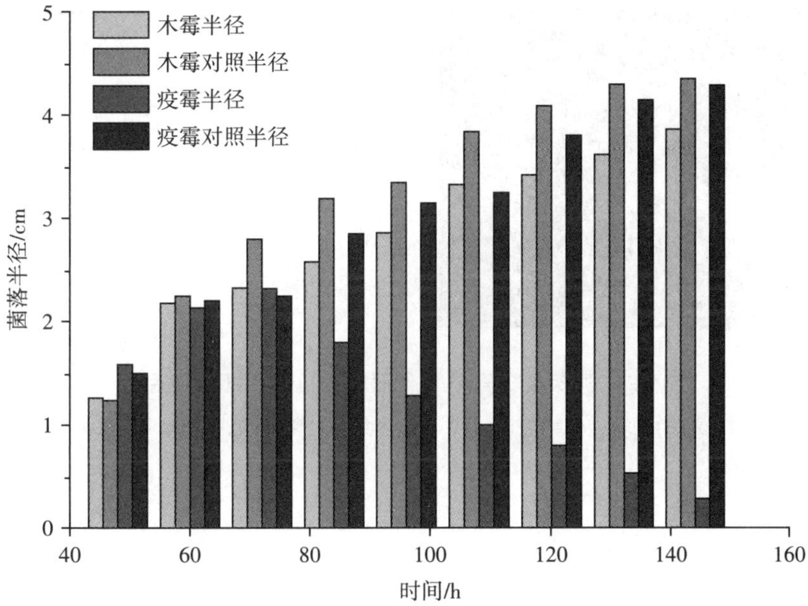

图6-21　哈茨木霉对疫霉菌的平板抑制活性

4. 哈茨木霉与几种芽孢杆菌对镰刀菌的抑菌和根腐病的防效比较

平板对峙培养结果表明，哈茨木霉、多粘类芽孢杆菌、枯草芽孢杆菌和解淀粉芽孢杆菌对尖孢镰刀菌菌丝均有一定抑制作用，而两株荧光假单胞菌无抑制效果。多粘类芽孢杆菌和枯草芽孢杆菌处理产生了明显的透明状抑菌带，在划线两侧无镰刀菌菌丝出现。表明镰刀菌的生长受到抑制。哈茨木霉在平板上的生长速度较快，能快速占领平板，对镰刀菌菌丝生长的抑制效果显著。平板拮抗试验以哈茨木霉菌表现最好，72 h相对抑制率达89.47%，其次是多粘类芽孢杆菌和枯草芽孢杆菌，分别为48.78%和43.75%，解淀粉芽孢杆菌抑制效果较差，为12.82%，而两株荧光假单胞菌，没有抑制效果(图6-22)。

通过室内盆栽试验研究了哈茨木霉、枯草芽孢杆菌、解淀粉芽孢杆菌和多粘类芽孢杆菌对镰刀菌根腐病的防控效果。如图6-23所示，与对照相比，哈茨木霉和多粘类芽孢杆菌处理均能显著降低根腐病的发病率和病情指数，而枯草芽孢杆菌和解淀粉芽孢杆菌对根腐病的防控效果较差。多粘类芽孢杆菌处理的发病最轻，接种第8天的发病率为26.76%，病情指数为0.66；其次是哈茨木霉菌处理，发病率为37.60%，病情指数为1.08；而对照处理的发病率达66.67%，病情指数为2.42。

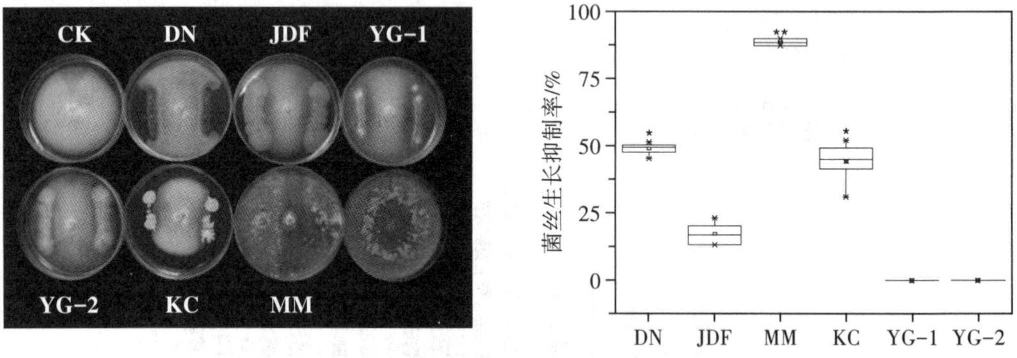

图6-22 哈茨木霉等不同生防菌对镰刀菌的平板抑制活性

注：DN，多粘类芽孢杆菌；JDF，解淀粉芽孢杆菌；KC，枯草芽孢杆菌；MM，哈茨木霉；YG-1，荧光假单胞菌-1；YG-2，荧光假单胞菌-2。

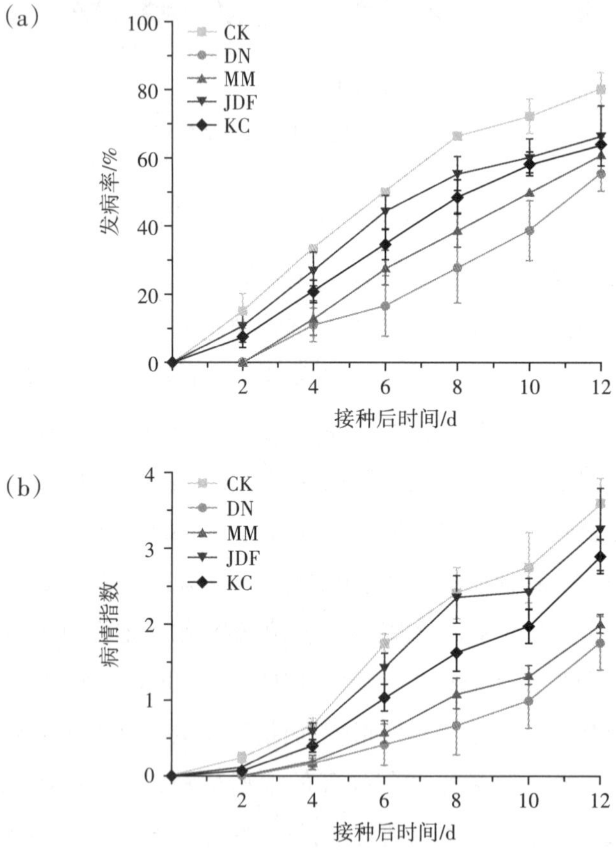

图6-23 不同处理对镰刀菌根腐病发病情况的影响

注：DN，多粘类芽孢杆菌；MM，哈茨木霉；JDF，解淀粉芽孢杆菌；KC，枯草芽孢杆菌。

各处理对镰刀菌根腐病的相对防效见图6-24，相对防效表现较好的为哈茨木霉和多粘类芽孢杆菌处理，接种第8天分别为55.42%和73.76%，而解淀粉芽孢杆菌和枯草芽孢杆菌的相对防效较差，分别为3.45%和32.76%。

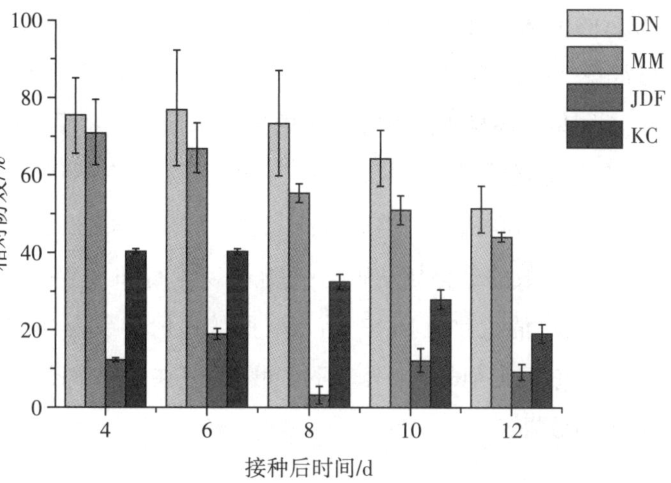

图6-24　不同处理对镰刀菌根腐病的相对防效

注:DN,多粘类芽孢杆菌;MM,哈茨木霉;JDF,解淀粉芽孢杆菌;KC,枯草芽孢杆菌。

二、青枯病菌拮抗菌株的分离与鉴定

1.青枯病菌拮抗菌株的分离筛选与田间控病效果

西南大学根际微生态过程与调控研究团队将各菌株和青枯菌的浓度控制在同一水平下,采用十字交叉法测量抑菌圈的大小,筛选出24株对青枯菌具有较好效果的拮抗细菌,结果如下(图6-25):拮抗效果最好的为LSW-1,抑菌圈直径为43.38 mm;WSF-15次之,抑菌直径为38.33 mm;LSW-4的拮抗效果一般,抑菌圈直径为33.76 mm。

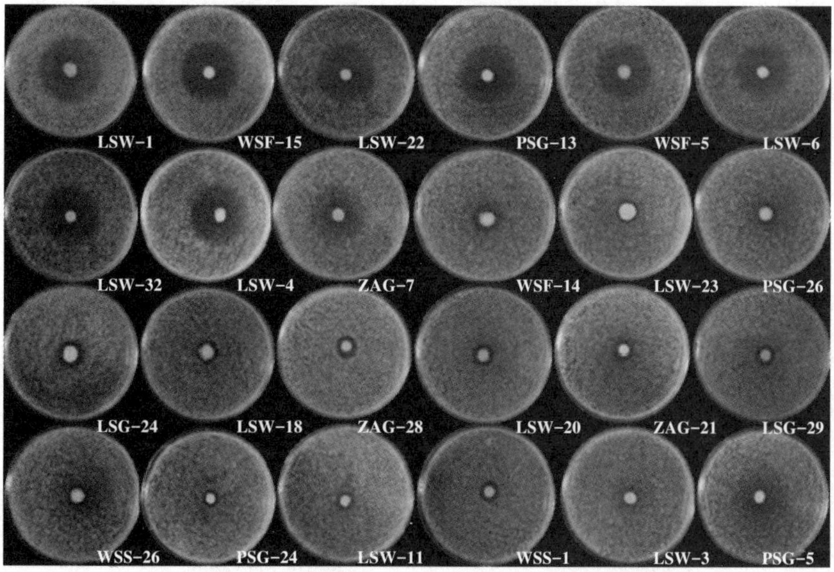

图6-25　不同拮抗细菌对青枯菌的平板抑菌效果

进一步对所筛选的菌株进行大田防效试验，选取的地块为常年青枯病高发地，以清水处理为对照，并与常规拮抗菌株多粘类芽孢杆菌、哈茨木霉、枯草芽孢杆菌进行比较（图6-26）。结果表明，不同单一菌株根际调控处理的发病率均低于对照处理。至发病高峰期（8月20日），控病效果最好的为哈茨木霉和LSW-4处理，发病率不到10.00%，其次是枯草芽孢杆菌处理，发病率为15.00%，多粘类芽孢杆菌的发病率为43.33%，而此时清水对照的发病率为61.67%。病情指数的趋势与发病率一致，哈茨木霉和LSW-4处理分别为5.56和5.78，多粘类芽孢杆菌的病情指数为16.13，清水对照的病情指数为28.85。试验结果还表明，LSW-4菌株虽然在室内抑菌试验中表现不是最佳，但在田间试验条件下，它与哈茨木霉一样具有较好的控病效果。

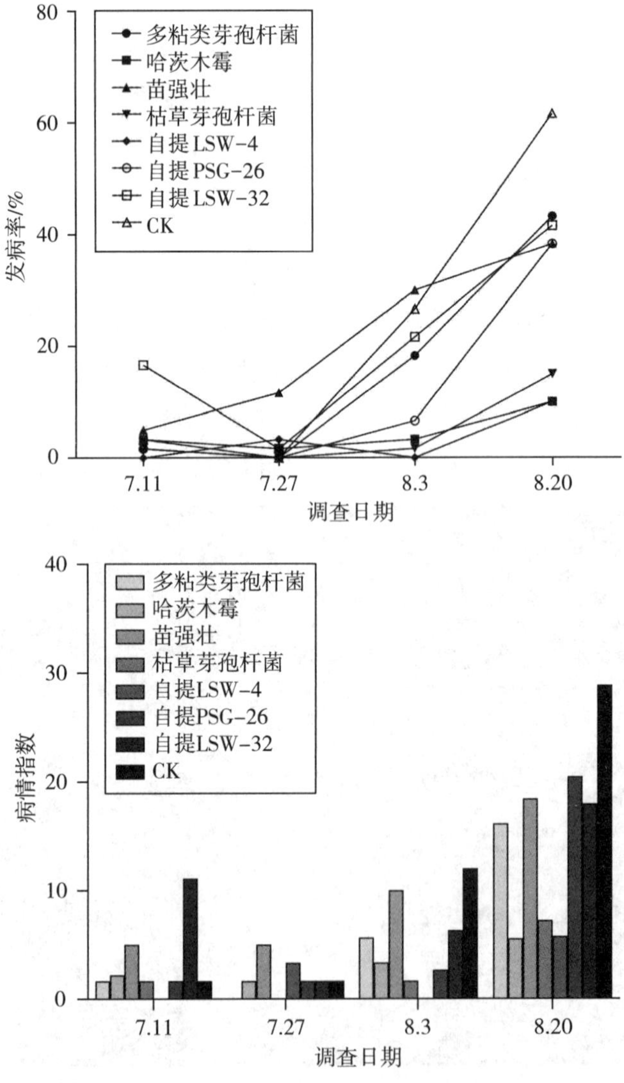

图6-26　不同单一菌株根际调控植株青枯病的发生情况

2. 青枯病菌拮抗菌株 LSW-4 鉴定

(1)形态学鉴定

LSW-4 在 TSA 培养基培养 48 h 后，做革兰氏染色并观察单菌落的形态，结果表明 LSW-4 为革兰氏阴性菌，单菌落圆形，颜色为乳白色，表面光滑，边缘整齐，中间微微隆起。透射电镜观察，结果显示菌体形态为杆状，具有极鞭（图 6-27）。

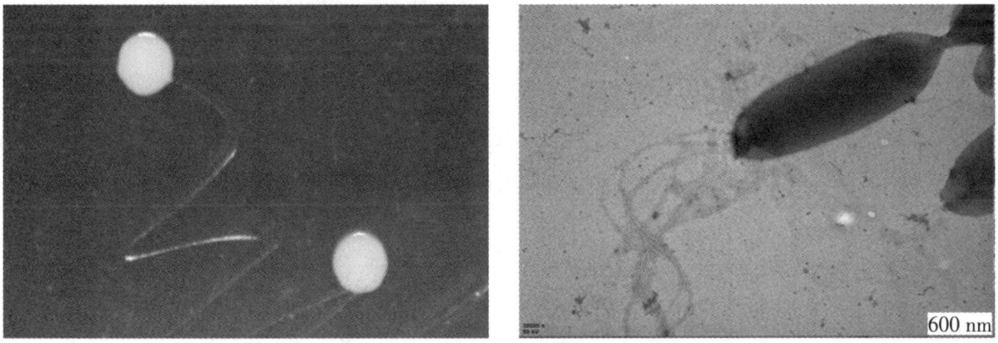

图 6-27　LSW-4 菌落形态（左）及透射电镜图（右）

(2)16S rDNA 鉴定

提取菌株 LSW-4 基因组 DNA，对其 27F/1492R 片段进行 PCR 扩增测序，在 NCBI 上进行 BLAST 序列比对，基于 14 种假单胞菌 16S rDNA 序列生成最大似然树。支持分支的 Bootstrap 值显示在节点上，并且分支的长度与散度成比例。从根际土壤中分离出的菌株用粗体表示，菌株 LSW-4 鉴定结果为荧光假单胞菌（*Pseudomonas fluorescens*），系统发育树的构建如图 6-28 所示：

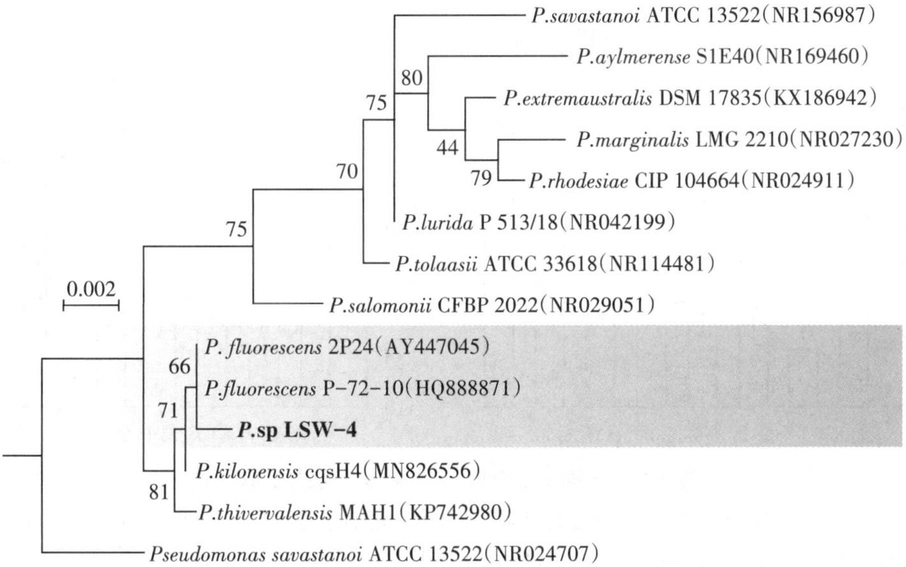

图 6-28　基于 16S rDNA 建立的 LSW-4 系统发育树

3. 青枯病菌拮抗菌株LSW-4对青枯病的防治效果评价

由图6-29可知，在室内盆栽的条件下，拮抗细菌LSW-4对青枯病的防控效果具有浓度效应，即LSW-4的浓度越高，对青枯病的防控效果越好。浓度为 1×10^9 CFU/mL的拮抗细菌LSW-4处理的植株基本不发病，1×10^8 CFU/mL、1×10^7 CFU/mL、1×10^6 CFU/mL处理的发病率分别为8.33%，16.67%，33.33%，而空白对照发病率为83.33%。

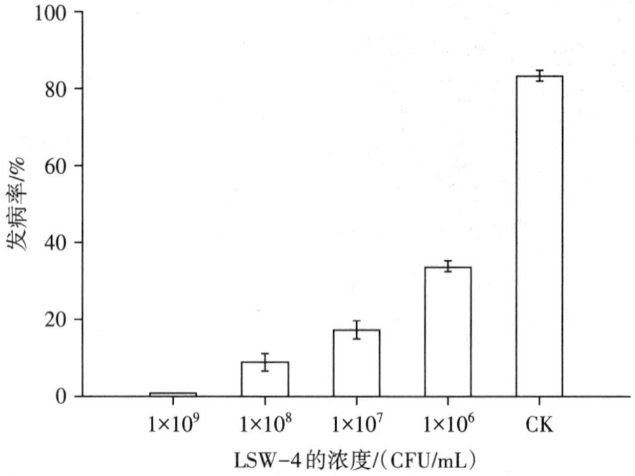

图6-29　LSW-4在不同浓度下对青枯病的影响

由图6-30可知，不同时间接种LSW-4对青枯病的发病率及病情指数的影响趋势一致。各时间处理的青枯病发病率与病情指数均显著低于清水对照；处理前3天、前1天、同时、后1天接种与处理前5天、后3天、后5天接种的发病率与病情指数存在显著差异。防控效果最好的是在接种青枯菌的前3天接种拮抗细菌LSW-4，发病率为22.22%，而清水对照的发病率为72.22%，防治效果达69.23%。

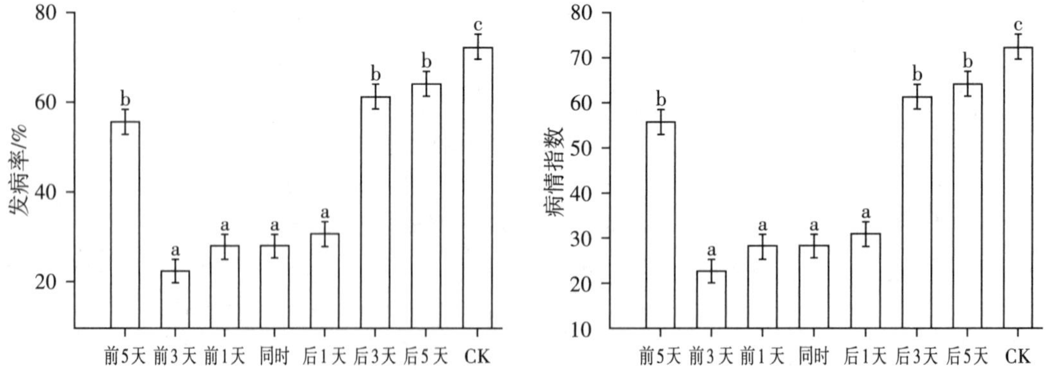

图6-30　不同时间接种LSW-4对青枯病发生的影响

注：1. 以接青枯菌的时间为标准，LSW-4接菌时间分别为前5天、前3天、前1天、同时、后1天、后3天、后5天、CK。2. 图中不同小写字母表示差异性显著（$P<0.05$）。

三、青枯病菌拮抗内生菌分离与活性评价

1. 青枯病菌拮抗内生菌的分离

本研究团队使用TSA、NA、KB培养基，从抗青枯病烟草品种种子内分离出近200个细菌菌株，采用十字交叉法测量抑菌圈的大小，从近200株细菌中筛选出G3-NA-9、G3-TSA-6、G3-KB-1、GZ36-KB-1、G3-NA-6和G3-TSA-4等6个对青枯菌拮抗作用突出的菌株(图6-31)。其中，前4个菌株的抑菌圈直径依次为55.32 mm、38.35 mm、38.10 mm和25.10 mm。

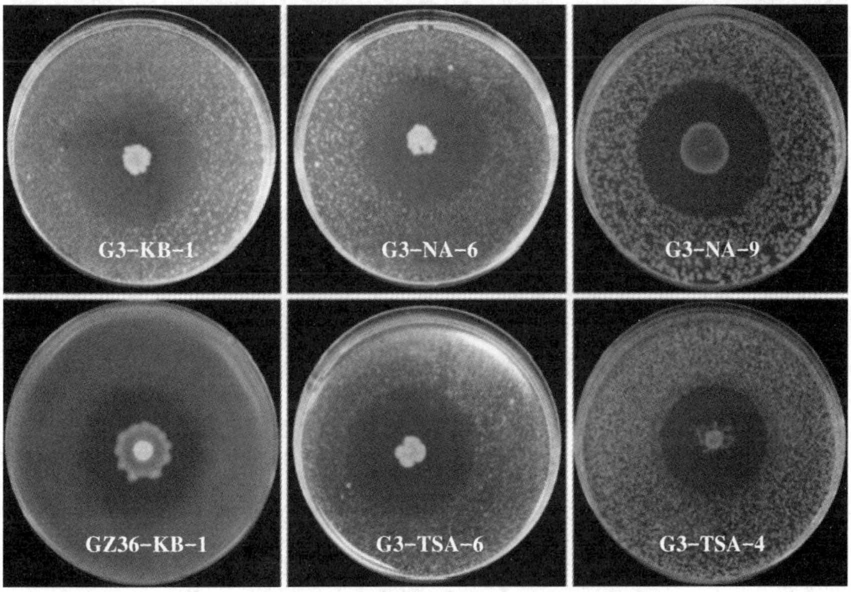

图6-31　不同拮抗内生菌对青枯菌的平板抑菌效果

2. 青枯病菌拮抗内生菌的鉴定

(1)形态学鉴定

如图6-32所示，6个拮抗内生菌在相应培养基上培养48 h后，菌落形态表现出显著差异。G3-NA-6单菌落形态为圆形，黄色，表面光滑，边缘整齐，中间微微隆起；其他菌株颜色为乳白色，除G3-NA-9和G3-TSA-4的形态为不规则形外，其余单菌落形态为圆形，表面光滑，边缘整齐，中间微微隆起。

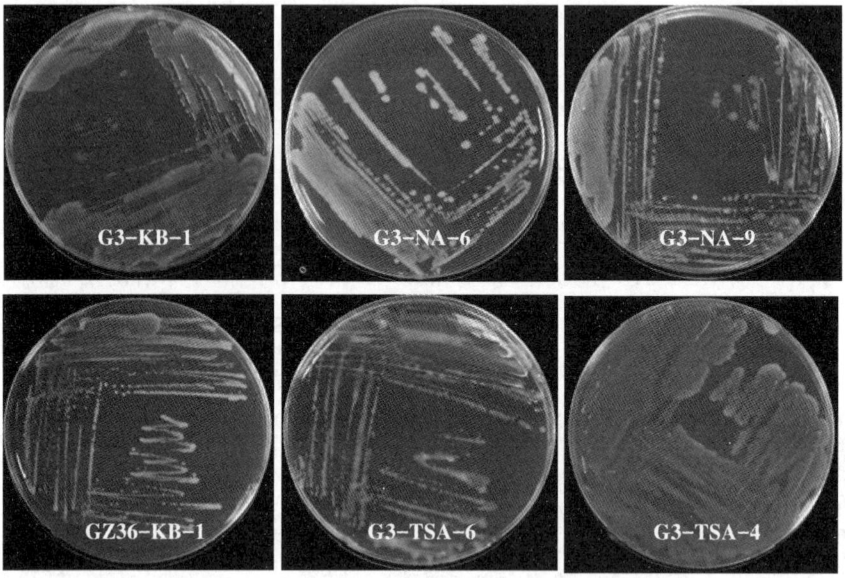

图6-32　青枯菌拮抗内生菌菌落形态

(2)16S rDNA鉴定

提取拮抗内生菌基因组DNA,对其27F/1492R片段进行PCR扩增测序,在NCBI上进行BLAST序列比对,得到6种拮抗内生菌的分类鉴定结果(表6-2)。

表6-2　基于16S rDNA的6种拮抗内生菌的分类鉴定

菌株	引物	NCBI对比结果
G3-KB-1	27F/1492R	*Pseudomonas protegens*
GZ36-KB-1	27F/1492R	*Pseudomonas kairouanensis*
G3-TSA-6	27F/1492R	*Bacillus altitudinis*
G3-TSA-4	27F/1492R	*Pseudomonas protegens*
G3-NA-9	27F/1492R	*Pseudomonas parafulva*
G3-NA-6	27F/1492R	*Pseudomonas protegens*

3.青枯病菌拮抗内生菌的解磷、固氮能力评价

内生菌具有解磷、固氮能力,可以增强土壤中营养物质的释放,因此这些可被认为是促进植物生长的可能机制。对前期拮抗青枯菌效果较好的内生菌株进行解磷、固氮能力评价,结果如表6-3所示:

表6-3　内生菌解磷、固氮能力评价

菌株	固氮能力	解磷能力
G3-KB-1	√	√
GZ36-KB-1	√	√
G3-TSA-6	√	√
G3-TSA-4	√	√
G3-NA-9	√	√
G3-NA-6	√	√

4.青枯病菌拮抗内生菌对青枯病的防控效果评价

在室内盆栽条件下，接种浓度为1×10^8 CFU/mL的拮抗内生菌液10 mL，3 d后再接种浓度为1×10^8 CFU/mL的病原菌青枯雷尔氏菌液10 mL。图6-33显示3种拮抗内生菌对青枯病病情指数的影响。在整个发病期，菌株G3-KB-1、G3-TSA-6和G3-NA-9等3个菌株处理的病情指数均低于空白对照，且G3-TSA-6处理的病情指数发展曲线较为平缓。由此看出，菌株G3-TSA-6对青枯病的防控效果最好，菌株G3-KB-1的效果次之。这些研究表明，从植物内生菌中分离获得的拮抗细菌能进一步开发成可以控制青枯病发生的生物制剂。

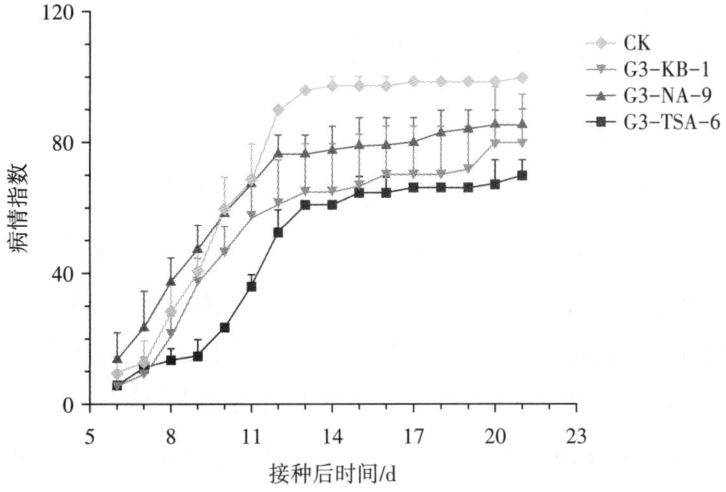

图6-33　拮抗内生菌对青枯病病情指数的影响

第六节　抑病植物次生代谢产物的创新研究

一、植物次生代谢产物

在自然界长期进化过程中，植物为了适应环境胁迫(生物胁迫和非生物胁迫)，进化出复杂的适应机制，如植物结构和生理变化，高效的免疫系统进化和具有缓压作用的次生代谢产物合成。植物次生代谢产物种类繁多，具有结构多样化及生物活性广泛等特点。当植物受到生物或非生物胁迫时，通过初级代谢产物合成途径或其他生物合成途径合成次生代谢产物，主要包括类萜代谢途径、苯丙烷类代谢途径、生物碱代谢途径和聚酮类化合物代谢途径等。其中，苯丙烷类次生代谢产物在植物生长、抗逆性和化学防御等方面发挥着重要作用。近年来，研究人员对香豆素类化合物作为一类苯丙烷类代谢产物，在植物营养利用(铁元素和磷元素)、植物抗病性、植物生长及病原菌致病力调控方面的研究较为深入。当植物受到病毒、真菌等病原菌侵染时，香豆素类化合物会在侵染部位迅速积累，抑制病原菌生长，构筑植物的化学防御系统。

二、抑菌植物次生代谢产物的创新

本研究系统评价了香豆素、伞形花内酯、秦皮乙素和瑞香素等4种有代表性的羟基香豆素类化合物(Hydroxycoumarins，Hycs)对青枯菌生物活性的影响。

1.Hycs对青枯雷尔氏菌的最小抑菌质量浓度和最小杀菌质量浓度

采用二倍稀释法测定了羟基香豆素类化合物对青枯菌的最小抑菌质量浓度(MIC)和最小杀菌质量浓度(MBC)，见表6-4。其中，瑞香素对青枯菌的抑菌活性最好，最小抑菌质量浓度为64 mg/L，其次是秦皮乙素、伞形花内酯和香豆素，最小抑菌质量浓度分别为192 mg/L、256 mg/L、384 mg/L。瑞香素对青枯菌的最小杀菌质量浓度为64 mg/L，显著低于其他几种羟基香豆素类化合物，其中秦皮乙素、伞形花内酯和香豆素的最小杀菌质量浓度分别为192 mg/L，384 mg/L，512 mg/L。

表6-4　羟基香豆素类化合物对青枯菌的最小抑菌质量浓度和最小杀菌质量浓度

化合物	MIC/(mg/L)	MBC/(mg/L)
香豆素	384	512
伞形花内酯	256	384
秦皮乙素	192	192
瑞香素	64	64

通过计算青枯菌培养12 h和24 h的质量浓度(对数值)——抑菌率(机率值)线性回归方程，表明培养12 h后瑞香素、秦皮乙素、伞形花内酯和香豆素对青枯菌的IC_{50}分别为9.46 mg/L、25.12 mg/L、37.76 mg/L、57.53 mg/L(表6-5)。培养24 h后，瑞香素、秦皮乙素、伞形花内酯和香豆素对青枯菌的IC_{50}分别为24.83 mg/L、67.85 mg/L、90.95 mg/L、169.37 mg/L。总体而言，羟基香豆素类化合物对青枯菌的抑制效果为瑞香素>秦皮乙素>伞形花内酯>香豆素。

表6-5　羟基香豆素类化合物对青枯菌IC_{50}的影响

化合物	12 h			24 h		
	抑制中质量浓度 IC_{50}/(mg/L)	95%置信限 95% CI	卡方值 χ^2	抑制中质量浓度 IC_{50}/(mg/L)	95%置信限 95% CI	卡方值 χ^2
香豆素	57.53	44.65—79.38	2.41	169.37	120.43—318.95	0.55
伞形花内酯	37.76	31.18—45.23	1.46	90.95	77.62—112.82	1.18
秦皮乙素	25.12	21.02—29.28	3.79	67.85	60.16—77.75	1.34
瑞香素	9.46	7.23—11.53	0.21	24.83	21.92—27.78	4.33

2.Hycs对青枯雷尔氏菌存活率的影响

采用荧光染色法评价不同羟基香豆素类化合物处理后青枯雷尔氏菌的存活率。本项研究将青枯菌与100 mg/L的不同羟基香豆素类化合物孵育4 h，细菌悬浮液用SYTO9和PI荧光试剂染色。SYTO9是一种能够与DNA强力结合的荧光染料，可快速透过完整的活细胞膜，并与DNA紧紧结合，在紫外光激发下发出绿色荧光，用于标记活细胞。PI即碘化丙啶(Propidium Iodide)，不能透射完整的细胞膜，但可通过细胞膜损伤的细胞或死细胞，对DNA双链进行染色，并在紫外光激发下发出红色荧光。由图6-34可知，对照处理(DMSO)青枯菌基本上都是活细胞且具有完整细胞膜，经过SYTO9染色后全部呈现绿色，存活率达到92%以上。而羟基香豆素类化合物处理后青枯菌的存活率显著降低，瑞香素处理后青枯菌细胞基本上呈现红色荧光，表明这些细胞的细胞膜有破损或者细胞死亡，伞形花内酯、秦皮乙素、瑞香素处理后青枯菌的存活率分别为63.61%、17.81%、7.23%。与对照相比，瑞香素和秦皮乙素处理后青枯菌细胞发生聚集效应，且存活率较低。

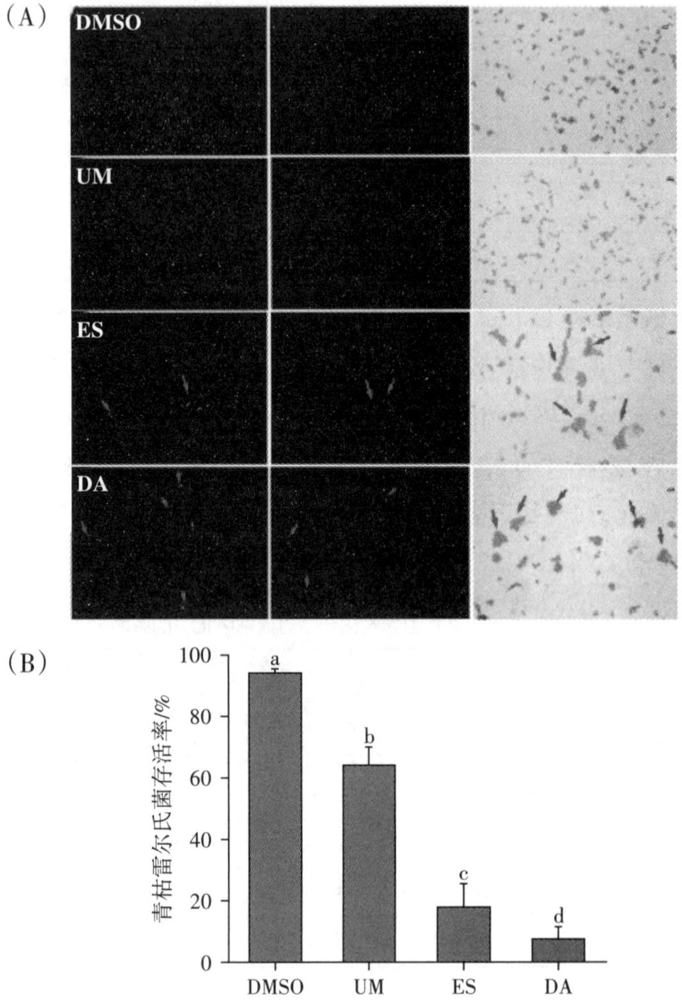

图6-34 羟基香豆素类化合物对青枯雷尔氏菌抑菌效果的影响

注:1.(A)羟基香豆素类化合物处理后青枯雷尔氏菌的荧光显微图像(用SYTO9和PI染色);(B)羟基香豆素类化合物对青枯雷尔氏菌存活率的影响。DMSO,二甲基亚砜(对照);UM,伞形花内酯/(100 mg/L);ES,秦皮乙素/(100 mg/L);DA,瑞香素/(100 mg/L)。后同。2.图中不同小写字母表示差异性显著($P<0.05$)。

3.伞形花内酯对青枯菌Ⅲ型分泌系统效应蛋白编码基因转录水平的影响

青枯菌主要通过*HrpG-HrpB*或*PrhG-HrpB*途径,调控下游效应蛋白T3Es分泌,*HrpB*是AraC家族的转录调控因子,位于*hrp*基因簇的最下游,结合启动子控制整个*hrp*基因簇*T3Es*基因的转录和表达。已有研究发现平均每个青枯菌菌株含有60—75个*T3Es*,其中有约30个核心蛋白,10个保守效应蛋白基因,测定它们在伞形花内酯处理下的基因转录水平。图6-35表明伞形花内酯对其中6个效应蛋白编码基因(*RipX*、*RipD*、*RipP1*、*RipR*、*RipTAL*和*RipW*)的转录表达有显著的抑制作用,而对另外4个(*RipB*、*RipE*、*RipO*和*RipQ*),其抑制作用未达显著水平。其中*RipX*、*RipP1*的表达量较对照降低70.00%以上,说明伞形花内酯对*RipX*和*RipP1*两个效应蛋白编码基因的抑制效果最佳。进一步研究伞形花内酯不同质量浓度处理对青枯菌*RipX*转录表达的影响（图6-36），结果表明，随着伞形花内酯质量浓度的增加（6.25 mg/L至50.00 mg/L），该化合物对*RipX*基因的表达抑制率逐渐提高。伞形花内酯的质量浓度为50.00 mg/L时，*RipX*的相对表达量为0.16，较对照处理的相对表达量（1.24）降低了87.10%。质量浓度为25.00 mg/L、12.50 mg/L、6.25 mg/L时，*RipX*的相对表达量较对照处理分别降低71.42%、69.30%、56.06%（$P<0.05$），这说明伞形花内酯对青枯菌*RipX*基因表达的抑制效果具有剂量效应。

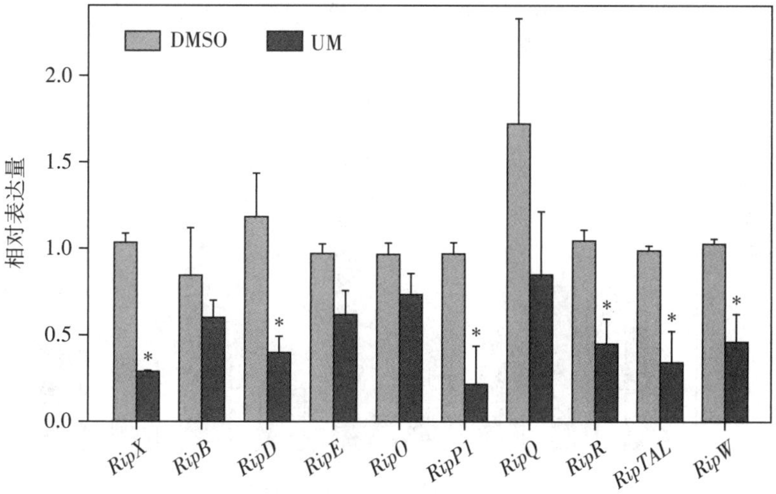

图6-35　伞形花内酯对青枯菌Ⅲ型分泌系统效应蛋白编码基因转录表达的影响

注：*表示$P<0.05$，存在显著差异。

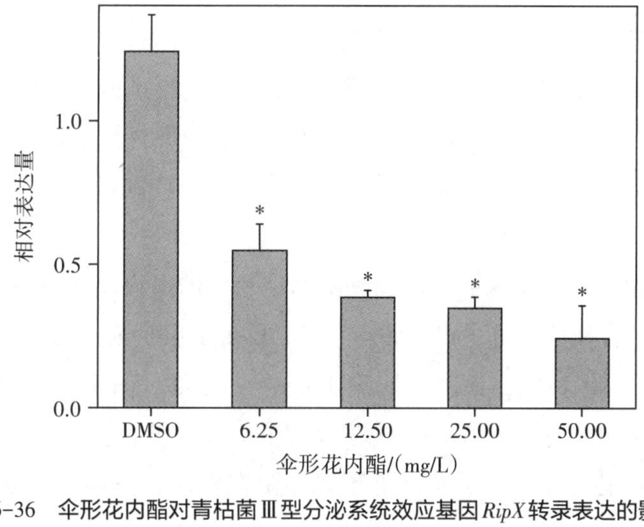

图6-36　伞形花内酯对青枯菌Ⅲ型分泌系统效应基因*RipX*转录表达的影响

注：*表示$P<0.05$，存在显著差异。

4.伞形花内酯对青枯菌其他致病相关基因表达的影响

为了解伞形花内酯对青枯菌致病调控网络中其他致病相关基因表达的影响，选择群体感应和Ⅱ型分泌系统关键基因*PhcA*，群体感应调控基因（*PhcB*、*PhcR*、*PhcS*、*PehS*和*PehC*），胞外多糖合成与分泌关键基因（*XpsR*和*EpsE*），运动性调控基因*VsrC*等致病基因作为测试基因，采用qRT-PCR测定伞形花内酯处理下青枯菌致病基因的表达变化。结果表明，在伞形花内酯处理下，测定的9个青枯菌致病基因的表达与对照DMSO相当，不存在显著差异（图6-37）。

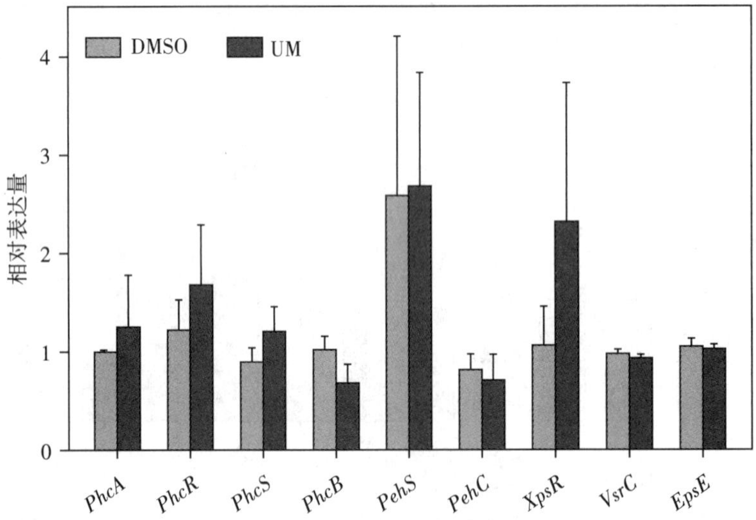

图6-37　伞形花内酯对青枯菌其他致病基因表达的影响

5.伞形花内酯对青枯菌侵染寄主致病力的影响

通过室内盆栽试验，将伞形花内酯和青枯菌混合培养后，采用不伤根接种，评价伞形花内酯对青枯菌致病力的影响。结果表明，相比对照，50 mg/L质量浓度的伞形花内酯（UM50）显著降低了青枯病的发病进程（$P<0.05$），主要表现为推迟青枯病的发生，降低青枯病的发病程度（图6-38C）。25 mg/L质量浓度的伞形花内酯（UM25）也能降低青枯病的发生率，但与对照不存在显著差异（$P>0.05$）。

伞形花内酯对青枯菌在辣椒根部和茎基部定殖量的研究表明，接菌后4 d，伞形花内酯处理显著降低了青枯菌在寄主根部的定殖量，50 mg/L质量浓度的伞形花内酯处理后根部的含菌量为4.84×10^5 CFU/g，而对照处理（DMSO）的根部含菌量为2.28×10^6 CFU/g（图6-38A）。由图6-38B可知，随着青枯病菌接种天数的增加，寄主茎基部含菌量逐渐增加，但伞形花内酯处理在各个接种天数均降低了青枯菌在植株茎基部的含菌量，与对照相比，50 mg/L质量浓度伞形花内酯处理在接菌后4 d、7 d、10 d分别降低茎基部含菌量的21.18%、21.96%和17.45%。

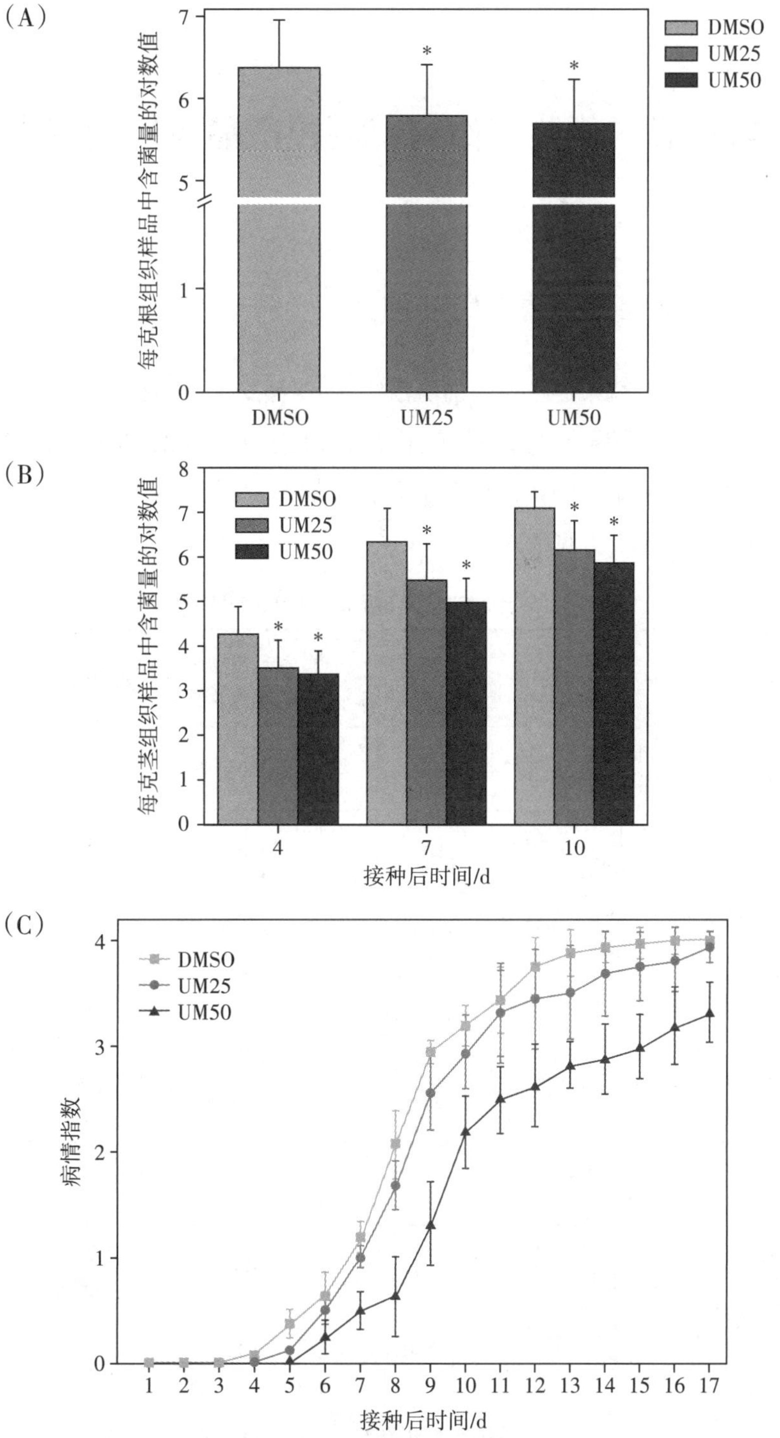

图6-38　伞形花内酯对青枯菌侵染寄主致病力的影响

注：1. 水培环境中测定了(A)伞形花内酯对根部含菌量的影响，(B)伞形花内酯对茎基部含菌量的影响，(C)伞形花内酯对青枯病病情指数的影响。2.*表示$P<0.05$，存在显著差异。

第七节　蔬菜连作病害调控产品及应用技术

一、防治蔬菜连作病害的药剂种类

根据多年的研究和蔬菜连作病害的防治实践，遵循安全、高效、低毒低残留、副作用小的原则，筛选出蔬菜连作病害主要调控产品25种，其中化学药剂16种（包括单剂、复配剂以及微生物发酵产品）、微生物菌剂8种（含活菌体制剂）和其他调控产品1种（牡蛎硅粉），各种调控剂的应用技术要点见表6-6。

表6-6　防治蔬菜连作病害的调控剂及应用技术要点

序号	产品名称	防控对象	有效成分常用量	有效成分最高用量	施药方法	最多使用次数	安全间隔期/d
1	70%甲基硫菌灵可湿性粉剂	根黑腐病、镰刀菌根腐病	1 000倍液	800倍液	喷淋、窝施	2	15
2	25%甲霜·霜霉威可湿性粉剂	黑胫病、枯萎病、晚疫病	800倍液	600倍液	喷淋茎基部	2	10
3	72%甲霜·锰锌可湿性粉剂	黑胫病、马铃薯晚疫病	800倍液	600倍液	喷淋茎基部	2	10
4	68%精甲霜·锰锌水分散粒剂	黑胫病、马铃薯晚疫病	68.00 g/亩	81.60 g/亩	喷淋茎基部	2	10
5	64%噁霜·锰锌可湿性粉剂	黑胫病、马铃薯晚疫病	130.00 g/亩	192.00 g/亩	喷淋茎基部	2	10
6	80%烯酰吗啉水分散粒剂	黑胫病、马铃薯晚疫病	18.75 g/亩	25.00 g/亩	喷淋茎基部	2	10
7	50%氟吗·乙铝可湿性粉剂	黑胫病、马铃薯晚疫病	40.00 g/亩	50.00 g/亩	喷淋茎基部	2	10
8	20%辛菌胺醋酸盐水剂	枯萎病、镰刀菌根腐病	20.00 g/亩	30.00 g/亩	喷淋茎基部	2	10
9	50%吲唑磺菌胺水分散粒剂	黄瓜霜霉病、马铃薯晚疫病	5.00 g/亩	7.50 g/亩	喷雾		
10	10亿个/g枯草芽孢杆菌粉剂	青枯病、根腐病等	100.00 g/亩	125.00 g/亩	喷淋茎基部	4	10

续表

序号	产品名称	防控对象	有效成分常用量	有效成分最高用量	施药方法	最多使用次数	安全间隔期/d
11	100万孢子/g寡雄腐霉菌可湿性粉剂	黑胫病	5.00 g/亩	10.00 g/亩	喷淋茎基部	4	10
12	3 000亿个/g荧光假单胞菌粉剂	青枯病	560.00 g/亩	660.00 g/亩	灌根	4	10
13	10亿CFU/g解淀粉芽孢杆菌可湿性粉剂	青枯病	150.00 g/亩	200.00 g/亩	①浸种；②苗床泼浇；③灌根	4	10
14	0.1亿CFU/g多粘类芽孢杆菌细粒剂	青枯病	1 250.00 g/亩	1 700.00 g/亩	①浸种；②苗床泼浇；③灌根	4	10
15	52%氯尿·硫酸铜可溶粉剂	青枯病	35.00 g/亩	46.22 g/亩	灌根	3	10
16	25%溴菌·壬菌铜微乳剂	青枯病	13.75 g/亩	15.00 g/亩	喷雾	3	10
17	3%阿维菌素微胶囊剂	根结线虫	23.00 g/亩	30.00 g/亩	穴施	1	10
18	10%噻唑膦颗粒剂	根结线虫	150.00 g/亩	200.00 g/亩	撒施	2	10
19	9%甲维·噻唑膦水乳剂	根结线虫	25.00 mL/亩	35.00 mL/亩	灌根或穴施	1	10
20	25%阿维·丁硫水乳剂	根结线虫	2 500倍液	2 000倍液	灌根	1	10
21	25%丁硫·甲维盐水乳剂	根结线虫	6.25 g/亩	8.75 g/亩	灌根或穴施	1	10
22	100亿芽孢/g坚强芽孢杆菌可湿性粉剂	根结线虫	800.00 g/亩	1 200.00 g/亩	穴施	2	
23	2.5亿个孢子/g厚孢轮枝菌微粒剂	根结线虫	1 500.00 g/亩	2 000.00 g/亩	穴施	1	
24	5×10^8活孢子/g淡紫拟青霉颗粒剂	线虫	0.50 kg/亩	1.00 kg/亩	穴施	1	
25	希植牡蛎硅粉	线虫、青枯病	100.00 kg/亩	200.00 kg/亩	撒施或条施	1	

二、蔬菜连作病害精准用药的关键

(1)在使用化学药剂时,必须进行精准诊断,确认病原的种类,从而选择有针对性的药剂。青枯病由细菌引起,黑胫病由卵菌引起,根黑腐和镰刀菌根腐病由真菌引起,而线虫属于动物性病原,它们需要使用的药剂是不一样的。

(2)控制连作病害要以增施拮抗菌群为用药核心,构建生物屏障,预防病害发生。土壤保育是基础,对酸化土壤进行调酸,同时加大农家肥的用量。采用基质拌菌、穴施菌剂、有机肥拌菌等方法,优先占领生态位,抑制病原菌,促进作物健康生长。

(3)青枯病和线虫的防治必须在侵染前用药,而镰刀菌根腐病和根黑腐病可以在发病初期用药。

(4)对于根系发育不良或不能早生快发的植株,可在防治药剂中添加适量的生根粉或胺鲜酯,以促进根系发育,增强植株抵抗力。

CHAPTER

7

第七章

基于微生态调控的主要蔬菜病害防治技术规程

第一节　茄科作物青枯病的微生态调控技术规程

一、茄科蔬菜青枯病的发生危害

青枯病是典型的土传细菌性维管束病害，是世界范围内广泛传播、危害严重且难以防治的毁灭性病害之一。青枯病主要发生于全球南北纬45°之间的区域，包含热带、亚热带以及部分温带地区。随着全球气候变暖，青枯病的发生逐渐向高纬度的冷凉地带扩散。我国于20世纪30年代首次报道青枯病在花生上的发生与危害。此后，青枯病从华南、东南地区不断向东北、华北地区扩展，以中部平原、西南山区、南方沿海地区受害最为严重。目前，国内仅澳门和西藏未见相关报道。

青枯病的病原菌最早被称为青枯假单胞菌（*Pseudomonas solanacearum*），后经Yabuuchi等（1995）鉴定，更名为茄科雷尔氏菌（*Ralstonia solanacearum*，简称青枯菌）。茄科雷尔氏菌是一种土壤习居菌，能侵染50多科的450余种植物。茄科雷尔氏菌为革兰氏阴性菌，具有严格好氧的特性，菌体呈短棒状、两端钝圆，大小为0.5—0.7 μm×1.5—2.0 μm，无芽孢及荚膜，具有1—4根鞭毛，最适宜的生长温度为28—33 ℃，最适宜的pH值为6.6。

目前，对茄科雷尔氏菌的分类方法主要有4种，其中下述的前两种为当前被国际认可的亚分类系统。第一种是根据寄主范围，将茄科雷尔氏菌划分为5个生理小种（physiological race）。侵染花生的属于1号生理小种，该小种的寄主范围最为广泛，不仅能侵染花生，还能侵染茄科和十字花科作物。第二种是根据对3种二糖的利用能力及3种己醇的氧化产酸能力，将茄科雷尔氏菌划分为5个生化变种（physiological biovar），其中侵染花生的3个生化变种分别是生化变种Ⅰ、Ⅲ和Ⅳ。第三种是基于复合种概念，依据地理起源的不同将茄科雷尔氏菌划分为4个演化型，分别为亚洲型（Asiaticum，phylotype Ⅰ）、美洲型（Americanum，phylotype Ⅱ）、非洲型（Africanum，phylotype Ⅲ）和印尼型（Indonesian，phylotype Ⅳ）。第四种是基于第三种分类方法，结合遗传物质的结构和功能而提出的演化型分类方法，将茄科雷尔氏菌划分成4个水平：种（species）、演化型（phylotype）、序列变种（sequevar）和克隆（clone）。并依据这4个水平划分为演化型Ⅰ、Ⅱ、Ⅲ和Ⅳ，它们在地理起源上分别与亚洲型、美洲型、非洲型和印尼型4个分支对应。

青枯病菌主要通过流水、土壤、人、畜、昆虫、农机具等多种途径传播，也可通过实生种子传播。病原菌可以在土壤中长期存活，时间从半年至25年不等。病原菌可随病残体在土壤中越冬，通过移栽苗子传播到大田，也可随雨水或浇灌水在田间快速传播。植株症状初显时，会出现中午短时萎蔫现象，次日萎蔫时间增长。在高发条件下，萎蔫天数少、枯死快；非高发条件下，萎蔫持续天数多、枯死慢，有的甚至能逐渐恢复。

青枯病菌的侵染过程为：细菌从伤口、气孔等途径进入根系，沿维管束向上侵染细胞，破坏传导功能。当青枯菌群体数量大、分泌胞外多糖聚集后，更容易堵塞导管。在中午光照强烈的条件下，由于水分输导不畅，出现自然萎蔫。若维管束细胞堵塞严重、坏死多（侵染危害重），则萎蔫时间长，甚至直接快速枯死，因此青枯现象比较普遍。

青枯病每年危害不同，具有一定的偶发性。如果放弃预防，在高发条件下显症时，由于该病具有急、重特征，采用单一的化学防治易产生抗药性，且难以解除病症，甚至无法用药控制病菌的蔓延。

二、影响作物青枯病发生的关键因子

1.影响作物青枯病发生的非生物因子

连作年限的增加会导致土壤理化性质恶化、酚酸类物质浓度上升和土壤酶活性降低，也会导致植物根际分泌物组分发生变化。如连作种植后，土壤中N、P、K、Fe等元素含量下降，而这些土壤养分的变化与青枯病的发生密切相关。在连续种植花生的土壤中，酚酸类物质如油酸、香草酸、对羟基苯甲酸等大量积累，导致土壤pH值下降，这不仅会对花生植株产生毒害作用，还会刺激土壤中的病原菌生长。茄科雷尔氏菌对高浓度酚酸类物质环境的适应性较其拮抗菌强，这正是连作诱发花生青枯病的潜在机制之一。当花生连作超过5年后，土壤中过氧化氢酶、磷酸酶和脲酶等的活性会下降并达到最低值。在青枯病发病后，土壤中的代谢物质及酶活性会发生变化，如脲酶、过氧化氢酶、β-葡萄糖苷酶等的活性均明显低于健康土壤。虽然健康的土壤中也含有茄科雷尔氏菌，但是其相对丰度较低。然而，随着连作年限的不断增加，土壤微环境不断朝着有利于茄科雷尔氏菌生长的方向发展，使茄科雷尔氏菌逐步在土壤中占据主导地位，进而导致花生青枯病严重发生。

通过调整种植制度、改良土壤pH值和利用生物炭吸附等措施调控土壤结构、理化性质，对实现土壤微生态调控进而控制青枯病的发生具有重要作用。调整种植制度可以改变由连作引发的土壤生态破坏，改良土壤微生物区系，进而减轻青枯病的发生。轮作种植被认为是青枯病农业防治措施中最经济、有效的方法，可以调控土壤结构，最终减少病原菌数量、阻断病原菌生活史和定向变异。研究发现，土壤孔隙度低对土壤菌群生长不利，而轮作可以提高土壤的非毛细管孔隙度,与连作相比,轮作可提高土壤中细菌的数量及比例,对青枯病防控有一定的积极作用。此外,间作也可以优化土壤微生态结构,例如花生与烟草间作。轮作时,需要选择青枯病的非寄主植物,如西瓜(*Citrullus lanatus*)、甘蔗(*Saccharum officinarum*)、油菜(芸薹,*Brassica rapa*)、禾本科作物等。同时,由于病原菌是严格好气性细菌,因此采用水旱轮作也可以有效防控青枯病。土壤pH值与青枯病发病有密切关系,茄科雷尔氏菌最适宜生长的pH值为6.6,较有益菌群能更好地适应酸性土壤。因此,调控土壤pH值至碱性可在一定程度上减轻青枯病的发生。此外,在不适宜的土壤环境中,某些元素也会增加青枯病的发病率,如酸性土壤中,100—300 mg/kg的铝离子会加速青枯病的发生。生物炭作为一种土壤改良剂,首先,可以通过改善土壤的pH值、土壤中的聚合物等土壤理化性质,促进有益菌群生长,以此防治青枯病。其次,生物炭可以作为土壤中有益微生物的载体,使众多有益微生物在根际有效定殖,调节根际微生物群落结构,从而降低青枯病的发病率。另外,生物炭还具有吸附根际分泌物的能力,使病原菌在趋化作用下远离植物根际,从而抑制病原菌的运动能力,减少病原菌在根际的定殖数量,抑制青枯病的发生。

根系分泌物对青枯菌在土壤中的存活既可表现为积极的促进作用,也可表现为强烈的抑制作用。前者是因为根系分泌物可为青枯菌提供各种赖以生存的资源,从而促进青枯菌的生长。而后者一是因为根际分泌物会影响土壤微生物群落内部结构及与青枯菌之间的相互作用,进而影响青枯菌的根际定殖。二是因为植物根系分泌物可以直接抑制青枯菌的生长。例如辣椒根系分泌物中的邻苯二甲酸二异辛酯(DIOP)和二苯并呋喃(DBF),番茄根系分泌物中的咖啡酸都能在一定程度上抑制青枯菌的生长。另外,植物根际分泌物的化学组分比例也会对青枯菌在土壤中的存活产生影响。例如,根系分泌物中的碳磷比降低、碳氮比增加、水杨酸含量降低,均对青枯菌的生长有明显的抑制作用。

植物的营养水平与对青枯菌的防御机制密切相关,因为营养水平最终会影响土传病菌的存活水平和侵染效率。合理施肥是改善植物营养水平和土壤微生物生存空间及稳定土壤理化性质的首选。科学施用富含N、P、K等大量元素肥料,不仅可以满足作物的营养需求和提高产量,而且对防控青枯病也有重要作用。以土壤氮素为例,植株对青枯病的抗性与植物病原菌对氮素的利用率以及土壤的氮素供给能力有关,氮素水平过高或过低都可能增加青枯病的发病率。随着土壤中病原菌的相对丰度增加,某些参与反硝化作用的菌类相对丰度也会随之增加,使土壤氮素水平降低,发病率上升。在生产实践中,微量元素肥料和生物有机肥的施用常被忽略,但土壤中的微量元素和生物有机肥对调控青枯病都具有不可忽视的作用。研究发现,植株根系吸收土壤中的Si、Mn、Fe等微量元素能有效防治青枯病,这些微量元素可以增强土壤的缓冲能力、保持离子平衡和提高养分的有效性,有助于保持土壤理化性质和微生物群落稳定,从而增强土壤的抑病能力。此外,土壤中的铁元素可以诱导病原菌发生"非致病性"表型转换,铁元素在土壤中的分配情况与病原菌的大量增殖密切相关。

生物有机肥作为土壤营养资源的投入来源,是一种调控土壤微生态的有效手段,对植物健康产生积极影响。生物有机肥主要通过改变根际主导菌群和促进微生物间的相互作用来防控青枯病。研究表明,长期施用生物有机肥可使土壤中的有益菌群不断富集,形成抑病性的根际菌群,增强土壤生态系统应对生物干扰的能力。在加施生物有机肥的植株根际,茄科雷尔氏菌的丰度显著低于不施加生物有机肥的植株,且土壤中的脲酶、磷酸酶、过氧化氢酶活性均远远高于不施有机肥的土壤。而不施加生物有机肥的土壤青枯病发病率较高。另外,生物有机肥还可促进微生物之间的相互作用,减少共生的致病菌,有效抑制病害的发生。

土壤理化性状(如含水量、温度和酸碱性等)也可影响青枯菌在土壤中的存活。高湿环境下,土壤中青枯菌的存活量会显著提升,因为土壤含水量高会导致寄主防御病菌的相关基因表达下调,进而使得寄主根表青枯菌的存活量增加。但是,当土壤含水量过高,土壤呈厌氧状况时,青枯菌则可能会因呼吸作用受阻导致存活量降低。土壤升温会在一定程度上改善土壤的理化环境(如加快有机质分解、增加营养元素的含量),但当达到一定温度后(如70 ℃),对青枯菌在土壤中的存活最终会表现为抑制。由于土壤温度和水分传导均与土壤容重密切相关,因此,土壤的单位体积质量也与青枯菌在土壤中的存活存在关联。

农艺措施(如耕作制度、灌溉和施肥等)也会显著改变青枯菌在土壤、根际和根表的存活状况。任何措施的调控本质上都是通过改变农田土壤的生物和非生物因素来实现的。灌溉会导致青枯菌的暴发,这可能与青枯菌在水分较高的环境下能够以较自由的形式存活有关。生物有机肥中的功能菌多为从健康植株根际分离得到的拮抗菌,可通过拮抗作用抑制青枯菌在土壤中的存活。

2.影响作物青枯病发生的生物因子

抗病品种选育被认为是防治花生青枯病最有效的方法,也是引入根际有益菌群的一种有效手段。但抗病品种选育也存在一定的局限性,主要包括缺乏在环境变化下能表现出稳定抗性的优良亲本,产量水平普遍低于非抗病品种以及对其他病虫害的兼抗性差等。

连续种植会导致土壤微生物群落结构和数量发生显著变化,进而抑制微生物组功能。研究表明,连续种植花生会使土壤的微生物群落组成从细菌型主导转变为真菌型主导,细菌、放线菌及有益微生物的相对丰度显著降低，而有害微生物的相对丰度增加。在连作15年的土壤中，细菌和放线菌数量较对照组分别减少39.1%和50.0%，而真菌数量显著增加至对照组的3.69倍。土壤中的有益微生物，如芽孢杆菌（*Bacillus*）、链霉菌（*Streptomyces*）、沙壤土杆菌（*Ramlibacter*）和溶杆菌（*Lysobacter*）等丰度的降低会造成根际微环境的抑菌效果减弱，而土壤中的有害微生物，如尖孢镰刀菌（*Fusarium oxysporum*）、淡色生赤壳菌（*Bionectria ochroleuca*）等的增加会引发作物多种病害。在青枯病发病土壤与健康土壤中存在共同的优势菌门，如酸杆菌门（Acidobacteria）和放线菌门（Actinobacteria）。研究表明，在青枯病发病土壤中，有益微生物如鞘脂菌属（*Sphingobium*）、假单胞菌属（*Pseudomonas*）、微杆菌属（*Microbacterium* Orla-Jensen）等的相对丰度低于健康土壤。而在青枯病发病土壤中，茄科雷尔氏菌成为优势菌属，同时，潜在的腐生微生物、致病微生物如腐质霉属（*Humicola*）和丝孢菌属（*Scedosporium*）的比例有所提高，这些潜在的致病微生物在健康土壤中的丰富度不到1%，这与连作花生土壤中的微生物分布特性相一致。

连作花生的土壤微生物组功能受到明显抑制，例如与微生物通信和植物促生有关的群体感应（Quorum Sensing，QS）途径以及青霉素、头孢菌素和异喹啉生物碱等多种生物合成途径显著受阻。其中，青霉素、头孢菌素和异喹啉生物碱属于抗生素，能有效抑制青枯病等土传病害的发生。随着连作年限的增加，土壤中的微生物群落结构及其功能朝着有利于青枯病发生的方向发展，加剧了花生青枯病的暴发。

青枯菌在土壤中的存活会受到土壤微型动物的影响。根结线虫能破坏寄主根部组织，提高青枯菌根际侵染的成功率，如Furusawa A等（2019）发现青枯菌和根结线虫在根际的共同侵染会加重番茄青枯病害。原生动物作为土壤食物网中的消费者，能通过捕食作用直接影响青枯菌的存活（韦中等，2021）。Xiong W等（2020）发现在整个植物生长周期中，田间土壤原生生物和青枯菌的种群动态变化紧密相关；健康植物和发病植物的苗期根际土壤原生动物数量存在显著差异；原生动物与青枯菌的相对丰度呈显著负相关。马超等（2018）将青枯菌接入土壤后，发现在第56天的存活数量与初始土壤鞭毛虫和变形虫的总数成反比，这说明原生动物的捕食作用抑制了外来青枯菌的发生。这可能是由于原生动物捕食迫使土壤微生物产生了抑菌性物质，从而间接抑制了病原青枯菌（Jousset A等，2008）。

土壤细菌和真菌对青枯菌土壤存活的影响主要是通过资源竞争、拮抗抑制和产生抑菌分泌物等方式实现的。例如，解淀粉芽孢杆菌可通过竞争根系分泌物来降低根际青枯菌的种群密度和致病性；黄杆菌可通过降低与青枯菌凝集素结合的糖供应来抑制土壤中的青枯菌；荧光假单胞菌产生的挥发性有机物（volatile organic compounds，VOCs）会抑制土壤中青枯菌的生长，抑制率可达32%；黄曲霉产生的VOCs对共培养环境中青枯病菌的生长抑制作用较之无菌对照可提升4倍。

土壤细菌群落的物种多样性与病原青枯菌的入侵和存活之间呈负相关关系。原因可能为以下两点：一是根际土著微生物群落代谢较快，留给入侵者资源有限；二是与根际微生物群落中的资源利用连接度高、嵌套度低以及土著菌-青枯菌生态位重叠度高等有关。Hu等（2016）研究发现，接种至根际的有益假单胞菌的基因型越多样，根际青枯菌的密度就越低。Li等（2019）通过群落物种间相互作用对青枯菌入侵作用影响的研究发现，物种之间呈促进关系的根际菌群有利于青枯菌的入侵，而呈拮抗关系的则会抑制青枯菌入侵。

噬菌体是一类在土壤中普遍存在、专性侵染细菌的病毒，可通过对病原菌的精准裂解，压制病原菌的数量。研究表明，在温室条件下，裂解型噬菌体可通过阻断青枯菌表面多糖（致病因子之一）的形成减少病害发生。Murugaiyan等（2011）发现，将丝状噬菌体PE226与病菌同时施用后，丝状噬菌体PE226可感染根际中的青枯菌，降低寄主植物的发病率。噬菌体还可通过适应性权衡来抑制土壤中青枯菌的生长，这些权衡可由表达不同毒力因子的基因以及控制代谢、毒性途径和网络的全局调控基因来驱动。例如，噬菌体驱动青枯菌产生噬菌体抗性的同时，也会使青枯菌增加适应性进而抑制自身的生长。此外，增加专性噬菌体的丰富度也可显著抑制根际青枯菌的丰度，且其抑制作用也间接改变了土著菌群的组成和多样性，使得高度拮抗青枯菌的细菌类群增加。土壤中噬菌体侵染使青枯菌对生防细菌产生的拮抗物质更加敏感，削弱了青枯菌在根际环境的竞争能力，进而有效降低了根际土壤中青枯菌的数量。

引入生防菌株调控土壤微生态的另一个重要措施是施用微生物菌剂，微生物菌剂通过调控土壤微生态，有效改良土壤微生物区系来防控青枯病，其专一性、低毒性可以保障农业的可持续发展和提高农业生产效率与质量。目前，生物防治是防治青枯病的主流方法（占比高达54%），被认为是最有前景的青枯病防治手段。通常运用具有生物防治作用的植物根际促生菌（PGPR）对青枯病进行防治。这些菌株通过与致病菌竞争营养源、供给根际和土壤养分、分泌拮抗物质、诱导植物系统抗性、杀灭致病菌等方式抑制青枯病的发生。这些防治手段具有经济、绿色、安全、可持续的优点，但同时也存在见效慢、专一性强、稳定性差的局限性。

目前已知的生防根围促生菌包括芽孢杆菌（*Bacillus*）、假单胞菌（*Pseudomonas*）、链霉菌（*Streptomyces*）等。除上述生防菌株外，还可以利用产细菌素的无致病力茄科雷尔氏菌（ABPS）来抑制青枯病，这类菌株可以从自然变异的菌株中筛选分离得到，也可以经诱变获得。ABPS可以入侵植物，但不会引起植物萎蔫，其主要防治机制包括产生抗生素作用，与致病菌竞争生存位点和营养源以及诱导植株抗病性。有研究将ABPS作为植物疫苗在植物苗期进行接种，发现可以提高花生的过氧化物酶活性，形成植株的免疫抗病特性，从而达到延缓和防治青枯病的目的。此外，还可以采用噬菌体组合的方式降低茄科雷尔氏菌的数量，从而抑制青枯病发生。

近年来，根际菌群移植已经成为防控青枯病的重要方向之一。有研究者从处于营养生长阶段的寄主根际菌群中分离获得了部分菌株，将这些菌株进行移植后发现青枯病的发病率降低了30.4%—100%。另外，有研究将具备根际免疫能力的抗性植株的根际菌群移植到易感植株根际后发现青枯病的发生率降低了47%，且移植成功的根际菌群均以供体的核心拮抗型有益细菌为主，此方法有效提高了植株的根际免疫能力。微生物菌株除了能防治病害以外，还能改善土壤的理化性质、提升土壤品质，例如微枝形杆菌（*Microvirga*）具有固氮作用，多噬伯克霍尔德氏菌（*Burkholderia multivorans*）可以降解磷酸盐等。

三、基于微生态调控的青枯病的绿色防控技术规程

茄科作物青枯病是由青枯雷尔氏菌（*Ralstonia solanacearum*）引起的一种毁灭性土传病害，植株感染后，主要症状为枯萎、发黄，最终整株枯死。目前，以四川、江西、湖南、福建、台湾、广东、广西东部、安徽南部、重庆、贵州等地受害最为严重，个别年份暴发流行，防治十分困难。该病对茄科蔬菜的产量质量影响巨大，给菜农造成了严重的经济损失。

针对青枯病的防治，以往国内外主要采用传统的农业防治、化学药剂防治和生物防治措施。正确的农业防治措施是防治青枯病的基础，包括选育抗病品种，平衡施肥，合理轮作、套作，选择无病壮苗移栽，以及做好田间卫生管理等。化学药剂防治具有快速、高效的优点，但目前还没有针对青枯病的特效药剂，加之青枯病菌地理分布和寄主范围广泛以及生存能力强等因素，防治较为困难。过度使用化学药剂可能引起病原菌产生抗药性，对环境和人类健康构成威胁。生物防治相较化学防治具有环境友好，不易产生抗药性的优点。目前已报道了多种可用于青枯病防治的生防菌，如假单胞菌属（*Pseudomonas*）具有根际定殖、产生多种抗生素、诱导植物产生系统抗性等多种生防机理，具有广阔的生防前景；芽孢杆菌属（*Bacillus*）具有繁殖快、营养简单、有效活菌数量高等优点，在病害防治上取得了较好的效果。然而，生防菌剂受环境因素影响较大，容易失效，应用受限。单独采用某一种措施，虽然能在一定程度上减轻青枯病的发生，但是都存在一定的局限性。因此，应将农业防治措施，生物、化学防治措施相结合，坚持预防为主，综合防治的方针，以全方位、多层次地防控青枯病的发生。

（一）技术原理

确定“一基础（健康栽培基础）、二优化（优化蔬菜种植的布局，优化各项技术的综合应用）、三屏障（根围、根际和根内生物屏障）、四平衡（土壤酸碱平衡、营养平衡、微生态平衡、病原菌与寄主互作平衡）、五调控（调酸、调益生菌、调营养、调抗性、调药剂）”为导向的绿色生态防控理念，运用土壤调酸技术、拮抗菌剂基质拌菌技术、有机肥拌菌技术、抗性诱导技术、精准用药技术等调控根际微生态环境，及时补充叶面中微量元素，提高栽培蔬菜的健康水平，达到有效控制青枯病危害、提升蔬菜产量质量的目标。

（二）关键技术要点

1. 强化健康栽培措施的落实

选择优质地块：强化土壤基础条件的管理，避免选用酸化严重、没有深耕、有机质含量不足、常年发病严重的地块种植蔬菜。核心示范区应尽量选择在冬前已深耕或有绿肥翻压处理的地块。

实行轮作：茄科作物种植2—3年后换种禾本科作物或其他非寄主作物一年，或与非寄主作物间作或套作，积极推进茄科作物与红薯、十字花科蔬菜的轮作。

做好开沟排水：实行高垄栽培（垄高30—40 cm），降低土壤湿度，避免在蔬菜根部积水。

合理施肥：注重平衡营养，减少氮肥，增施磷钾肥，确保每亩施足有机肥。

保证整齐移栽：应选择健康、整齐、无病害的苗子移栽，确保移栽的深浅一致，窝穴的大小合适。要浇足水分，全面实施带水、带肥（提苗肥）、带药（消灭地下害虫和蜗牛的药剂）措施。

推进小培土技术：在苗子长出地面5 cm左右时，采用小型培土装置或者用人工进行扩膜护茎小培土，必须用植株周围的土进行培土，确保对茎秆有保护作用。不可用垄下土和硬土块，以免伤害到幼嫩茎秆。

及时中耕除草：严禁在茄科蔬菜生长过程中施用灭生性除草剂，应及时防治地下害虫和其他病害。

生长期处理好田间病株：早期出现零星病株时，及时用消毒剂进行消毒处理，防止传播扩散。及时拔除严重病株，带出田间销毁，并用生石灰等对发病株周围进行消毒处理。

2. 育苗基质拌菌技术，增施益生菌，构建根际生物屏障

选用苗强壮复合微生物菌剂在育苗前处理育苗基质，抢占根际生态位，平衡根际微生态，构建根际健康微生物屏障。或者选用3 000亿个/g荧光假单胞菌粉剂200 g；或0.1亿

CFU/g多粘类芽孢杆菌细粒剂500 g;或者用拮抗细菌LSW-4按$1×10^7$ CFU/mL的浓度与基质混合。

推荐用法:在装盘前7天用苗强壮与育苗基质均匀混合,覆盖塑料薄膜堆放后,再翻动混匀,装入育苗盘正常播种育苗即可。

推荐用量:每亩地用苗量(大约1 000株幼苗)的基质混入苗强壮菌剂100 g。(可先用育苗基质与100 g苗强壮混匀后,再与剩余基质均匀混合。)

注意事项:保证基质的疏松度合适、通透性良好。保持育苗池的水温,水温太低会影响效果。注意控制苗棚内温度。一般杀真菌药剂和杀虫剂不影响拌菌效果,基质内不能添加对细菌有杀伤作用的药剂。

3.改良酸化土壤,调节土壤pH、补充中微量元素

采用希植优、牡蛎钾进行土壤酸碱度调节,补充K、P等大量元素,尤其是要补充Si、Ca、Mg、Zn等中微量元素,平衡土壤营养,消除连作障碍。

推荐用法:起垄时撒施或条施希植优、牡蛎钾;也可用希植优、牡蛎钾与一般有机肥或者复合肥现混现用作为底肥。

推荐用量:pH值4.5—5.5的土壤用希植优或牡蛎钾100—200 kg/亩;pH值4.5以下的用200—300 kg/亩,分两次施用;pH值5.5—6.0的用50—100 kg/亩;pH值6.0以上的用20—50 kg/亩。

4.增施有机肥,推进有机肥拌菌,活化有机肥,构建根围生物屏障

蔬菜种植区要大量增施发酵好的有机肥或者农家肥,尽量减少化肥的施用量。在施用有机肥时,采用根茎康菌剂活化有机肥,促进有益微生物增殖,提升有机肥养分转化和利用率。

推荐用法:采用根茎康菌剂与发酵好的商品有机肥现混现用,也可在自制有机肥发酵后最后一次翻堆装袋时,将根茎康菌剂添加到有机肥中并搅拌均匀后装包,起垄时采用条施。

推荐用量:按每100 kg有机肥与1 kg根茎康菌剂的比例混用(可先用30—50 kg有机肥与10 kg根茎康混匀后,再与1 t有机肥均匀混合)。

如果有机肥施用时未混用益生菌剂,可采用每亩1—2 kg的根茎康菌剂在移栽时穴施或起垄时条施。

5.抗性诱导

(1)移栽时,采用希植宝1号(生根剂、杀菌剂和营养元素),兑入移栽时的浇灌水中,

进行早期的根际消毒,促进根系发育。施用量参照说明书。

(2)在团棵和旺长期,采用东莨菪内酯或水杨酸5 000倍液进行叶面喷雾。每亩药液喷洒量不超过50 kg,施药1—2次。

6.叶面喷施微量元素

旺长期,采用希植美1号叶面肥补充微量元素,在生长中后期采用希植美2号进行叶面喷施,增加植株对根茎病害的抵抗力,提升蔬菜质量,预防叶部病害。

推荐用法:按照推荐稀释倍数配制希植优叶面肥水溶液,采用喷雾装置均匀喷施到菜叶表面。

推荐用量:稀释1 000倍,每亩药液喷洒量不超过50 kg。

7.精准用药

对于茄科作物青枯病,健康栽培和优化土壤结构是控病的关键。化学药剂应掌握关键时期精准施用。

(1)移栽时:对于常发的严重区域,在移栽当天要穴施LSW-4菌株的发酵液;或者采用希植宝1号和定根水一起浇施。

(2)发病初期:当田间零星出现萎蔫叶片时,采用土一杰或者42%的三氯异氰尿酸每亩200—500 g稀释1 000倍浇灌根基部,确保根部湿透。

(三)应用成效

茄科作物青枯病的有效防控一直是生产中的一个重要技术,探究绿色、高效、经济的青枯病防控技术具有重要的实践意义。本技术规程针对连作区域青枯病发生严重、损失巨大的实际问题,在长期研究和实践的基础上,集成了基于微生态调控的连作蔬菜青枯病绿色防控技术体系,根据发病情况和蔬菜长势,恰当应用土壤调酸、基质拌菌、有机肥拌菌、抗性诱导、精准用药、中微量元素补充等多项技术,取得了防控茄科作物青枯病的成功。调查结果表明,处理区植株的各项农艺性状指标均优于非处理区,青枯病发病始终轻于非处理区,末次调查相对防效达到了61.46%,处理区产值增加了861.12元/亩,显著提升了蔬菜的产量质量和菜农的经济效益。

实施这套技术方案必须在农业措施上做好改土、轮作、培土、水肥管理和田间清洁等工作,并合理安排时间,避免频繁到地里进行农事操作。青枯病在高温高湿情况下容易迅速暴发,因此要提前预防,要保质保量地完成土壤调酸、有机肥拌菌、抗性诱导、中微量元素补充等预防措施。为节约劳力成本,可适当地将几种措施与农事操作相结合。在病害发生的初期可采用化学防治,进行消毒处理,发病后要及时采收,最大程度上减少损失。

第二节　蔬菜根腐病的微生态调控技术规程

一、蔬菜根腐病的发生特点

蔬菜根腐病是蔬菜根部常见且危害最为严重的土传病害的总称，主要症状表现为根部变黑，逐渐腐烂，整株发黄，随后脱落，最终植株枯萎死亡。根腐病属于典型的土传真菌性病害，是在不良环境因子影响下植物根部受病原菌侵染而引起的一类病害。根腐病发生范围广，花卉、蔬菜、果树、大田作物和中药材等均有发生，且容易传染、防治困难，是农业生产上的一种毁灭性病害，具有“植物癌症”之称。生产上所说的“根腐病”包括多种不同类型，如黄腐型、干裂型、髓烂型、湿腐型、茎基干枯型和急性青枯型等。20世纪初，国外首次报道，在加拿大以及日本发现番茄根腐病，其致病菌是尖孢镰刀菌（*Fusarium oxysporum*）。我国对作物根腐病的研究历史悠久，1998年桑维钧等人首次报道烟草镰刀菌根腐病在贵州发生危害情况。

根腐病的病原菌在土壤中和病残体上越冬，是次年的主要初侵染源。病原菌的致病过程一般包括接触、侵入、潜育和产生损伤等几个阶段。致病过程的发生与气候条件关系很大，发病时间一般多在3月下旬至4月上旬，5月进入发病盛期。植物根部受线虫、害虫危害后产生的伤口是病原菌侵入的主要渠道，也是根腐病发病的主要原因。根腐病通常由一种或多种病原菌复合侵染导致，但不同地区或相同地区不同年份因气候、季节、温湿度和生态条件的差异，其优势菌种类也可能不同。同时致病菌的致病性会明显分化并形成不同生理小种。致病菌以菌丝和菌核的形式存在于土壤和植物病残组织中，存活时间较长，尤其是菌核发病后防治较困难，采取单一措施难以取得防效。根腐病的发生主要与品种、连作、耕作方式、害虫等因素有关，物理防治和化学防治是目前根腐病防治的主要措施。

根腐病的病原菌种类很多，从广义上讲，一些导致根腐烂的镰刀菌、串珠霉、根腐线虫、大丽轮枝菌、青枯病菌等都可以导致根腐。本节所指的根腐病的病原主要有三类：疫霉菌、腐霉菌和镰刀菌，其中镰刀菌是最主要的致病菌。据报道，尖孢镰刀菌是病害家族的优势种群，通过侵害作物根部维管组织使植株死亡，它所引发的作物根腐病是世界性病害，给蔬菜的生产造成了严重损失。

镰刀菌又称为镰孢霉菌，是世界性分布的土传真菌病原菌，可以侵染多种植物，受侵染植物会出现根腐、穗腐等症状。近几年在我国河南、云南、贵州、安徽等地由镰刀菌引起的烟草根腐病的发病呈现上升趋势，发病烟株叶片变黄，萎靡，根系表皮腐烂，易破碎脱落，维管束变褐，严重的会导致茎基部至主根腐烂坏死，木质部变褐变黑并沿根茎向顶端扩展。高温高湿尤其是雨后高温会加快镰刀菌根腐病在大田的发病速度，造成重大经济损失。

镰孢霉（*Fusarium* sp.）可引起西芹、四季豆、茴香、紫苏等作物发生根腐病，西葫芦、黄瓜、甜瓜、大豆、芦笋等作物发生枯萎病，还可引起西芹腐烂病、番茄和西葫芦果腐病、大白菜和西兰花萎蔫病、苦瓜红粉病、大豆荚腐病等病害的发生。尖孢镰刀菌（*Fusarium oxysporum*）可引起芫荽根腐病、草莓根腐病与果腐病的发生。菠菜尖镰孢霉、西瓜尖镰孢霉分别引起菠菜、西瓜发生根腐病。尖镰孢霉番茄、茄子、西瓜、冬（节）瓜、瓠瓜、菜豆、蚕豆专化型分别引起对应作物发生枯萎病，萎蔫专化型、嗜管专化型分别引起辣椒、豇豆发生枯萎病，苦瓜专化型和金黄尖镰孢霉均引起苦瓜发生枯萎病。腐皮镰孢霉[*Fusarium solani* (Mart.) App.et Wollenw.]引起辣椒、茄子、冬寒菜根腐病。腐皮镰孢霉瓜类、菜豆、豌豆、蚕豆专化型分别引起各作物发生根腐病（包括蚕豆茎基腐病），大豆专化型和直喙镰孢霉均引起大豆发生根腐病。芳香镰孢（*Fusarium redolens*）引起洋葱发生根腐病，禾谷镰孢霉（*Fusarium graminearum* Schw.）引起甜玉米发生茎基腐病，蔫萎镰孢霉（*Fusarium bulbigenum* Cooke et Mass.）引起食用百合发生茎腐病。

蔬菜根腐病主要感染植株的茎基部和根部，在整个生育期均可发病，感病植株长势衰弱且迟缓。感病初期，根茎部表皮呈现腐烂水浸现象，但发病症状不向上蔓延，地上部植株叶片仅呈现轻度萎蔫状态，到傍晚就能恢复正常。如果这种现象持续几天，下部叶片就开始枯黄且出现病斑，逐渐遍布整个植株，最后植株主根下部颜色呈现褐色且出现腐烂症状，发病部位水腐，植株枯死，维管束呈麻丝状，且产生粉红色的霉状物。

二、影响蔬菜连作根腐病发生的因素

根腐病的病原菌凭借菌丝体和厚垣孢子在病株残体、土壤或感病杂草中越冬，在低温、厌氧等恶劣环境下可长期存活。一旦遇到适宜的温度和营养条件，病原体将迅速打破休眠，从作物根系或茎基部侵入，并在患病部位产生大量分生孢子。这些分生孢子可随流水传播或人为农事活动传播，引发再侵染。因此，该病害的流行与气候、土壤条件、耕作方式以及作物品种等密切相关。连作、土壤通透性差、排水不良、营养不平衡以及高温高湿的环境均易引起该病害的发生。

（一）土壤营养因素

蔬菜长期连作并大量施用化肥和化学农药会导致土壤矿化、板结和物理性状不良，营养元素严重失衡，这是引发根腐病的重要原因。研究发现，蔬菜地中硝态氮含量随着连作年限的增加而呈上升态势，而硝态氮的增加会促进病原镰刀菌的增殖。

微量元素的缺乏往往会引起植物发生病害。长期连续种植单一蔬菜，作物大量吸收土壤中的元素，使各类元素含量由丰富变成缺乏。同一种作物对养分的吸收，尤其是对特定中微量元素的吸收，不仅严重影响作物产量，而且会导致病害的发生。长期的蔬菜种植会使土壤中的中微量元素缺失，当土壤养分比例不协调时，植物生长发育、蛋白质合成、物质运输和抗逆性等均呈现出明显的抑制作用，导致作物自身的抗性降低，易引起病害的发生。例如，铜元素参与植物的多种代谢过程，是植物必需的微量元素，对几乎所有病原真菌和多种细菌有控制作用，与真菌病害的发生密切相关。土壤中磷含量过高会抑制植物对铁的吸收，而铁、锰两种元素之间存在强烈的拮抗作用，铁元素的缺失会导致锰元素的大量积累而引起作物锰中毒。因此，铜、铁等元素的缺失或失衡可能会导致根腐病的加重。

（二）土壤酸碱度

土壤酸碱度是影响连作蔬菜根腐病发生的关键环境因子之一。研究表明，在培养条件下，镰刀菌的菌丝和孢子在pH值4.0—11.0的范围内均能生长和萌发（最适pH值为7.0）。但在大田中，镰刀菌在pH值4.4—6.5的偏酸性条件下更容易生长，而偏碱性的土壤环境对蔬菜根腐病有较好的抑制作用。调节土壤酸碱度，优化土壤环境，可促进益生菌的快速增殖，有效抑制病原菌的发生和危害。

（三）自毒物质

自毒作用是一种特殊的化感作用，指植物通过淋溶、腐解、根系分泌等途径向土壤环境释放化学物质，直接或间接抑制自身生长甚至产生毒害的现象。葫芦科、茄科和十字花科的作物，如生姜、辣椒、黄瓜等，自毒作用发生较为普遍。植物自毒作用与其根系分泌的酚类、酚酸类化合物密切相关。研究表明，植物根系分泌的酚酸类物质对根际有益菌有抑制作用，如阿魏酸对枯草芽孢杆菌（*Bacillus subtilis*）生物量的抑制，苯甲酸与苯丙酸的质量浓度分别在大于2 μg/L和3 μg/L时对拮抗菌短短芽孢杆菌（*Brevibacillus brevis*）生长的抑制。与此同时，这些酚酸类物质还会促进病原菌的生长，如黄瓜根系分泌的自毒物质中的羟基苯甲酸、阿魏酸、苯甲酸、肉桂酸等会刺激禾谷镰刀菌（*Fusarium graminearum*）的生长而导致连作黄瓜枯萎病发生加剧；阿魏酸、苯甲酸、肉桂酸在0.1 mmol/L的浓度下对尖孢镰刀菌孢子萌发与菌丝的生长均有较强的促进作用，从而诱导甜瓜枯萎病的发生；黄瓜植株根系分泌的自毒物质对尖孢镰刀菌的生长具有明显的加剧作用，从而促进黄瓜枯萎病的发生；外源添加75 μg/g与150 μg/g的肉桂酸后，烟草根际真菌中镰刀菌属的比例分别显著增加至79.93%和69.96%。总之，病原菌能更好地利用作物累积的自毒物质，定殖于作物根部，而自毒物质能抑制有益拮抗菌的生长，两者的共同作用导致蔬菜根腐病的加剧。

（四）土壤微生物

微生物是土壤生态系统的重要组成部分，每克土壤中大约有一百亿个微生物，它们与植物生长和健康有着密不可分的关系。土壤微生物是影响植物土传病害发生最重要的因素，益生菌在控制植物土传病害中的重要性已得到广泛的认可。在土壤中，部分微生物具有拮抗土壤病原菌的功能，对病原体入侵或在根部组织间的二次传播具有明显的抑制作用。然而，连作往往会降低土壤微生物群落的多样性，使土壤微生物结构由“细菌型”向“真菌型”转化。有益微生物，如芽孢杆菌、假单胞菌、放线菌等的生物量减少，而镰刀菌、链格孢等病原真菌逐渐富集。大量研究表明，健康土壤和发生土传病害（根腐病、青枯病、黑胫病、线虫病等）的土壤中的微生物群落组成存在显著差异。当蔬菜根部微生物组成中有益菌增加、拮抗菌减少时，连作蔬菜的根腐病就可以得到有效控制。

三、蔬菜根腐病的绿色防控关键技术

（一）镰刀菌根腐病的农业防治

农业防治又称栽培防治或耕作防治，是传统农业中作物病害防治的主要手段。

科学合理的农业措施是提高植株抗病性的保障，可以营造出不利于病原菌存活的环境，对于作物土传病害防控具有重要意义。长期的实践证明，结合不同地区的种植特点，合理轮作是减少土壤病原体数量、促进作物营养平衡的重要手段；高起垄、深挖排水沟、防止茎基部积水可以有效减轻根腐病的发生危害；及时中耕松土可以消除土壤板结、增加土壤通透性，有利于促进植株根系发育、破坏病原菌滋生的条件；农田及时清残、冬季深翻晒田可降低病原菌生物量；适量施用化肥，合理补充钾肥及中微量元素，平衡植株营养、增强抗病性；施用土壤改良有机肥，因这些肥料含有腐植酸、菜籽饼、芝麻饼、粪肥等有机物质，不仅可以提升作物品质，而且对提高土壤通透性、消除土壤板结以及增强土壤微生物多样性有着独特的作用。

抗病品种的选育是经济有效防控作物根腐病的重要措施之一。但镰刀菌种类复杂、小种分化多样，抗病品种的持效期在逐渐缩短，而培育新的抗性品种耗时较长，给育种工作带来了一定难度。近年来,随着分子技术的突飞猛进,越来越多的致病相关因子逐渐被发现,为育种工作带来了前所未有的契机。目前国外科研人员已利用分子标记辅助育种技术选育出多个抗番茄根腐病(由尖孢镰刀菌引起)品种。国内试验研究表明,精品红美女、花绣球、红色樱桃、中杂9号、强丰、毛粉802、L402等品种表现出较好的抗性。

(二)镰刀菌根腐病的化学防治

化学防治是镰刀菌根腐病防治中最直接,也最有效的手段。在病害发生早期,使用75.0%百菌清进行灌根可达到较好的防治效果。陈高航(2013)使用72.0%甲霜锰锌,70.0%代森锰锌,70.0%多福,75.0%百菌清以及金法力枯草芽孢杆菌对分离自烟草的尖孢镰刀菌的抑制作用进行室内药剂筛选发现,药品的稀释倍数越高,对尖孢镰刀菌的抑菌率越低,抑菌效果最好的两种药剂为75.0%百菌清和70.0%代森锰锌。陈志敏(2009)对分离自烟草的尖孢镰刀菌使用10.0%世高EC(乳油,emulsifiable concentrate,简称EC)、12.5%瑞毒脱EC、58.0%甲霜灵锰锌WP(可湿性粉剂,wettable powder,简称WP)、20.0%三唑酮WP、50.0%使百功WP进行平板抑菌试验以及室内盆栽试验,并对这5种药品进行复配室内毒力试验,确定世高加瑞毒脱复配剂(配比为1:4)防效最为显著(达到79.7%)。最近的研究表明,丙硫菌唑-戊唑醇复配对层出镰刀菌(*Fusarium proliferatum*)有很好的抑制效果,嘧菌酯、苯并噻二唑、丙硫菌唑、丙环唑、戊唑醇等对尖孢镰刀菌引起的枯萎病效果较好,咪鲜胺水乳剂可以有效抑制由镰刀菌引起的果腐病。这些研究为抑制根腐病的化学药剂筛选提供了重要参考。

化学防治虽然是镰刀菌根腐病见效最快的防治方法,但具有污染环境,农药残留等问题。因此,在规范化学药剂使用的同时,要本着“早发现,早处理”的原则,加强对田间病害发生情况监测。在病害发生的早期进行化学防治,用最小的环境代价获得最大的防治效果。

(三)镰刀菌根腐病的生物防治

利用自然界中广泛存在的微生物及其代谢产物防治植物根腐病是当前的研究热点之一。土壤中丰富的细菌资源是植物土传真菌病害生防菌的筛选宝库,宋喜乐(2017)从不同生长时期、不同植烟年限烟草根际土壤中分离筛选到69株对尖孢镰刀菌有抑制作用的细菌。姚晓远(2019)从土壤中筛离得到的多粘类芽孢杆菌和枯草芽孢杆菌对烟草根腐病病原菌镰刀菌在对峙平板上72 h的抑菌率分别达到了48.78%和43.75%。至今,用于根腐病防治的菌剂很多,其中主要是芽孢杆菌。在真菌中木霉(*Trichoderma*)是最常见的生防菌,在小麦、玉米、黄瓜、棉花、苹果、香蕉、柑橘等农作物种植过程中得到了很好的应用。蚕豆根腐病的生物防治主要是通过选用拮抗菌种以及提高植株抗性的方式。研究发现,哈茨木霉拌种、绿色木霉施用、枯草芽孢杆菌灌根以及哈茨木霉拌种加高浓度喷雾沟施对达坂城本地大蚕豆和小蚕豆根腐病的发病率均有显著抑制效果,蚕豆根际土壤菌落结构分析表明,哈茨木霉和绿色木霉可以直接抑制根腐病病原菌镰刀菌的发生(段晓东等,2014)。同样,有关烟草病原菌镰刀菌的生防木霉筛选也得到了研究人员的广泛关注。其中,田艳艳等(2015)进行了生防木霉的筛选工作,从洛阳烟区不同生长时期的土壤样品中分离筛选到了对尖孢镰刀菌(*Fusarium oxysporum*)具有生防作用的哈茨木霉(*Trichoderma harzianum*)、棘孢木霉(*Trichoderma asperellum*)、深绿木霉(*Trichoderma atroviride*)和毛簇木霉(*Trichoderma velutinum*);何亚登(2019)以烟草病原茄病镰刀菌(*Fusarium solani*)为靶标菌,以实验室筛选保存的棘孢木霉(*Trichoderma asperellum*)为生防菌做平板对峙试验,发现棘孢木霉对茄病镰刀菌的抑菌率达到了55.46%。这些研究都为作物根部病害生防菌的筛选提供了微生物资源。

生防菌的使用方法有:浸种、蘸根、灌根、滴灌、混土等。中国农业科学院植物保护研究所在生防菌剂研发的基础上,开发了一种新的田间应用技术:在作物育种移栽前,在种植行下开挖"丰产沟",并大量埋置农作物秸秆作为载体,用于芽孢杆菌(*Bacillus* spp.)、淡紫拟青霉(*Paecilomyces lilacinus*)和粉红粘帚霉(*Gliocladium roseum*)等有益微生物或其组合的应用。

抑制根际土壤病原菌的生长和活动是保护根系和防治土传病害的基础。因此,必须重视并考虑土壤理化因素对植物、土壤微生物和根部病原物三者之间相互关系的影响。在筛选生防菌过程中,要采用多种病原菌作为筛选目标,在生防菌的使用中将单一菌剂的使用转变为多菌配合使用,以提高防效和实现生防菌防病的广谱性。

目前,国内外已报道的根腐病生物防治措施主要包括:(1)拮抗菌。已发现木霉(*Trichoderma* spp.)、镰刀菌(*Fusarium* spp.)、粉红粘帚霉(*Gliocladium roseum*)、芽孢杆菌(*Bacillus* spp.)和假丝酵母(*Candida* spp.)等在土传病害防治上具有较好的拮抗作用。其中有不少都已商品化进入市场。(2)诱抗剂。一类能诱导寄主植物产生防卫反应的特殊化合物,它在浓度很低的情况下即可被植物识别为信号物质,诱发植物自身的免疫反应,最终使植物获得抵御病害的能力,这类物质统称为植物诱抗剂。植物诱抗剂在植物发病前施用,可以预防病害发生,从而减少化学农药的使用。(3)内生菌。植物内生菌普遍存在,且具有多样的生态效应,包括促进植物生长、增强植物的免疫性等,已成为目前国内外研究的热点。根腐病生物控制的策略见图7-1。

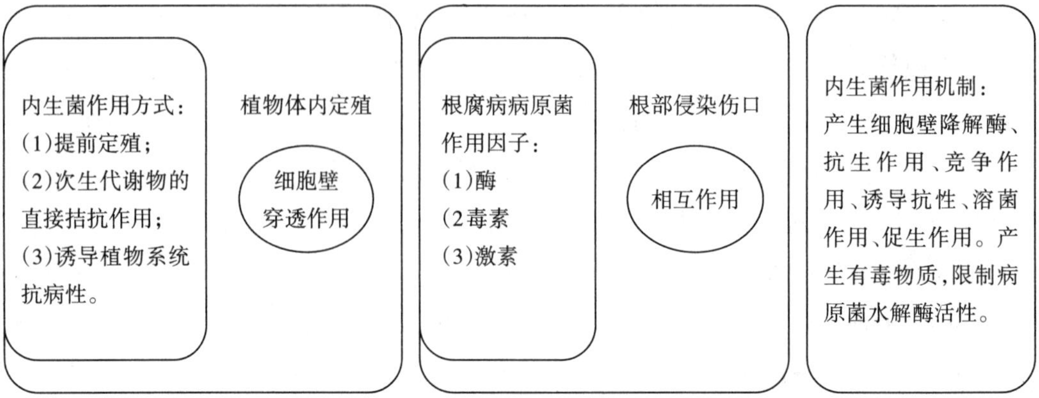

图7-1　根腐病生物控制策略

（四）蔬菜镰刀菌根腐病防控的主要对策

（1）实行轮作和苗床消毒。将易发生根腐病、枯萎病的作物与其他作物轮作，避免连作或下茬种植受同种病原菌侵染的作物。由于病原菌的分生孢子在土壤中存活时间长，必须合理安排轮作，在茬口安排上与大白菜、甘蓝、大蒜、大葱等作物实行5年以上的轮作换茬是减轻或杜绝根腐病发生的重要栽培条件。要加强对基地环境、设施和苗床的消毒，消毒用高锰酸钾1 000倍液淋洗或喷雾。

（2）科学管理。根据各种作物对水分的要求合理浇水，不可大水漫灌。缩短灌水时间，避免存水过多。平整土地时一定要挖好排水沟，采用垄栽，这既有利于提早封垄，又有利于通风透光和田间管理。做好棚内温湿度及地温管理，湿度升高时及时通风排湿，避免田间湿度过大。地温低时及时松土保温。

（3）及早预防。播种前首选2.5%咯菌腈10倍液拌种（能预防白粉病、锈病和丝黑穗病）。育苗池用8.0%恶霉灵消毒，每1 t消毒液中夏秋季加入60 mL，冬春季加40 mL。直播田播种后至幼苗期或在育苗盘中均用10亿个/g多粘类芽孢杆菌500倍液淋根1—3次。此外应用育苗基质拌菌技术、有机肥拌菌技术，也是及早预防根腐病的重要举措。对于化学药剂、生物菌剂都要坚持精准应用的原则。

根腐病、枯萎病严重的育苗基地和大田用1.0%申嗪霉素1 000倍液喷雾1—2次，兼防疫病、霜霉病；大田期可用10亿个/g多粘类芽孢杆菌500倍液淋根，兼防根肿病；用50亿个/g多粘类芽孢杆菌1 500倍液淋根或喷雾，兼防细菌性青枯病、角斑病等病害。以上3种生物农药轮换施用，7—10 d喷一次，到不再发病为止。

第三节 蔬菜线虫病害的微生态调控技术规程

一、根结线虫的发生与危害

植物线虫病害是导致农作物减产的主要病害之一，每年造成的损失超过1 500亿美元。线虫也是连作蔬菜区最主要的病害，在绝大多数蔬菜种植区都会发生并造成严重损失。而危害最大的是根结线虫，它被列为危害全球的十大植物类寄生线虫之首。有效控制线虫是治理连作病害的重要任务之一。

线虫是一种丝状或线状假体腔不分节的蠕虫形动物，数量庞大，可自由活动，也可寄生植物。根结线虫是线虫门（Nematoda）侧尾腺口纲（Secernentea）垫刃目（Tylenchida）异皮线虫科（Heteroderidae）根结线虫属（*Meloidogyne*）的一种专化寄生农作物的病原线虫，分布广泛，种类繁多，可危害大多数开花植物，寄主种类达几千种之多。它们通过有性生殖、孤雌生殖等多种方式繁殖。有研究表明孤雌生殖的根结线虫，其寄主范围较其他生殖方式的根结线虫更广，南方根结线虫就是其中的一种。无毒力的根结线虫只需要在寄主上经历一次或几次传代，便可转变为有毒力的根结线虫，且可以遗传。

根结线虫具有种类繁多、分布范围广、危害程度大和寄主植物多等特点。1855年根结线虫首次在英国发现。目前，已知的根结线虫的寄主达到114科，3 000多种，包括蔬菜、粮食作物、杂草、花卉、林木等诸多植物，其中茄科和葫芦科等作物受线虫危害最为严重。至2003年，已经被鉴定的有90多种根结线虫，最常见的4种是：南方根结线虫（*Meloidogyne incognita*）、爪哇根结线虫（*Meloidogyne javanica*）、北方根结线虫（*Meloidogyne hapla*）和花生根结线虫（*Meloidogyne arenaria*），其中以南方根结线虫的寄主种类最多，是侵害蔬菜作物的优势种群。

根结线虫在种间、种内、群体间遗传变异较大，加之寄主范围广，因此危害严重且难以防治，作物受害后的产量损失一般为10%—15%，严重时可达30%—40%，甚至绝收。根结线虫在侵害植株时造成的伤口导致病原菌更易侵入，从而形成复合侵染，这会加重植株根部受害，造成更加严重的经济损失。

根结线虫的发育经历4个龄期，完成一代约需3—6周。一龄线虫在卵内发育。二龄线虫为刚孵化出来的幼虫，二龄幼虫从根部伸长区侵入寄主植物并向根尖移动，到达分生组织，最后向维管束移动到达原生木质部。二龄幼虫会诱导寄主细胞形成巨细胞。线虫在巨细胞中，静止不动，并从巨细胞中获取营养物质。二龄幼虫经过2次蜕皮发育为成虫，雌成虫继续保持静止，最终使作物根部形成瘤状物，雄虫则可移动并离开根部。根结线虫在植株的每个时期都可以侵染，其中在幼苗期侵染危害较大。受害植物在发病中后期，地上部叶片出现不规则的斑点、严重时穿孔，同时叶片向内卷曲，使叶片变薄、品质下降、产量降低，严重时可导致蔬菜完全失去食用价值和经济价值。

二、影响连作蔬菜线虫病发生的关键因子

（一）线虫病害发生与寄主植物之间的关系

多年重茬、连续种植同一种蔬菜品种，是发生根结线虫病害的主要原因。寄主植物与线虫病发生有密切的关系。线虫病发生的轻重一方面取决于线虫对寄主植物的选择，另一方面取决于寄主植物对线虫的抗性。在蔬菜连作的情况下，线虫大量积累，导致寄主植物的抗性降低，加之连作土壤有利于线虫的生存而不利于作物的生长，因而使线虫病害更加严重。

根结线虫侵染植株离不开根结线虫头部的化感器、口针、分泌的酶液以及由线虫侵染引起的植物根部细胞一系列的生化反应，这是一个十分复杂的过程。在根结线虫的所有虫态中，只有二龄幼虫可以侵染植株。大多数的根结线虫对寄主根系的识别范围在根尖的1.5 mm内，识别部位为根尖的伸长区。根结线虫拥有口针和食道腺两个重要的专化寄生器官。根结线虫侵染植株时，首先利用头部敏感的化感器寻找植株根系，确定侵染部位。其次通过口针将食道腺分泌的SOD、硫氧还蛋白还原酶、脂氧化酶、抑制蛋白酶等防御蛋白和其他分泌物输至植物根尖细胞，改变植物根部细胞的许多基因表达。例如可以激活降解细胞壁的葡聚糖酶基因和半乳糖激酶基因、与巨细胞形成有关的胶质微管蛋白和肌动蛋白基因、细胞周期调控基因早期生节因子*ENOD40*和核内复制因子*CCS52A*等。基因表达改变引发的复杂生化变化，刺激植物根部细胞有丝分裂，最终形成含有多核的巨细胞，为线虫提供营养，维持线虫正常生长发育。线虫口针分泌物通常含有与巨细胞形成相关的交换蛋白、伸展蛋白、纤维素酶、几丁质酶、果胶酸裂解酶、β-1，4-内切木聚糖酶、葡萄糖醛酸酶等信号物质和酶。另外，还有研究发现在线虫食道腺分泌物中含有与信号调节、代谢调控和细胞周期调控等复杂功能相关的钙牵蛋白和14-3-3蛋白。

根结线虫侵染会导致植株产生一系列反应，如叶绿素含量下降、光合速率降低、呼吸作用增强，植株体内激素失衡、代谢失调、运输能力下降等。植株在受到根结线虫胁迫的

同时,也会产生一系列的应激变化。植株根系组织细胞壁增厚并使根系木质化进而抑制根结线虫侵入,这是植物抵御根结线虫的第一道屏障。有研究表明,玉米根系内存在一层隔离细胞可以引诱根结线虫,使根结线虫不能到达里层细胞,从而减少线虫对植株根系的损伤(Rodger等,2003)。另外,当线虫侵染寄主时,植物细胞膜上的识别受体(PRRs)会识别病原物表面的病原体相关分子模式(PAMPs),从而激活植株防御系统,促使植株体内的抗性基因表达、抗性相关酶和抗性相关物质增加、产生坏死反应等,以保护植株不受根结线虫侵染或降低根结线虫对植株的危害。

目前,已发现的抗根结线虫病的植物基因主要有马铃薯抗根结线虫*RKN1*和*RKN2*基因、番茄抗根结线虫*Mi*基因、辣椒抗根结线虫*N*、*Me1*、*Me3*、*Me4*、*Me5*、*Me7*、*Mech1*、*Mech2*、*Cami*基因等(张铭真,2017)。其中,*Mi*基因主要表现为侵染点附近细胞过敏性坏死,但当温度高于28 ℃时不再表现出抗性。有研究表明与*Mi*基因的抗性表达相关的物质有水杨酸和茉莉酸。在植物对线虫的抗病反应中,植物抗性相关物质乙烯等也发挥着重要作用。植物激素生长素(IAA)和细胞分裂素(CTK)不仅影响着植株生长发育,还影响着线虫取食位点的选择。

另外,植物体内还存在着一些杀线虫物质,如蓖麻叶、蕺菜、万寿菊等的粗提物。同时许多植物源杀线虫剂对根结线虫也有较好的毒力,如毒扁豆碱、烟碱、雷公藤碱、野百合碱等生物碱类化合物,鱼藤酮、毛鱼藤酮、大豆素等生物类黄酮化合物,印楝素、苦皮藤素等萜类化合物和甘油三酯等化合物。

(二)线虫病发生与土壤理化性质的关系

土壤pH值的变化与根结线虫病的发生密切相关。研究发现吸引根结线虫最佳的土壤pH值为4.5—5.5,同时,植株被根结线虫侵染后,会释放大量的有机酸类到土壤中,导致蔬菜(如黄瓜)根系周围的pH值降低。根系呼吸时释放的CO_2溶于土壤也会导致土壤pH值降低,进而会吸引更多的根结线虫,造成病害加剧。连作也是导致根结线虫暴发的一个主要因素。烟草等茄科植物连作可以使土壤微量元素等微环境改变和土壤酸化,诱使土壤根结线虫数量上升,最终导致根结线虫病暴发。根结线虫除了对CO_2具有趋化性外,对许多根系分泌物也具有趋化性,如南方根结线虫对黄瓜根系挥发物具有趋化性。

根结线虫对一些化学物质也非常敏感,尤其是铜离子。例如:0.000 4 mol/L和0.000 5 mol/L的无水硫酸铜对南方根结线虫50%的致死时间分别为12.60 h和7.42 h,90%的致死时间为36.27 h和15.05 h。白春明等(2011)发现,根结线虫对碳酸氢铵和氯化铁也较为敏感。施河丽等(2020)研究表明湖北恩施根结线虫病与土壤有效磷、交换性钾和交换性镁含量等密切相关,病害的发生与交换性钾含量呈正相关,与有效磷和交换性镁含量呈负相关。左梅等(2020)研究表明土壤中交换性钙和交换性镁是影响根结线虫病害发生的重要土壤特性指标。王宏宝等(2019)研究表明黄瓜根结线虫病害发生与土壤全磷含量和全氮含量呈显著负相关。

以上研究表明通过调控土壤理化性质可以较好地控制线虫病的发生。贾利华等(2009)发现施用氮肥可以较好地抑制根结线虫病,控制病情,而磷、钾肥抑病效果较差。吕和平等(2012)研究表明,土壤中施用含铜盐的药剂对根结线虫卵囊、卵孵化及幼虫存活等均会产生负面影响。

王金峰(2023)研究表明,生物质材料牡蛎硅粉(重庆西农植物保护科技开发有限公司研制)在室内和田间对根结线虫病有较好的防控效果。牡蛎硅粉室内(0.20%—0.40%的比例拌土)对根结线虫病的防效在59.00%—71.00%之间;在田间以50 g/株窝施对根结线虫病的防效达57.28%。牡蛎硅粉、甲壳素和壳寡糖复配(25.0∶0.4∶0.2)在室内试验中对烟草根结线虫病具有较好的控制效果,在田间以20 g/株和40 g/株窝施处理对根结线虫病的防效分别为63.71%和68.18%。另外,研究还发现牡蛎硅粉可以提高烟株叶绿素含量和根系活力,提升土壤pH值、交换性钙含量、交换性镁含量和土壤过氧化氢酶活性,达到持续控制根结线虫病的目的。

(三)线虫病害与根际微生物的关系

土壤微生物和土壤酶共同营造了土壤的微生态环境,并影响着植株生长以及根际周围有益和有害生物的种群动态。土壤酶主要来源于微生物和动植物残体,是土壤生态系统的催化剂,在物质流动、能量转换等土壤生态功能方面发挥着重要作用,土壤酶的种类含量和活性变化与预测线虫病的发生有密切关系。研究发现根际土壤蔗糖酶、纤维素酶、过氧化氢酶及脲酶活性与根结线虫发病呈负相关(王宏宝等,2020;王启宇等,2021;左梅等,2020);磷酸酶与根结线虫病呈正相关(左梅等,2020);禾本科作物伴生番茄根系可以提高番茄根区土壤脲酶、蛋白酶和蔗糖酶活性(杨瑞娟等,2017);微生物菌肥可以提高罗汉果根系土壤脲酶和过氧化氢酶的活性,降低土壤根结线虫及其卵的数量(冯世鑫等,2021)。

土壤根际微生物是植物土传病害的一道保护屏障。有研究表明,部分根际微生物丰富的抑制性土壤不使用杀虫剂也能保持植株健康(Raaijmakers and Weller,1998)。Adam等(2014)研究发现未灭菌土壤里根结线虫比灭菌的土壤中的数量少,且形体较小,其中根结线虫卵的数量比灭菌土壤低93.00%,这直接说明了土壤中存在微生物可以抑制线虫的生长及存活。李林等(2004)在定植前使用氰氨化钙-太阳能进行土壤消毒,发现这对黄瓜根结线虫病的防效达60.44%。土壤中还存在着许多能够抑制病原菌的微生物,如假单胞菌、芽孢杆菌、溶菌和木霉等。江其朋(2021)、张仁军(2021)等发现土壤中的芽单胞菌属、镰刀菌属、赤霉菌属与根结线虫病密切相关。土壤微生物中还包括一些捕食性线虫、食线虫的真菌、病毒、放线菌和专性寄生细菌等,它们是根结线虫的重要生防资源。EL-Hadad等(2011)通过温室盆栽试验发现一些含有多粘类芽孢杆菌、巨大芽孢杆菌、环状芽孢杆菌的生物肥能够降低根结线虫虫口数。黄阔(2020)也发现外源施用淡紫拟青霉、枯草芽孢杆菌、哈茨木霉、荧光假单胞菌等微生物菌剂对根结线虫病可以起到较好的防治效果。

根际微生物能够产生一些抑制线虫活性的物质,如NH_3和NO_2,这些物质能改变根分泌物、影响线虫卵孵化,抑制线虫侵染活性,诱导植物产生系统抗线虫能力。有研究表明生物有机肥携带的"将军型"功能微生物不仅可以抑制病原菌,降低其生存力,还能够重塑根际土壤细菌群落,激发土著有益菌群活力,并协同增强植物抗病能力,最终提高作物产量与品质。

(四)影响线虫病发生的其他因素

根结线虫在河滩、丘陵、平原、山区等各种类型的土壤中均可造成危害,在透气性较好、土壤结构相对疏松的环境下,根结线虫的存活能力较强,发病较为严重;在透气性差、土壤硬化的情况下,不易发病。病土、病苗、灌溉水及病残体等借助流水、风、农机具等传播根结线虫,导致病害发生,甚至大面积暴发。根结线虫对气候条件也有一定的要求,高温高湿环境不利于根结线虫的生长发育。根结线虫适宜生存的温度为25—30 ℃,当温度低于10 ℃或高于35 ℃时会严重降低其侵染能力,当温度低于-20 ℃或高于45 ℃时,根结线虫会在数小时内死亡。南方根结线虫适宜生存的土壤含水量为4%—9%,当含水量为21%—36%时,其活动能力受到限制。另外,根结线虫为需氧生物,土壤含氧量对其活动能力也会产生较大影响。一般在砂壤土、石砾土以及红壤土中,根结线虫的活动性较大,病害发生严重。而在黏性土壤中,由于含氧较少,线虫活动受限,病害发生较轻。农作物的移栽方式对根结线虫病的发生也有一定影响,一般移栽苗比直播苗的发病较轻。

一般说来,蔬菜的根结线虫可以自行游动,但因游动的速度慢、距离短,在传播中的作用较小。根结线虫主要是通过水流、土壤及人为(即人们的生产及运输)进行传播,特别是人为传播,所起的作用很大,从田块之间到地区之间,都可通过人为传播。田块之间起作用较大的主要是一些农事活动。根结线虫在土表3—10 cm的地方分布最多,即使人们在田间行走,鞋底上粘上泥土,也可在田间传播根结线虫。此外,更重要的传播途径就是通过农具或机械,例如,用旋耕机翻耕有根结线虫的土壤,如果不将旋耕器及时清洗干净,也会传播根结线虫。再者就是通过种苗传播,如果将带有根结线虫的种苗栽上后用不了两年,根结线虫即会在种植区全面传开。更危险的是种苗的长途贩运,随着物流行业以及观光园区的发展，这种人为的传播在近些年来尤为常见。

三、基于微生态调控的连作蔬菜线虫控制的关键技术

近年来连作蔬菜线虫病在我国主要蔬菜产区猖獗发生，全球变暖的气候条件也更加适宜线虫的大发生。由于根结线虫侵染的特殊性、危害的隐蔽性，防治工作难以取得理想的效果。因此，以调控微生态为核心的绿色综合防治措施目前已成为根结线虫病治理的关键。

该项技术坚持以“四个平衡”为导向的绿色生态防控理念，集成以牡蛎硅粉土壤调酸技术、育苗基质拌菌壮苗技术、有机肥拌菌促肥技术、抗性诱导技术、叶面中微量元素补充技术为核心的根结线虫绿色防控技术体系，以达到提高蔬菜健康水平和有效防控蔬菜根结线虫病害的目标。

具体技术措施如下。

1.避免连作

线虫虽能侵染多种蔬菜，但不同蔬菜在感病程度上有明显差异，可利用蔬菜生长期短，容易轮作换茬的特点，将重病地改种感病轻的蔬菜种类或品种，可获得明显的控病效果。如瓜类、芹菜、番茄较易感病，受害重，可与葱、蒜、韭菜、辣椒等感病轻的蔬菜轮作，发病严重地块最好与禾本科作物轮作。有条件的地方可种一季水稻，实行水旱轮作。

2.清理发病田、翻耕晒土

在前茬蔬菜采收后，及时清除田间带有根结线虫的病根、病株、病残体、杂草，并集中烧毁。冬季翻耕晒土，杀死土壤中的越冬线虫，减少土壤中越冬线虫的成活数量。新菜移栽或者播种前及时翻耕晒土，置于烈日下曝晒7 d以上，可有效杀死土壤中的二龄幼虫及卵，减少土壤中初侵染的线虫基数。

3.培育健苗与壮苗

落实育苗基质拌菌技术要求，培育无病壮苗，可减少苗期感染，减轻根结线虫在大田期的危害。采用有益菌剂构建防御线虫入侵的生物屏障。把益生菌剂(如苗强壮、苗儿壮、苗三强，或具有抗病活性的淡紫拟青霉等菌株)与育苗基质混合均匀后播种抗御线虫早期对植物的侵染。一般育1 000株苗子的基质中可拌菌剂100 g。注意菌剂要和基质混合均匀，在温度低于13 ℃时，需要采用温室育苗，保障正常出苗和幼苗生长健壮。

4. 调理土壤酸碱度，补充中微量元素

pH值在4.5—5.5的地块，每亩施用希植牡蛎硅200 kg；pH值在5.5—6.0的地块，每亩施用牡蛎钾100 kg；pH值在6.0—6.5的地块，每亩施用牡蛎钾30—50 kg。均匀撒施后翻地，可有效改良土壤，提高pH值，补充钙、镁离子和微量元素，是避免线虫病发生的重要技术措施。此外，也可每亩施石灰粉75—100 kg，提高土壤pH值，但不能连续施用和过量施用。

5. 增施微生物菌肥平衡土壤微生态

要注意增施有机肥，同时采用有机肥拌菌技术。用根茎康1 kg/亩、淡紫拟青霉100 g/亩与有机肥混合均匀，条施起垄可调控土壤微生态，创造不利于线虫发生的环境条件。

6. 抗性诱导、补充微量元素（蔬菜栽种后25 d左右）

蔬菜移栽后20—30 d，叶面喷施东莨菪内酯（0.05 g/亩）、核黄素（10.00 g/亩）和希植美2号等微量元素，每亩用水量30—50 kg。

7. 化学药剂的精准应用

蔬菜的苗期是线虫侵染的关键时期，因此在线虫病常发区应在菜苗移栽时采用25%阿维·丁硫水乳剂3 000倍液进行灌根处理，每株200 mL。在蔬菜生长期，应根据蔬菜种类和线虫发生的特点，严格按照防控的技术要点，选择适当的施药方式、施药器械、施药时间和施药剂量进行精准施药。

8. 加强栽培管理、规范化操作

（1）选择长势均匀，根系发达的无病壮苗，杜绝采用已发生线虫病或花叶病或灰霉病的病苗。

（2）在移栽环节，保证地膜开口直径在15 cm以上，用细土封窝。

（3）移栽当天必须进行地下害虫的防治，移栽后及时灌水，灌水量每株约500 mL。

（4）移栽完成后2周内如降雨量少，则需及时补充水分。

（5）注重田间卫生，确保田间“三无”，即无杂草、无废弃菜叶、无秸秆等。

（6）提高科学认识，降低人为传播概率，在进行田间农事操作或病虫调查时应坚持先在无病区域，后在发病区域的顺序。

9. 早期预警、加强监测

在六、七月份，根结线虫病田间症状开始出现，植株的根部呈现“鸡爪状”这是确认根结线虫病发生的鉴别特征。此外发病植株从下部叶片开始，叶尖、叶缘逐渐褪绿变黄，与缺素症相似，应注意区分。要重点监控根结线虫病的扩散与流行，一经发现，及时精准用药。

10.注意避免对非疫区的扩散传播

加强对疫区的控制和封锁，防止疫区面积扩大、蔓延，对种子、幼苗加强检疫工作，杜绝线虫的传播，保护无病区。

微生态调控线虫病害技术措施见表7-1。

表7-1 微生态调控线虫病害技术措施一览表

时期	药剂	用量及使用方法	目的
育苗期	苗强壮 淡紫拟青霉	每1 000株烟苗所用基质添苗强壮菌剂100 g，淡紫拟青霉菌15 g，混合均匀，装入育苗盘，正常播种育苗。	选用苗强壮复合微生物菌剂加淡紫拟青霉在育苗时拌入基质中，抢占根际生态位，构建植株健康微生物屏障，防御根结线虫的早期入侵。
移栽前	牡蛎硅粉	每亩条施200 kg；注意避免直接采用贝壳粉、牡蛎壳粉等不溶于水的材料，施用时均匀撒施，避免该材料直接和烟草幼嫩的根部接触。	补充K、P、Si、Ca、Mg等中微量元素，调节土壤生态环境。
起垄时	根茎康 淡紫拟青霉 当地有机肥	按照根茎康：淡紫拟青霉：有机肥=10 kg：100 g：1 t的比例进行混配，现配现用，起垄时采用条施。	使用根茎康菌剂和淡紫拟青霉活化有机肥，促进有益微生物增殖，提升有机肥养分转化和利用率。
移栽时	25%阿维·丁硫水乳剂 氨基寡糖素	25%阿维·丁硫水乳剂60 mL/亩加0.5%氨基寡糖素200 mL/亩，与定根水混合均匀后浇灌，保证移栽后灌水量在每株500 mL以上。	降低土壤病原数量，提升植株抗性。
旺长期	希植美微量元素加抗性诱导剂	1 000倍液，50 g/亩，叶面喷雾。	补充叶面微量元素，提升烟株抵抗力，预防叶部病害。

2021—2023年在重庆、四川等地应用以调控微生态为核心的根结线虫绿色防控技术，开展田间示范应用。结果表明，这套技术不仅对根结线虫病具有良好的防治效果，防效达81.12%，而且还显著提高了土壤全磷、速效钾、交换性钙、镁的含量，提升了土壤pH值及脲酶、过氧化氢酶和蔗糖酶的活性，降低了土壤交换性酸的含量。实践证明，这套绿色防控技术对于优化土壤结构，持续控制根结线虫病的发生具有重要的应用价值。

第四节　十字花科根肿病的微生态调控技术规程

一、十字花科根肿病的发生特点

根肿病是一种严重危害白菜、青菜、芥菜、薹菜、萝卜、甘蓝、苤蓝、花菜等十字花科作物的世界性土传病害。该病最早于1737年在英国、地中海西岸和欧洲南部被发现，如今已成为欧洲、北美、东亚等地区的主要病害之一。我国最早报道此病是1936年，发生在台湾白菜上。目前，根肿病在我国大部分省市均有发生。根肿病在全球范围内均广泛传播，并造成当地蔬菜单产下降10%—15%，局部地块损失高达50%以上，严重时会导致蔬菜绝产绝收。根肿病被认为是导致油菜等十字花科作物损失惨重的重大流行性病害。目前，根肿病还在中国各地蔓延，其中以我国西南、东北和中部地区暴发最为严重。在某些地区，由于根肿病的严重发生，导致十字花科作物的种植中断，造成了十分严重的损失。

重庆地区早在1994年就报道了涪陵榨菜根肿病的发生危害和产量损失情况。武隆、南川、涪陵、巫溪等多个油料作物产区陆续发现根肿病有扩大蔓延的趋势。王旭祎等2003年调查显示涪陵沿江19个榨菜主栽乡（镇）均受到根肿病危害，其中江北、百胜、新妙等地发病最重。榨菜、叶芥、芥菜（儿菜）、萝卜等，发病率在80%—100%；花椰菜、甘蓝发病略轻，发病率在40%—50%。武隆该病主要发生在高山蔬菜种植基地，包括仙女山镇和双河乡。武隆地区4—5月份为十字花科蔬菜的育苗期，在甘蓝、萝卜等作物上属于低发期，发病率在5%—10%左右；6月份，是这些蔬菜作物的关键生长时期，该病的发生呈上升趋势，发病率在20%—30%；7月份高温高湿是作物根肿病发生发展的高峰期，发病率在70%—90%；8—10月份，是作物的采收期，其发病率在60%—70%（李晓梅等，2019）。

十字花科根肿病病原为鞭毛菌亚门的芸薹根肿菌（*Plasmodiophora brassicae* Woronin），属于专性寄生真菌。病菌在寄主肿大的细胞内形成休眠孢子囊，密集呈鱼卵块状。油菜、甘蓝、白菜、萝卜、榨菜、芜菁等重要蔬菜和经济作物都易发根肿病。另外，通过人工接种的方式，一些非十字花科植物也能被根肿病菌侵染，如木犀草科的木犀草、豆科的红三叶草、罂粟科的虞美人、禾本科的野麦草等。

由芸薹根肿菌侵染引起的病害主要发生在植物的根部。病原菌以休眠孢子囊随病株残余组织遗留在田间或散落在土壤中越冬或越夏。休眠孢子抵御环境的能力很强，可存活6—7年，并通过雨水、灌溉水、田间农事操作携带菌土壤、病残体及未腐熟的厩肥等途径传播，成为翌年的再侵染源。植株感病以苗期为主，成株期也可感病。植株感病后，根部组织会异常增生膨大形成肿根，肿根形成初期表面光滑，之后逐渐粗糙、龟裂甚至腐烂。肿根的出现严重损害植物根系功能，致使根和茎吸收传导养分受阻，造成植株生长不良、矮化、萎蔫，生长迟缓，且从基部叶片开始出现黄化，表现出缺水症状。发病严重时可导致植株死亡。

芸薹根肿菌生活史有3个阶段：休眠阶段、初侵染阶段（根毛侵染）和再侵染阶段（皮层侵染）。休眠孢子从腐烂的寄主组织中释放出来在土壤中生存，当条件不适宜萌发时，休眠孢子处于休眠阶段。当条件适宜时，休眠孢子萌发释放出初级游动孢子，并移动到寄主根毛表面侵入根毛内部，此阶段为初侵染阶段。初级游动孢子在根毛内部先为初始原生质团形式，后原生质团核分裂，形成初生游动孢子囊，每个游动孢子囊产生4—16个次生游动孢子，或再侵染根毛，或成对融合侵染皮层细胞，形成肿根，这个阶段为再侵染阶段。

二、影响根肿病发生的关键因子

十字花科根肿病病原芸薹根肿菌（*Plasmodiophora brassicae* Woronin）一种土壤栖息菌，其生存和侵入能力受土壤理化性状和生物因素影响，作物是否发病取决于连作状况、土壤状况、品种抗性和栽培管理措施等多因子的协同作用。

根肿病菌的侵染与栽培蔬菜的生育期有密切的关系。多年试验证明，苗期和移栽期是根肿病菌的主要侵染时期。刘烈花（2021）通过室内盆栽试验表明，在榨菜幼苗期接种，根肿病的发病率和病情指数与幼苗龄期呈负相关。播种当天接种病原菌，其平均发病率达到95.14%，平均病情指数达到了46.33，随着苗龄的增加，根肿病的发病率与病情指数也随之降低。30 d之前接种根肿病菌的发病率均高于50%，苗龄期为35 d到40 d，发病率和病情指数显著降低，其中40 d苗龄时根肿病的平均发病率为30.23%，平均病情指数为11.89（图7-2）。呈现这一种情况的原因在于，随着苗龄的增加，植株对根肿病的抗性响应逐渐提高。在苗龄30 d之前，根肿病菌侵染后显著降低了植株POD、SOD、PPO酶的活性，从而导致小苗表现为更容易遭受侵染。因此，应着重在苗期和移栽期防控根肿病。

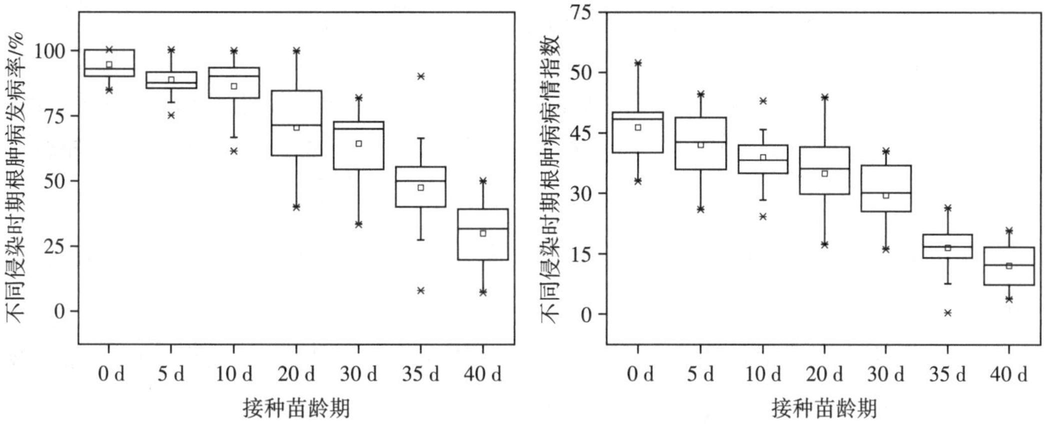

图7-2 不同接种时间下根肿病发病率与病情指数

温湿度和季节更替会影响根肿病的发生。气温在10—30 ℃,相对湿度为60%—98%时,最适合病菌孢子的活动,十字花科蔬菜最容易发病,低于或高于上述温湿度均不易发病。夏秋季节,高温多雨,又是十字花科作物大面积播种、移栽的季节,土壤中的病菌休眠孢子在早春就已萌发、繁殖、积累,随着温度的升高,潜伏期及病程缩短,菌源增多且入侵速度加快,苗期即遭受病原菌侵染,病情出现早而重。反之,气温较低,降雨量少的年份往往发病较轻。此外,土壤湿度大或者低洼积水和水改旱的田块都容易发生根肿病。

土壤环境恶化是加重根肿病发生的一个重要因素。十字花科蔬菜连作导致土壤中病原菌逐年积累和有益微生物大量减少,从而导致根肿病土传病害暴发。酸性土壤有利于根肿病菌休眠孢子囊萌发和游动孢子的侵入。有研究结果表明,土壤pH值在5.4—6.5,有利于病菌生长、繁殖,易诱发病害,当pH值在7.2以上时病害减轻。此外,土壤缺钙、镁、钼、铁等中微量元素,也是诱发该病的重要因素。在生产中用撒施石灰的方法调节土壤酸碱度,用增施有机肥来代替化肥,根肿病的发病率明显低于未采取相应措施的田块。

根肿病的发生与土壤微生物群落结构多样性有密切关系。土壤理化性质、土壤酶活性、土壤微生物结构的改善和微生物功能多样性的增加对根肿病的控制和延缓都具有一定的效果。在育苗基质拌菌和移栽时穴施有益微生物(如苗强壮、枯草芽孢杆菌等)后,发现5个细菌属(*Edaphobaculum*、*Aquisphaera*、*Singulisphaera*、*Pseudomonas*、*Reyranella*)和1个真菌属(*Mortierella*)的总数量与根肿病发病率和病情指数存在显著的负相关性,这说明上述几种关键微生物在抵御根肿病菌的入侵中可能发挥着重要作用。因此采用微生物菌剂改良土壤、优化根际微生态是控制根肿病的重要技术措施。

三、防控十字花科作物根肿病的微生态调控技术

十字花科作物根肿病防治的基本方法是调控根际微生态。如增施牡蛎钾粉、生石灰粉、有机肥和适量微量元素等优化土壤环境。实行深耕轮作，以改善土壤物理性质和微生物结构，降低危害程度；在育苗基质中添加益生菌剂，在移栽时窝施益生菌剂来构建强大的生物屏障。另外在适当时期辅以药剂防治，基本可以有效控制十字花科根肿病的发生。具体措施如下：

（1）避免连作。可对病田实行5年以上的水旱轮作或与非十字花科作物如番茄、辣椒、茄子、南瓜、西葫芦、苦瓜、黄瓜、玉米、葱、蒜等进行轮作。

（2）调节土壤pH值，避免栽种区域的土壤酸化。pH值在4.5以下的地块要避免栽种十字花科蔬菜；pH值在4.5—5.5的地块，每亩增施牡蛎钾200 kg；pH值在5.5—6.0的地块，每亩增施牡蛎钾100 kg；pH值在6.0—6.5的地块，每亩增施牡蛎钾30—50 kg，均匀撒施后翻地，可有效改良土壤，提高pH值，补充钙、镁离子和微量元素，是避免根肿病发生的重要技术措施。此外，每亩施石灰粉75—100 kg，也可在短期内提高土壤pH值，但不能连续施用和过量施用。

（3）少施化肥，移栽时要控制尿素的使用；增施腐熟有机肥，增加土壤有机质，提高土壤活性，充分发挥土壤有益微生物的作用。一般每亩可施用发酵充分的希植牌功能有机肥200—300 kg，为了提高肥效，每100 kg有机肥可与1 kg根茎康生物菌剂混匀后作底肥施用，控病效果更为明显。

（4）采用育苗基质拌菌技术，构建防御根肿病入侵的生物屏障。由于根肿病在蔬菜早期侵染根部，后期防治效果很差，因此，在育苗过程中，把益生菌剂与育苗基质混合后播种，强化根际生物屏障，避免根肿病菌早期侵染。注意菌剂要和基质混合均匀，在温度低于13 ℃时，最好采用温室育苗，保障正常出苗和生长健壮。

（5）及时清理早期发病植株。加强田间监管，发现病株应及时拔除并集中烧毁或深埋，并在病株窝穴撒施生石灰消毒。

（6）药剂防治。可用75%百菌清1 000倍液处理土壤，能有效防止病原菌对根毛的侵染。在发病初期可用70%甲基托布津800倍液、58%雷多米尔（甲霜灵）1 000倍液或64%杀毒矾（噁霜·锰锌）600倍液灌根，每株灌0.4—0.5 L药液。

（7）避免非疫区的扩散传播。加强对疫区的控制和封锁，防止疫区面积扩大、蔓延。同时，对种子、幼苗加强检疫工作，保护无病区。

CHAPTER

8

第八章

技术集成应用成效及展望

第一节　基于微生态调控的蔬菜连作病害控制的技术体系

保障蔬菜持续高质量发展是一个庞大的社会工程。克服连作障碍和防控土传病害，以微生态调控为核心，要坚持以“四个平衡”为理论支撑，构建出一基础、二优化、三屏障、四平衡、五调控的技术体系并在实践中积极推进和实施。

一基础：强调以健康栽培为基础，实行连续种植2—3年后必须轮作，合理密植，做好起垄、营养、田间卫生管理。

二优化：要优化蔬菜种植的布局，优化各项技术的综合应用。

三屏障：要充分考虑蔬菜作物自身的物理屏障、化学屏障及生物屏障的作用；要强化蔬菜根际环境中根围生物屏障、根际生物屏障和根内生物屏障。

四平衡：在技术措施操作过程中，要充分考虑土壤酸碱平衡、微生态平衡、营养平衡以及病原菌与寄主互作平衡，构建植物健康的平衡体系。

五调控：（1）调节土壤pH（调酸），针对青枯病发生区域与土壤酸碱度状况，可采用牡蛎钾撒施或条施，$5.0<pH<5.5$，每亩用量50—100 kg；$4.5<pH<5.0$，每亩用量100—200 kg。（2）调控微生态平衡（调益生菌），采用育苗基质拌菌技术，针对不同的土传病害选用不同的菌剂组合。（3）调控大中微量元素的营养平衡（调营养），针对优势土传病害，选用合适的有益微生物，采用有机肥拌菌技术，活化有机肥，促进有益微生物增殖，提升有机肥养分转化和利用率。（4）协调植物的抗性和病原菌致病力之间的平衡（调抗性），尤其是青枯病与黑胫病发生区域，要注意补充钙和钼素，可与诱抗剂水杨酸或者2，6-二氯异烟酸（INA）混用进行叶面喷施。（5）精准用药控制病害流行（调药剂），发病初期根据优势病害选用相应高效低毒化学药剂喷淋茎基部。图8-1给出了基于四平衡、五调控的蔬菜连作病害的绿色防控技术方案。

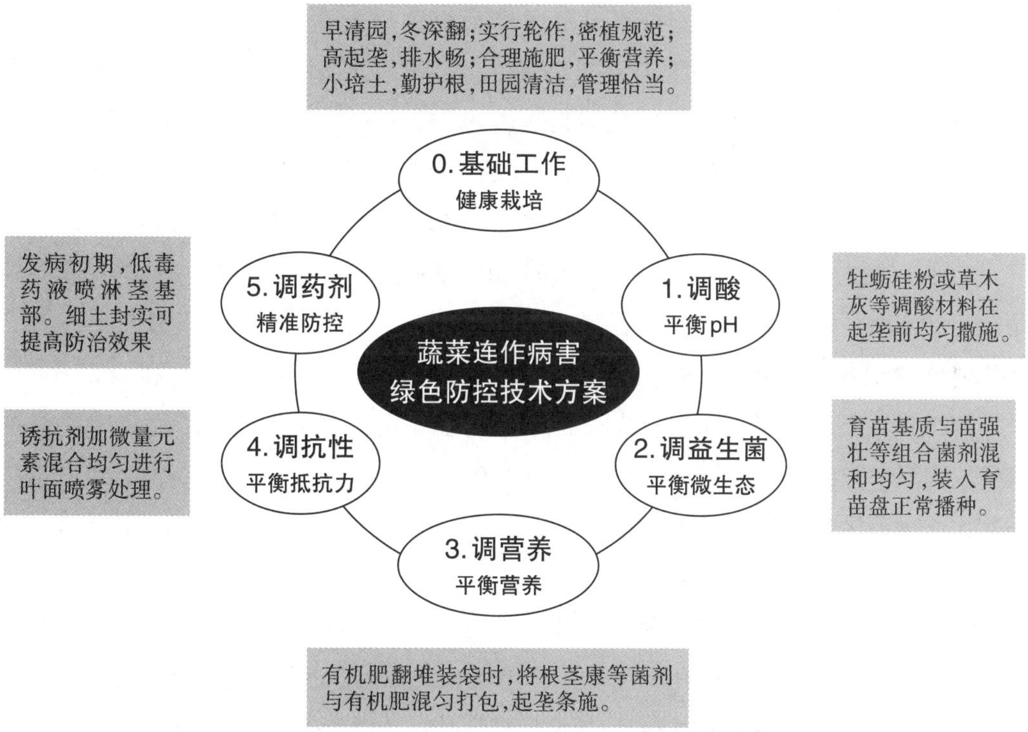

图8-1　基于四平衡、五调控的蔬菜连作病害的绿色防控技术方案

第二节　蔬菜连作病害控制的主要成效

2018—2022年以根际微生态调控为核心，构建四个平衡体系，强化生物屏障控制蔬菜连作病害的技术创新与应用项目成果在重庆的辣椒、茄子、番茄、生姜、榨菜主产区进行大面积的推广应用。建立核心示范区15个，示范面积7 500亩，推广应用面积100多万亩，增加经济效益3.42亿元。该项目的实施有效降低了农药面源污染，保护了生态环境，控制了蔬菜作物根茎病害的发生，增加了农民收入，取得了显著的经济、社会、生态效益。项目实施区制定了技术方案和实施方案，形成了相应的技术规程，组织开展了大规模技术培训、现场观摩、技术交流等活动。项目开展以来仅培训蔬菜技术人员就达1 245人次，这不仅保证了项目的顺利实施，而且借此建立了一支稳定的绿色防控转型的农民技术队伍。

2020年在涪陵榨菜罗云乡示范区中，榨菜收获期的平均株高、株幅、叶长、叶宽分别达到56.31 cm、68.34 cm、58.65 cm和31.48 cm，而非示范区的平均株高、株幅、叶长、叶宽仅分别为44.33 cm、54.67 cm、53.73 cm和23.24 cm，在发病高峰期时，示范区根肿病的发病率为10.50%，病情指数为6.00。而非示范区榨菜根肿病发病率达31.40%，病情指数为30.20，其防效为80.13%。示范区榨菜黑斑病的发病率为12.22%，病情指数为3.90，而非示范区榨菜黑斑病发病率达30.27%，病情指数达19.75，其防效为80.24%。示范区榨菜的各种经济性状均比非示范区有所提高，其榨菜头的横茎长度增加2.73 cm，单个榨菜头质量增加97.00 g，每亩地直接增产446.18 kg，其增产率为20.30%，每亩增收220.54元。

2019—2021年在涪陵榨菜百胜镇示范区中，榨菜根肿病防效达80.12%，榨菜黑斑病防效达80.09%。2018年和2019年，示范区平均每亩分别增产571.26 kg和529.65 kg，增产率分别为23.51%、21.13%，将鲜榨菜直接售卖，平均每亩分别增收457.00元和423.71元。

2020年在石柱三河镇辣椒示范区中，基质拌菌示范区两次调查数据显示，示范区炭疽病发病率较非示范区分别减少了6.11%、11.00%，平均防效达80.07%。示范区叶斑病发病率比非示范区分别减少了1.83%、4.89%，且再次施用苗强壮菌剂对辣椒叶斑病具有更好的控制效果，其防效达46.53%。示范区青枯病发病率比非示范区分别减少了7.33%、20.89%，平均防效达80.18%。示范区鲜辣椒总产量达到607.79 kg/亩，高出非示范区107.18 kg/亩，其增产率达21.41%，平均每亩增收621.66元。通过绿色防控微生物菌剂的施用示范，还研发出了克服连作障碍、控制辣椒青枯病的微生态调控关键技术。

2018—2022年在重庆市科委民生工程重点科技项目的支持下，西南大学、重庆市农业技术推广总站、重庆市渝东南农业科学院、重庆安邦农业发展有限公司、重庆西农植物保护科技开发有限公司等组成联合攻关项目组，根据“微生态调控防治蔬菜连作病害关键技术”的总体目标，结合重庆地区的实际情况，开展研究，明确几种主要蔬菜根际微生物群落的组成结构和影响蔬菜连作根茎病害发生的关键因子，筛选出有效的土壤保育措施和适合的微生物制剂，形成了以微生态调控为核心的根茎病害绿色防控的技术体系，在理论、技术、产品和服务模式上都有所创新，在解决连作蔬菜病害防控这一难题上取得了重大突破，技术成果在生产上大面积推广应用，取得了显著的社会、经济和生态效益。研究成果符合国家提出的绿色发展理念，对保障环境和蔬菜产品安全意义重大。

第三节　展望

蔬菜作为重要的种植产品关乎国计民生，其安全持续健康发展是国家战略和产业的基本要求。在目前情况下，确保蔬菜生产的健康管理和病虫害控制的重任主要还是落在菜农的肩上，因此，探索安全、高效、可持续且经济方便的关键技术和产品，方便菜农有效实施是蔬菜产业持续发展的关键。连作种植诱发的各种土传病害导致了极大的经济损失，严重影响蔬菜产业的持续发展。因此，克服连作障碍，有效防控土传病害成了蔬菜技术创新的重点和难点。土壤结构受损和微生态失衡是蔬菜连作障碍和病害发生的主要原因。土壤微环境作为微生物的生存与营养载体，在土壤微生态调控中发挥着十分重要的作用。

围绕蔬菜产业高质量发展，特别是提高新质生产力，更好地赋能蔬菜产业的创新发展，针对蔬菜连作病害的病原菌在土壤中存活时间较长且易迁移的问题，现有农业和化学调控方法存在防治周期长、环境代价大，防治难度高且效果有限等挑战。为了促进蔬菜健康栽培、克服连作障碍及实现高效安全生产，还需要进一步加强以下几个方面的工作。

（1）理论创新。要进一步明确对蔬菜连作病害的病原菌特性和土壤微生态相关因素（土壤理化性质、土壤养分、根系分泌物、酶活性、微生物群落特征等）的认识，特别是微生物组的特征和控病机制，找到调控土壤健康和微生态平衡的理论依据。当前，利用生物农药、生防菌剂等调控土壤微生态已具备较扎实的理论基础，因此，以根际微生物群落组成与功能定向筛选为核心的土壤微生态调控途径研究就显得十分关键。

（2）技术创新。从微生态调控技术入手，探索根围、根际、根内的生物屏障的优化技术。生物防治主要通过改善蔬菜根际微环境和微生物群落功能，抑制病原菌的入侵和生长，兼具精准、高效、生态等特点，成为蔬菜连作病害土壤微生态调控的重要方法。应用品种选育、轮作种植、土壤调理、栽培管理等农业措施，构建合理的根际微生物群落结构，改善土壤微生态环境，提高蔬菜对病害的免疫能力，推动可持续、多样化、常态化的综合绿色防治技术的发展，是促进蔬菜产业可持续高质量发展的保证。

（3）产品创新。关注蔬菜的安全高效生产，避免过度依赖农药和植物调控剂。未来防治蔬菜连作病害应从土壤微生态调控的角度切入，专注于高效生物农药、拮抗菌剂、合成菌群、生物菌肥和调酸为主的土壤调理剂的研制。

（4）手段创新。加强数字化和智能化技术在蔬菜持续健康栽培上的应用。要立足蔬菜健康管理的多层面需求，从蔬菜自身健康、单一病虫害防治上升到综合治理，以病害防治为核心，上升到监测、预警、精准施药及全面评估的数字化管理。从一家一户一地块的防控上升到全区域、长周期、多种病虫害以及整个产业全链条的安全管理层面上。

（5）服务体系。强化专业化服务队伍的作用，要针对性地建设各地的植物医院。建立区域蔬菜专业化的植物医院服务平台，把健康与病害诊断、土壤基础管理、品种与种植布局上升到医院管理的层面上，把责任落实到政府、植物医院和菜农多个层面上，确保各项技术措施和技术规程持续发挥作用。

参考文献

[1]刘烈花.影响榨菜根肿病发病的关键因子及生防菌的控病作用研究[D].重庆:西南大学,2021.

[2]张福锁,申建波.根际微生态系统理论框架的初步构建[J].中国农业科技导报,1999,1(4):15-20.

[3]常安然,李佳,张耸,等.基于宏基因组学16S rDNA测序对烟草根际土壤细菌群落组成分析[J].中国农业科技导报,2017,19(2):43-50.

[4]赵柏霞,潘凤荣,韩晓日.基于高通量测序技术的樱桃根际细菌群落研究[J].土壤通报,2018,49(3):596-601.

[5]丁伟,刘晓姣.植物医学的新概念——生物屏障[J].植物医生,2019,32(1):1-6.

[6]李石力.有机酸类根系分泌物影响烟草青枯病发生的机制研究[D].重庆:西南大学,2017.

[7]宿燕明.多粘类芽孢杆菌对油菜品质及其叶际、根际微生物群落的影响[D].北京:北京林业大学,2011.

[8]张艳敏,许巧.保护地土壤酸化盐渍化发生原因分析及其矫治改良技术措施[J].河南农业,2022(34):12,24.

[9]熊顺贵.基础土壤学[M].北京:中国农业大学出版社,2001.

[10]董娟娥,张康健,梁宗锁.植物次生代谢与调控[M].杨凌:西北农林科技大学出版社,2009.

[11]黄熊娟,黄如葵,冯诚诚,等.氨基寡糖素对苦瓜枯萎病的抗性诱导作用[J].西南农业学报,2022,35(11):2544-2553.

[12]杨鑫,李丽淑,樊吴静,等.诱抗剂对马铃薯疮痂病抗性诱导的生理机制[J].南方农业学报,2018,49(6):1111-1117.

[13]何洪令，扈雪琴，苏祥云，等.施用抗性诱导物质对烟株生长发育及抗病性的影响[J].植物医生，2020，33(6)：48-52.

[14]孙光忠，彭超美，刘元明，等.氨基寡糖素对番茄晚疫病的防治效果研究[J].农药科学与管理，2014，35(12)：60-62.

[15]杨振国.植物保卫素东莨菪内酯对烟草的诱导抗性研究进展[J].现代农业科技，2014(16)：21-22，27.

[16]崔伟伟.东莨菪内酯诱导烟草对青枯病的抗性及其作用机理研究[D].重庆：西南大学，2014.

[17]郑家瑞，李云洲.BTH诱导番茄耐番茄斑萎病毒(TSWV)研究[J].核农学报，2022，36(3)：489-496.

[18]李盼盼，丁伟，刘秋萍，等.硅和苯并噻二唑诱导烟草抗青枯病的机理分析[J].烟草科技，2016，49(7)：23-30.

[19]卢维宏，张乃明，包立，等.我国设施栽培连作障碍特征与成因及防治措施的研究进展[J].土壤，2020，52(4)：651-658.

[20]黄连喜，魏岚，李衍亮，等.花生壳生物炭对土壤改良、蔬菜增产及其持续效应研究[J].中国土壤与肥料，2018(1)：101-107.

[21]解国玲，张智浩，吴流通，等.生物炭配施微生物菌剂对白菜根肿病防控效果研究[J].西南农业学报，2023，36(1)：105-111.

[22]刘娇娴，崔骏，刘洪宝，等.土壤改良剂改良酸化土壤的研究进展[J].环境工程技术学报，2022，12(1)：173-184.

[23]韦中，宋宇琦，熊武，等.土壤原生动物——研究方法及其在土传病害防控中的作用[J].土壤学报，2021，58(1)：14-22.

[24]马超，龚鑫，郜红建，等.历史因素对土壤微生物群落与外来细菌入侵间关系的影响[J].生态学报，2018，38(22)：7933-7941.

[25]桑维钧，祝明亮，吴兴禄，等.烟草镰刀菌根腐病研究初报[J].山地农业生物学报，1998，17(3)：140-141，145.

[26]陈高航.烟草根腐病病原鉴定及其生物学特性观察[D].武汉：华中农业大学，2013.

[27]陈志敏.福建省烟草根茎病害诊断及防治药剂筛选[D].福州：福建农林大学，2009.

[28]段晓东，欧阳炜，潘文远.三种生物制剂防治蚕豆根腐病药效试验[J].农村科技，2014(10)：26-27.

[29]田艳艳，赵世民，李彰，等.洛阳地区烟田土壤木霉菌的分离鉴定及其拮抗作用测定[J].河南农业科学，2015，44(11)：79-84.

[30]何亚登.2种生防菌的发酵、土壤定殖及防治烟草土传病害的研究[D].福州：福建农林大学，2019.

[31]宋喜乐.洛阳地区烟草根际土壤拮抗细菌的筛选鉴定[D].洛阳：河南科技大学，2017.

[32]姚晓远.影响烟草根腐病发生的微生态机制及其调控研究[D].重庆：西南大学，2019.

[33]张铭真.烟草根结线虫病抗性关联分析[D].郑州：河南农业大学，2017.

[34]白春明，段玉玺，陈立杰，等.无机化合物对南方根结线虫作用方式的研究[J].植物保护，2011，37(1)：74-78.

[35]施河丽，彭五星，左梅，等.湖北恩施烟区长期连作烟田影响南方根结线虫密度的土壤理化特性分析[J].烟草科技，2020，53(12)：9-15.

[36]左梅，谭军，向必坤，等.根际土壤性状对烟田烟草根结线虫病害发病等级的影响[J].土壤通报，2020，51(4)：885-890.

[37]王宏宝，曹凯歌，毛佳，等.不同深度土壤肥力指标与黄瓜根结线虫病相关性分析[J].福建农业学报，2019，34(10)：1197-1202.

[38]贾利华，文国松，李永忠，等.氮磷钾肥对烟草根结线虫病抗性研究[J].现代农业科学，2009，16(3)：62-65.

[39]吕和平，漆永红，曹素芳，等.四种无机盐对南方根结线虫卵囊、卵孵化及其幼虫存活的影响[J].植物保护学报，2012，39(5)：449-455.

[40]王宏宝，毛佳，曹凯歌，等.设施黄瓜根结线虫病发生危害与土壤酶活相关性研究[J].山东农业大学学报(自然科学版)，2020，51(4)：621-625.

[41]王启宇，吕怡颖，杨敏，等.烤烟根结线虫病发生与土壤酶活性的相关性研究[J].湖南农业科学，2021(8)：32-35.

[42]杨瑞娟，王腾飞，周希，等.禾本科作物伴生对番茄根区土壤酶活性、微生物及根结线虫的影响[J].中国蔬菜，2017(3)：38-42.

[43]冯世鑫，蒋妮，陈乾平，等.微生物菌肥对罗汉果根结线虫和土壤酶活性的影响[J].热带农业科学，2021，41(4)：73-78.

[44]李林，齐军山，李长松，等.氰氨化钙-太阳能消毒土壤防治蔬菜根结线虫病研究[J].莱阳农学院学报，2004，21(2)：122-124.

[45]江其朋,江连强,龚杰,等.影响四川凉山地区烟草根结线虫病发生的关键因子分析[J].中国烟草学报,2021,27(6):89-98.

[46]张仁军,陈雅琼,张洁梅,等.健康与根结线虫病烟田根际土壤微生物群落对比分析[J].中国农学通报,2021,37(26):124-132.

[47]黄阔.烟草根际微生物与根结线虫发生的关系及调控作用研究[D].重庆:西南大学,2020.

[48]王旭祎,高明泉,彭洪江,等.涪陵茎瘤芥根肿病调查与防治[J].长江蔬菜,2004(5):38-39.

[49]李晓梅,高立均,陶伟林.武隆区高山蔬菜根肿病发生特点及影响因素研究[J].安徽农业科学,2019,47(12):156-160,165.

[50]吴凤芝,王学征.黄瓜与小麦和大豆轮作对土壤微生物群落物种多样性的影响[J].园艺学报,2007,34(6):1543-1546.

[51]游川,杨天杰,周新刚,等.连作根系分泌物加剧土传病害的机制和缓解措施研究进展[J].土壤学报,2024,61(5):1201-1211.

[52]BERENDSEN R L, PIETERSE C M J, BAKKER P A H M.The rhizosphere microbiome and plant health[J].Trends in plant science,2012,17(8):478-486.

[53]XIONG W,GUO S,JOUSSET A,et al.Bio-fertilizer application induces soil suppressiveness against *Fusarium* wilt disease by reshaping the soil microbiome[J].Soil biology and biochemistry,2017,114:238-247.

[54]IRIKIIN Y,NISHIYAMA M,OTSUKA S,et al.Rhizobacterial community-level,sole carbon source utilization pattern affects the delay in the bacterial wilt of tomato grown in rhizobacterial community model system[J].Applied soil ecology,2006,34(1):27-32.

[55]LIU C, YANG Z, HE P, et al.Deciphering the bacterial and fungal communities in clubroot-affected cabbage rhizosphere treated with *Bacillus subtilis* XF-1[J].Agriculture, ecosystems & environment,2018,256:12-22.

[56]WANG T,HAO Y,ZHU M,et al.Characterizing differences in microbial community composition and function between *Fusarium* wilt diseased and healthy soils under watermelon cultivation[J].Plant and soil,2019,438(1):421-433.

[57]LAZCANO C, GÓMEZ-BRANDÓN M, REVILLA P, et al.Short-term effects of organic and inorganic fertilizers on soil microbial community structure and function[J].Biology and fertility of soils,2013,49(6):723-733.

[58]WEI Z,YANG T,FRIMAN V P,et al.Trophic network architecture of root-associated bacterial communities determines pathogen invasion and plant health[J].Nature communications,2015,6(1):1-9.

[59]NIU B,WANG W,YUAN Z,et al.Microbial interactions within multiple-strain biological control agents impact soil-borne plant disease[J].Frontiers in microbiology,2020,11:1-16.

[60]CHOWDHURY S P,BABIN D,SANDMANN M,et al.Effect of long-term organic and mineral fertilization strategies on rhizosphere microbiota assemblage and performance of lettuce[J].Environmental microbiology,2019,21(7):2426-2439.

[61]SCHMIDT J E,KENT A D,BRISSON V L,et al.Agricultural management and plant selection interactively affect rhizosphere microbial community structure and nitrogen cycling[J].Microbiome,2019,7(1):1-18.

[62]BULGARELLI D,SCHLAEPPI K,SPAEPEN S,et al.Structure and functions of the bacterial microbiota of plants[J].Annual review of plant biology,2013,64:807-838.

[63]ERLACHER A,CARDINALE M,GROSCH R,et al.The impact of the pathogen *Rhizoctonia solani* and its beneficial counterpart *Bacillus amyloliquefaciens* on the indigenous lettuce microbiome[J].Frontiers in microbiology,2014,5:1-8.

[64]WU K,YUAN S,WANG L,et al.Effects of bio-organic fertilizer plus soil amendment on the control of tobacco bacterial wilt and composition of soil bacterial communities[J].Biology and fertility of soils,2014,50(6):961-971.

[65]LIU X,ZHANG S,JIANG Q,et al.Using community analysis to explore bacterial indicators for disease suppression of tobacco bacterial wilt[J].Scientific reports,2016,6(1):1-11.

[66]KYSELKOVÁ M,KOPECKÝ J,FRAPOLLI M,et al.Comparison of rhizobacterial community composition in soil suppressive or conducive to tobacco black root rot disease[J].The ISME journal,2009,3(10):1127-1138.

[67]LI X,ZHANG Y,DING C,et al.Declined soil suppressiveness to *Fusarium oxysporum* by rhizosphere microflora of cotton in soil sickness[J].Biology and fertility of soils,2015,51(8):935-946.

[68]ZHOU D,JING T,CHEN Y,et al.Deciphering microbial diversity associated with *Fusarium* wilt-diseased and disease-free banana rhizosphere soil[J].BMC microbiology,2019,19(1):1-13.

[69] LÓPEZ-GRESA M P, PAYÁ C, RODRIGO I, et al. Effect of benzothiadiazole on the metabolome of tomato plants infected by citrus exocortis viroid [J]. Viruses, 2019, 11 (437): 1-15.

[70] TREJO-SAAVEDRA D L, GARCÍA-NERIA M A, RIVERA-BUSTAMANTE R F. Benzothiadiazole (BTH) induces resistance to Pepper golden mosaic virus (PepGMV) in pepper (*Capsicum annuum* L.) [J]. Biological research, 2013, 46(4): 333-340.

[71] YABUUCHI E, KOSAKO Y, YANO I, et al. Transfer of two *Burkholderia* and an *Alcaligenes* species to *Ralstonia* gen. Nov. [J]. Microbiology and immunology, 1995, 39 (11): 897-904.

[72] FURUSAWA A, UEHARA T, IKEDA K, et al. *Ralstonia solanacearum* colonization of tomato roots infected by *Meloidogyne incognita* [J]. Journal of phytopathology, 2019, 167 (6): 338-343.

[73] XIONG W, SONG Y, YANG K, et al. Rhizosphere protists are key determinants of plant health [J]. Microbiome, 2020, 8(1): 27.

[74] JOUSSET A, SCHEU S, BONKOWSKI M. Secondary metabolite production facilitates establishment of rhizobacteria by reducing both protozoan predation and the competitive effects of indigenous bacteria [J]. Functional ecology, 2008, 22(4): 714-719.

[75] HU J, WEI Z, FRIMAN V P, et al. Probiotic diversity enhances rhizosphere microbiome function and plant disease suppression [J]. mBio, 2016, 7(6): 1-8.

[76] LI M, WEI Z, WANG J, et al. Facilitation promotes invasions in plant-associated microbial communities [J]. Ecology letters, 2019, 22(1): 149-158.

[77] MURUGAIYAN S, BAE J Y, WU J, et al. Characterization of filamentous bacteriophage PE226 infecting *Ralstonia solanacearum* strains [J]. Journal of applied microbiology, 2011, 110(1): 296-303.

[78] RODGER S, BENGOUGH A G, GRIFFITHS B S, et al. Does the presence of detached root border cells of zea mays alter the activity of the pathogenic nematode *Meloidogyne incognita*? [J]. Phytopathology, 2003, 93(9): 1111-1114.

[79] ORION D, KRI TZMAN G, MEYER S L F, et al. A role of the gelatinous matrix in the resistance of root-knot nematode (*Meloidogyne* spp.) eggs to microorganisms [J]. Journal of nematology, 2001, 33(4): 203-207.

[80] RAAIJMAKERS J M, WELLER D M. Natural plant protection by 2, 4-Diacetylphloroglucinol-Producing *Pseudomonas* spp. in take-all decline soils [J]. Molecular plant-microbe interactions, 1998, 11(2): 144-152.

[81] ADAM M, WESTPHAL A, HALLMANN J, et al. Specific microbial attachment to root knot nematodes in suppressive soil [J]. Applied and environmental microbiology, 2014, 80(9): 2679-2686.

[82] EL-HADAD M E, MUSTAFA M I, SELIM S M, et al. The nematicidal effect of some bacterial biofertilizers on *Meloidogyne incognita* in sandy soil [J]. Brazilian journal of microbiology, 2011, 42: 105-113.

[83] SCHROTH M N, HANCOCK J G. Disease-suppressive soil and root-colonizing bacteria [J]. Science, 1982, 216(4553): 1376-1381.